# 破解数字拜物教

## 数字资本时代拜物教新形式批判

Cracking Digital Fetishism:
Critique of New Forms of Fetishism in the Digital Capital Era

李亚琪 ○ 著

中国社会科学出版社

### 图书在版编目（CIP）数据

破解数字拜物教：数字资本时代拜物教新形式批判/李亚琪著.—北京：中国社会科学出版社，2024.5
ISBN 978-7-5227-3393-7

Ⅰ.①破… Ⅱ.①李… Ⅲ.①信息经济—研究 Ⅳ.①F49

中国国家版本馆 CIP 数据核字（2024）第 069432 号

| | |
|---|---|
| 出 版 人 | 赵剑英 |
| 责任编辑 | 杨晓芳 |
| 责任校对 | 王　龙 |
| 责任印制 | 张雪娇 |

| | |
|---|---|
| 出　　版 | 中国社会科学出版社 |
| 社　　址 | 北京鼓楼西大街甲 158 号 |
| 邮　　编 | 100720 |
| 网　　址 | http://www.csspw.cn |
| 发 行 部 | 010-84083685 |
| 门 市 部 | 010-84029450 |
| 经　　销 | 新华书店及其他书店 |
| 印　　刷 | 北京君升印刷有限公司 |
| 装　　订 | 廊坊市广阳区广增装订厂 |
| 版　　次 | 2024 年 5 月第 1 版 |
| 印　　次 | 2024 年 5 月第 1 次印刷 |
| 开　　本 | 710×1000　1/16 |
| 印　　张 | 19.25 |
| 插　　页 | 2 |
| 字　　数 | 241 千字 |
| 定　　价 | 98.00 元 |

凡购买中国社会科学出版社图书，如有质量问题请与本社营销中心联系调换
电话：010-84083683
版权所有　侵权必究

# 目　录

绪论　反思数字拜物教：深化拜物教理论研究的当代重要课题 ………… 1

**第一章　数字拜物教：数字资本时代拜物教的新形式** …………… 15
 第一节　资本样态历史裂变中的数字资本的形成 ……………… 15
 第二节　数字资本与资本主义发展新阶段的特质 ……………… 31
 第三节　数字拜物教的表现与内涵 ……………………………… 45
 第四节　数字拜物教与景观拜物教、符号拜物教的
     关系与区别 ……………………………………………… 67

**第二章　数字拜物教机制对数字资本逻辑统治的强化** …………… 76
 第一节　数字资本主义意识形态运演与数字拜物教的意识
     形态功效 ………………………………………………… 76
 第二节　数字拜物教机制：数字—生命政治的支撑性条件 …… 100
 第三节　数字拜物教机制：强化数字帝国主义意识形态的
     重要力量 ………………………………………………… 122
 第四节　数字拜物教机制：强化数字资本逻辑统治的
     必要条件 ………………………………………………… 136

**第三章　数字拜物教的秘密与数字资本主义生产过程批判** …… 151
  第一节　勘破拜物教秘密：马克思的政治经济学批判方法 …… 152
  第二节　数字拜物教机制与劳动过程的剥削新形式 …… 157
  第三节　数字拜物教机制遮蔽分配关系的不平等实质 …… 185
  第四节　数字拜物教机制掩盖"流通生产价值"的假象 …… 197
  第五节　数字拜物教机制与消费需要的虚假满足 …… 204

**第四章　数字拜物教的消解与人类解放** …… 219
  第一节　马克思对资本逻辑内在矛盾的揭示：消解数字拜物教的理论基础 …… 220
  第二节　资本的限度与资本逻辑的自我否定：消解数字拜物教的现实根据 …… 227
  第三节　新型社会关系的重构：消解数字拜物教的现实道路 …… 244
  第四节　数字拜物教的消解与人类文明新形态的探求 …… 256

**结　语** …… 283

**参考文献** …… 287

**后　记** …… 302

# 绪论　反思数字拜物教：深化拜物教理论研究的当代重要课题

## 一　拜物教理论内容的历史嬗变

拜物教理论作为人类学、哲学与心理学等多学科的重要议题，其起源、形成、发展与人类社会历史的时代变迁密切相关。数字拜物教是随着数字资本时代的发展形成的全新拜物教形式，直接表征着数字资本时代更为颠倒虚假的社会现实本身。在21世纪人类文明向数字文明新形态转变的时代大潮中，我们有必要对"数字拜物教"新形式进行专门探讨。对数字拜物教的批判性分析，也是对数字资本主义新的时代状况、主体生存境遇、社会生产过程等方面的综合性考察。基于此，通过对数字拜物教的具体表现、深层内涵及内在机制的批判反思，破解数字拜物教现实存在的秘密，进而在文明形态变革维度阐释中国式现代化道路如何破除数字拜物教，开创数字文明新形态，已经成为紧迫而重要的时代课题。

梳理不同历史时期拜物教理论的主要内容将为研究数字拜物教奠定前期基础。从拜物教理论演进历史来看，我们可以把拜物教理论的发展划分为四个阶段：第一，早期人类学、宗教学层面的拜物教现象研究；第二，马克思的拜物教批判理论研究；第三，西方马克思主义学者对马克思拜物教理论的继承与发展；第四，精神分析学层面的拜物教理论研究。

拜物教作为最原始的宗教信仰形式之一，指的是在神灵观念尚未形成之前，原始部族把某些特定物体当作具有超自然能力的物加以崇拜的现象。法国语言学家查尔斯·德·布霍斯（Charles De Brosses）于1760年在《论物神崇拜和埃及古代宗教以及黑人现今宗教的类比》中，首次将"拜物教"一词用于比较宗教学。他将非洲原始族群所崇拜树木、山川河流等称为"物神"，把原始族群对这些"物神"的崇拜本身称为"物恋"，并进一步将含混的"物神"和"物恋"概念统一为"拜物教"，把它提升为某种宗教理论。在这里，拜物教在本质上指的是被赋予能够直接影响人类社会生活的具有超人类魔力的物品。美国人类学家威廉·皮兹（William Pietz）也指出，葡萄牙人使用"拜物"一词来描述在非洲沿岸社会的宗教行为，尤指对无生命物质客体或人工制品的崇拜。托马斯·马克斯豪森指出："'拜物教'或'物神'这个词的词源是拉丁语或葡萄牙语或法语。葡萄牙航海家称非洲黑人的偶像是 feitico（拉丁语是 factitius）——人造的，假冒的，或是'被强化的东西'，'被施了魔法的东西'。"① 可以看到，在人类学与宗教学层面，拜物教是一种"原始的社会实践，其中的个体物质事物被赐予或赋予超自然的力量，从而获得一种特殊的社会价值……它是宗教倒置的一种特殊形式"②。

马克思始终秉持着批判资本主义社会不合理现状的严谨科学态度，

---

① ［德］托马斯·马克斯豪森：《马克思对"拜物教"概念的发展》，《马克思恩格斯研究》1992年第10期。
② ［英］彼得·奥斯本：《问题在于改变世界：马克思导读》，王小娥、谢昉译，中信出版社2016年版，第12页。

将拜物教理论推进到了政治经济学批判新高度，并在历史唯物主义的方法论基础上构建了拜物教批判理论。马克思最初是在宗教学意义上理解拜物教概念的，他对原始宗教的物神崇拜持批判态度，"拜物教远不能使人超脱感性欲望，相反，它倒是'感性欲望的宗教'。欲望引起的幻想诱惑了偶像崇拜者，使他以为'无生命的东西'为了满足偶像崇拜者的贪欲可以改变自己的自然特性。因此，当偶像不再是偶像崇拜者的最忠顺的奴仆时，偶像崇拜者的粗野欲望就会砸碎偶像"[①]。1842年，马克思在《关于林木盗窃法的辩论》一文里，指出莱茵省的森林所有者将木材视为自己经济利益的象征转而崇拜这一特定的实体。在《1844年经济学哲学手稿》与《论犹太人问题》中，马克思提出的"金属货币的拜物教徒""实际需要和自私自利的神就是金钱"也都是在"把物作为崇拜的偶像"的角度使用拜物教概念的。

相较于前，马克思在《资本论》及其手稿中把拜物教概念当作一个关键术语，将其应用于"资本主义抽象统治"以及"颠倒的生产方式"的政治经济学批判上，这一研究路径极大地促进了拜物教理论的发展，拜物教也从人类学、宗教学现象说明的概念拓展成为政治经济学批判的对象。具体而言，马克思指出商品拜物教是资本主义社会拜物教形式的开端，商品之所以成为人们的崇拜物，是因为"商品形式在人们面前把人们本身劳动的社会性质反映成劳动产品本身的物的性质，反映成这些物的天然的社会属性，从而把生产者同总劳动的社会关系反映成存在于生产者之外的物与物之间的社会关系"[②]，人们把劳动的社会性质看作商品本身固有的属性，商品关系本质上以物的形式掩盖了商品生产者之间的社会关系。处于生产和交换过程中的普通生

---

① 《马克思恩格斯全集》第1卷，人民出版社1995年版，第212页。
② 《马克思恩格斯文集》第5卷，人民出版社2009年版，第89页。

产者与消费者无法认清商品形式和商品关系的神秘性,只能对商品这种物进行膜拜,这就是马克思所说的商品拜物教。货币拜物教是商品拜物教的进化形式,货币本身就是充当一般等价物的特殊商品,货币的出现使一切商品都必须以货币为中介确证自身的价值,货币成了"有形的神明",人们生产活动与社会生活的目的就在于占有更多的货币。货币拜物教的形成使资本主义社会的拜物教形式更加鲜明和耀眼,人与人的社会关系被进一步遮蔽。在货币向资本的转化过程中,资本逐渐成为主导社会经济与政治文化的整体性力量,资本拜物教形成的关键就在于资本本身被赋予的自行增殖的能力,似乎资本会自动产生和增加利润,人类劳动创造剩余价值的社会性被资本自我增殖特性完全掩盖,资本主义物化的生产关系最终形成,资本家对工人剩余劳动的剥削在"着了魔、颠倒的、倒立着的"资本主义社会却隐匿不见。以上三方面共同组成了马克思拜物教批判理论的主要内容,商品拜物教、货币拜物教、资本拜物教表征的正是资本主义社会"抽象成为统治"的颠倒现实,马克思将拜物教引入政治经济学批判的研究路径进一步深化了拜物教理论本身具有的批判意义。

而后,西方马克思主义学者卢卡奇将拜物教理解为一种物化的社会现实,准确地切中了拜物教理论的实质。卢卡奇通过对商品世界拜物教性质的辩证分析认识到,物化不仅是客观层面资本主义市场经济的核心问题,而且是资本主义社会所有层面的结构性问题。物化意识结构是资本主义社会最终形成的意识形态。在他看来,物化意识作为意识的特殊结构,包含着主体与客体之间的特定关系。物化意识结构根植于商品形式的可计算性,合理化、规律化的生产过程使资产阶级物化意识最终转化为内在于社会的物化意识结构。卢卡奇对资本主义社会物化现象与物化意识的分析,继承和发展了马克思拜物教批判理论，从而开创了西方马克思主义文化批判理路。法兰克福学派基于20世纪资本主义社会新变化，将卢卡奇的文化批判理论，推进到对启蒙理性与技术发展、文化工业等现代性领域的批判，延伸了关于拜物教新形式的现代批判思路。

与西方马克思主义文化批判路向不同，齐泽克以拉康式精神分析学说为基石，在马克思商品拜物教批判理论基础上，将法兰克福学派强调的价值"形式本身"纳入无意识的精神分析，提出意识形态幻象的理论，这一精神分析路径将传统意识形态理论强调的统治阶级特殊利益的普遍虚假性，拓宽至社会个体无意识实践行动领域，对后来的拜物教理论研究产生了重要影响。在他看来，传统意识形态理论已经不适用于当下社会，意识形态不仅是社会意识，更是从幻象出发建构的社会现实。齐泽克对马克思商品拜物教的解读是为其意识形态幻象理论服务的，犬儒主义作为意识形态幻象的表现形式，"它看到——也考虑到——掩藏在意识形态普遍性下面的特定利益，看到——也考虑到——意识形态面具与现实之间的疏离，但它依然寻找理由来保留面具"①，这是一种向主体欲望及其心理层面内在延伸的拜物教形式。后来，西方学者结合现代资本主义社会消费领域、文化领域的具体变化，形成了符号拜物教、景观拜物教等不同形式的拜物教理论，拜物教理论研究也因此得以拓展和深化。

在不同的历史阶段，拜物教理论研究内容与研究方法各异，这是由拜物教概念本身内容的复杂性与社会历史的变迁所决定的。其中，马克思的拜物教批判理论与后来西方学者对拜物教理论内容的拓展，将为我们在新的时代条件下，审视数字拜物教与数字资本主义社会现

---

① ［斯洛文尼亚］斯拉沃热·齐泽克：《意识形态的崇高客体》，季广茂译，中央编译出版社2017年版，第28页。

实变化提供重要的理论资源和方法论支撑。对数字拜物教的批判性研究内在包含于拜物教理论嬗变过程之中，这也是我们在开篇追溯不同时期拜物教理论相关内容的目的所在。

## 二　数字拜物教研究的重要意义

近年来，当代资本主义借助数字信息技术尤其是互联网、人工智能技术，实现了资本样态与人类社会生活的数字化转型。数字资本主义作为资本主义新的变种在为剩余价值生产和积累创造新的生产资料与生产条件的同时，也带来了诸多影响人类社会发展的不确定性问题。资本主义不同发展阶段的生产方式及社会关系形式的变化，直接决定了拜物教形态的演进。除了商品、货币、资本拜物教，数字资本时代出现了以"数据商品""数字资本""数字技术"为依托的新的物神形态和全新的社会关系形式。数字拜物教是数字资本时代特有的精神现象与社会现实。当"数字"成为一种支配主体意识、生命行动、全球化社会秩序的最高权力，人们自然会拜倒在万能的数字脚下，接受并认同数字资本主义构造的社会秩序，并在数字拜物教的假象结构中重新定义自身，这就是当代最为耀眼的数字拜物教。数字拜物教不仅表征着数字资本主义最真实的社会存在，同时也在数字化社会关系建构中作为一种社会意识、价值观念，影响着主体价值选择与判断。

在社会存在层面，数据已然成为社会生产过程中最重要的生产要素之一，数据的商品化进程使数字资本逻辑呈现出极端虚拟化、数字化增殖的特征。数据商品化和资本化是资本主义拜物教的物神形态向"数据""数据商品""数字资本"转变的现实前提。与此同时，万物互联时代，任何事物都需要在信息网络的数字量化逻辑内得到合理说明，人们更加确信数字技术的科学性和准确性。数字网络系统中形成的数据、信息、符号等在满足人们使用需求的基础上，又将人与人之间的社会关系转换成抽象的数据关系，数据关系构成了数字时代社会关系的最新表现形式，这一现实转变进一步掩盖和遮蔽了人与人之间真实鲜活的社会关系本身。正是在数字资本主义阶段形成的更复杂的数字化社会关系形式基础上，数字拜物教才成为实际存在。其中，参与经济活动的企业和普通个人在数字化大潮中不可避免地成为"数据商品""数字技术""数字资本"的追随者。

在社会意识层面，拜物教是"现实关系和活动、他们的生产、他们的交往、他们的社会政治组织的有意识的表现"①。数字拜物教意识的形成，是数字资本主义社会现实的客观反映，它直接表现为数据崇拜与数字技术膜拜，总体上我们可以把这种崇拜或膜拜称为"数字崇拜"。"数字崇拜"对主体价值意识的渗透和影响，又在日常生活中不断地把数字拜物教意识再生产出来，进而数字拜物教意识在深层次上融入人们的生命结构，并对其价值选择和行为方式施加隐秘影响，使之成为认同和接受数字资本主义颠倒社会秩序的物化存在，数字拜物教的社会现实由此强化。"数字崇拜"背后掩盖的是数字资本主义社会复杂的生产过程，其中，生命主体的尊严、平等、自由等价值意识被数字资本逻辑"量化"与"塑造"，成为储存在数字网络平台框架内且被资本增殖逻辑深度开发的"数据"物存在。现在"物质性的外衣已经被剥除，数字化的形式第一次以最为赤裸的方式成为架构人与人之间关系的利器。我们不仅被还原为物，在这个物的外壳破裂之后，我们还进一步被还原为数值关系"②。数字拜物教作为从数字资本主义

---

① 《马克思恩格斯全集》第3卷，人民出版社1960年版，第29页注释。
② 蓝江：《数字异化与一般数据：数字资本主义批判序曲》，《山东社会科学》2017年第8期。

生产过程产生出来的观念形式存在，它在社会意识层面确证了以数据或者说数字技术为中介的资本主义物化社会关系形式的合理性。

数字资本主义为数字拜物教的形成提供了现实基础，而数字拜物教内在机制的展开同时又为数字资本逻辑统治的强化营造了有利环境。数字资本主义通过操控商品符号的数字媒介传播与文化工业景观，诱导大众沉浸在数字化幻象之中，使数字拜物教意识或者说观念成为被社会普遍认同并且接受的意识形态。在此基础上，数字拜物教机制又进一步地为数字—生命政治与数字帝国主义的意识形态提供了合法性根据。因此，数字拜物教已经由一种虚假意识形态幻象转化为社会现实存在，成为数字资本主义社会秩序能够稳固运行的条件与基础。正是在数字拜物教内在机制多层面的作用下，每一个真实的生命主体以及全球化社会政治经济秩序，才真正被数字资本逻辑控制与塑造，数字资本逻辑的统治也因此得到巩固和强化。

社会的巨变要求我们跟进对数字时代资本主义新面貌的批判，对数字拜物教的批判性研究，是我们从多角度审视数字资本主义新动态的一个棱镜。拜物教终究是人类社会生产和交往活动的产物，在资本主义制度下，拜物教又进一步将资本主义生产方式神秘化，使身在其中的人们产生了种种美好的"迷思"。著名传播政治经济学家莫斯可曾经说道："迷思不仅仅是一种有待揭露的对现实的歪曲，而且它们本身就是一种现实。"[①] 数字拜物教表征的正是数字资本时代的颠倒社会生活与意识结构被物化的现实本身。因此，批判性探究数字拜物教的历史生成、现实表现、深层困境及消解路径，对于勘破数字资本主义社会的矛盾本质，推动人类文明形态变革具有重要意义。

---

① ［加］文森特·莫斯可：《数字化崇拜：迷思、权力与赛博空间》，黄典林译，北京大学出版社2010年版，第12页。

首先，研究数字拜物教为揭示当代资本主义生产方式的新变化、新动态背后社会关系的矛盾实质，提供了重要的切入点。目前，国内外学界分别从政治经济学批判、生命政治学、文化心理学等层面对当代资本主义生产方式、治理策略、社会思潮的新变化展开了多角度分析，而聚焦于数字拜物教的批判研究较为少见。实际上，拜物教批判是由马克思开创的对资本主义物化现实进行深入反思的重要理论，其对于当代社会现实问题研究具有重要意义。数字拜物教本身并未脱离资本主义生产过程以及生产关系的一般规律与逻辑，它是随着数字资本主义的发展而形成的一种新的拜物教形式。基于数字资本时代的技术发展与资本形式的变化，面对数字资本逻辑隐秘主导的社会存在、社会意识层面的数字拜物教困境，本书以"数字拜物教"为研究主题，是在马克思拜物教批判理论基础上对数字资本时代拜物教新形式的批判性考察，即立足马克思主义科学的世界观与方法论，展开对数字拜物教现象、数字拜物教意识、数字拜物教机制等的整体性研究，这一工作对于我们理解和把握资本主义的新动向并由此展开批判性分析是极其必要的。

其次，数字拜物教批判并未超越马克思主义的理论视域，对数字拜物教展开研究，将进一步丰富马克思拜物教批判的理论内容，彰显其时代价值。马克思通过对商品、货币、资本拜物教的政治经济学批判，深入资本主义社会物象化世界背后，揭露了资本主义社会历史的深层矛盾——"抽象对人的统治"，构成了马克思把握资本主义现实问题的核心方法。数字拜物教是"人在非神圣形象中的自我异化"的最新表现形式，这要求我们用马克思政治经济学批判理论，回应数字资本时代人类社会生活面临的新问题，即回到资本主义具体生产过程的政治经济学批判，揭示出数字拜物教遮蔽的资本主义生产方式与社会关系的内在矛盾本质，从而使数字资本主义批判研究在马克思主义理论视域内提升到更高的水平上。

再次，对数字拜物教进行批判性研究，有助于深化西方社会批判理论与现实社会历史批判的内在关联。自马克思开创了通过拜物教批判揭示资本主义颠倒的社会现实这一路径以来，西方激进哲学思潮、传播政治经济学等基于不同学科和理论背景，对当代资本主义社会现实变化展开批判。西方激进思潮哲学家很早就注意到，在资本主义发展新趋势下，技术、资本、人的发展三者之间的内在矛盾关系。他们从文化意识、精神分析、技术理性等多个角度批判性考察了资本主义物化现实对人生命的"宰治"。而传播政治经济学则直接从传播学角度关注到全球数字技术集中化导向的不平等、不自由的人类生存状态。在吸收这些理论成果基础上，对数字资本时代拜物教新形式的批判，可以有效建立西方激进哲学思潮、传播政治经济学与当前资本主义发展现状的关联，彰显其时代批判精神。

最后，研究数字拜物教还将促进哲学、经济学与技术科学等多学科的融合。对数字拜物教的批判性研究是希望透过数字资本时代的新面貌，洞察到数字资本生产方式背后的社会关系矛盾本质；而经济学与技术科学为我们展开数字拜物教批判提供了数字资本主义生产过程的经验、技术现象层面的背景参照，进而当代学者得以在哲学批判反思层面，来探究资本主义发展新阶段存在的根本矛盾与危机本质。因此，数字拜物教的研究，不仅需要继承马克思拜物教批判的理论方法，而且还要结合技术科学、实证科学等多学科对于现时代资本主义新变化的认识，这种在多学科理论内容基础上对数字拜物教的研究，将为进一步加深不同学科之间的联系创造有利条件。

数字拜物教作为数字资本时代的拜物教新形式，是当代资本主义利用数字技术向人类社会生活领域渗透的结果,它既是一种社会存在,同时也代表着数字资本主义的社会意识或观念形式,并且拜物教意识一旦形成,还将参与资本主义意识形态机制的运作过程,为资本主义社会生产、意识形态输出"保驾护航"。现阶段资本主义的时代变化要求我们对拜物教形式的外在变化与内在实质加以反思与省视。通过对数字拜物教的批判,不仅要把握当前阶段数字拜物教的社会现实,更希望在马克思政治经济学批判思想尤其是方法论指导下,结合当代西方激进哲学思潮、传播政治经济学的相关内容,揭示被数字拜物教遮蔽的数字资本增殖的社会关系矛盾本质,以破解数字资本主义生产的"增殖"秘密,驱除使主体陷入数字化抽象统治的神秘力量;从而在数字信息技术不断革新的时代背景下,探求消解数字拜物教的现实路径,这一研究对于捍卫人类社会生活的丰富性与具体性,实现每一个人的自由与全面发展具有重要意义。

## 三 本书的主要思路

围绕"破解数字拜物教:数字资本时代拜物教新形式批判"这一主题,本书旨在通过对数字拜物教的具体表现、深层内涵及内在机制的批判性考察,破解数字拜物教现实存在的秘密,从而推动数字资本时代拜物教新形式批判的深度研究。第一,从资本样态的历史裂变与数字资本主义新变化的分析入手,对数字拜物教形成的现实历史条件予以说明,并在此基础上具体阐述数字拜物教的内涵与表现;第二,重点论证数字拜物教内在机制的展开,对于强化数字资本逻辑的统治与巩固数字资本主义社会秩序的重要作用;第三,在马克思政治经济学批判方法论基础上,对数字拜物教内在机制掩盖的数字资本主义生产过程的矛盾进行揭示,这是对形成数字拜物教社会历史根源的前提批判；第四，进一步对消解数字拜物教，实现人类解放的理论与现实根据、现实道路展开讨论。

第一章，数字拜物教：数字资本时代拜物教的新形式。这一章是对数字拜物教历史生成、具体内涵、现实表现的考察。通过对资本样态由产业资本、金融资本向数字资本裂变的历史梳理，首先，说明数字资本并不是脱离资本逻辑发展的新形式，而是在产业资本、金融资本积累的历史基础上形成的新的资本形式。其次，阐述当代资本主义发展新阶段的特质，包括数字平台技术与平台经济的发展、劳资关系的弹性化与网络化、数字资本的金融化趋势。在此基础上，进一步讨论数字拜物教的表现与内涵。数字拜物教直接表征的是人们对数据经济价值的无止境追崇与社会整体对数字技术的膜拜现象。这种数字崇拜现象塑造形成的数字拜物教意识，将在深层次上融入人们的生命结构，并对其价值选择、行为方式施加隐秘影响，这是数字拜物教意识发挥社会效力的体现。

第二章，数字拜物教机制对数字资本逻辑统治的强化。这一章是在第一章的基础上对数字拜物教机制强化数字资本逻辑统治的重要作用的论证。首先重点分析数字资本主义意识形态运演与数字拜物教的意识形态功能，数字资本主义通过商品符号的数字媒介传播与文化工业景观，诱使大众沉浸在数字化幻象之中，从而使数字拜物教意识或者说观念成为被社会普遍认同与接受的意识形态。在此基础上，分别讨论数字拜物教机制的展开以及意识形态功效，如何为数字—生命政治治理效能的实现与数字帝国主义意识形态的强化提供合法性支持。在这里，数字拜物教已经由一种虚假意识形态幻象转化为社会现实存在，成为数字资本主义社会秩序能够稳固运行的条件与基础。最后得出结论，数字拜物教机制是强化数字资本逻辑统治的必要条件，它的展开保证了以数字资本逻辑为核心的新秩序的形成，其中，数字资本逻辑成为控制意识、生命、全球社会的同一性力量，数字资本逻辑的抽象统治也因此强化。

第三章，数字拜物教的秘密与数字资本主义生产过程批判。本章主要是从马克思政治经济学批判方法出发，对数字拜物教机制掩盖的数字资本主义生产过程内在矛盾的揭示。具体在生产、分配、交换、消费四个层面，对数字拜物教掩盖的数字资本主义生产过程中"数字劳动的剥削逻辑延伸""分配关系的不平等""流通时间阻碍价值实现""拜物需要替换真实需要"的社会现实展开批判，勘破数字资本主义生产过程自由、平等、自足的假象。通过这四个层面的分析，进一步揭穿数字拜物教遮蔽下的数字资本主义生产方式与社会关系的颠倒性，数字拜物教实质上是由资本主义生产过程颠倒性导致的社会现实。所以只有在对数字资本主义生产过程的批判中，才能从根源上抽取掉数字拜物教赖以存在的现实生活土壤，这是批判数字拜物教最为根本的途径。

第四章，数字拜物教的消解与人类解放。首先从马克思政治经济学批判对资本逻辑内在矛盾的揭示出发，论证了这样的一个基本观点：数字资本逻辑妄图通过技术手段解决资本主义生产方式固有的危机矛盾是不可能的，它只是暂时缓解了资本主义生产过剩的危机，以资本增殖为目的、追求无止境剩余价值的生产与积累的资本本性并未改变。以此为理论基础，具体阐述资本不断超越其固有界限的行为，最后只能走向自我否定。数字资本逻辑仍处于资本逻辑的动态结构之中，它同样会趋于自我否定和自我扬弃。资本逻辑的自我毁灭之际，数字拜物教及任何由资本主义生产方式导致的抽象统治都将被最终超越，这一点构成了消解数字拜物教的现实根据。进一步地，对消解数字拜物教的现实道路进行讨论，根植于资本自我否定趋势的共产主义运动，是扬弃资本文明，重构新型社会关系的具体路径。在此基础上，阐述主体的社会性实践活动对于重构新型社会关系的重要作用，以及新型社会关系形式是在人类社会性的实践活动中生成的。最后，通过对以实现人的自由全面发展为价值目标的人类文明新形态的道路探求，揭示消解数字拜物教，实现人类解放的历史可能性，并对人类文明新形态的现实建构展开具体分析，意在论证消解数字拜物与实现人类解放，是随着人类文明新形态的现实建构不断推进的历史过程的基本观点。

# 第一章　数字拜物教：数字资本时代拜物教的新形式

数字化时代的巨变必然带来拜物教形式的变化。数字拜物教是随着数字资本主义的发展而形成的一种新的拜物教形式。当今世界，人工智能、大数据、云计算等数字信息技术的全面应用，使资本主义进入数字资本主义新的发展阶段。数字信息技术在推动资本增殖积累扩大化的同时，也让主体陷入前所未有的数字拜物教生存困境。与马克思所处的资本主义社会商品、货币、资本拜物教不同，数字拜物教作为拜物教的新形式，直接表征着当前阶段人们崇拜数字（数据、数据商品、数字资本、数字技术）的社会现实。

## 第一节　资本样态历史裂变中的数字资本的形成

数字拜物教是数字资本时代特有的精神现象与社会现实，它的历史生成需要在资本样态的历史裂变中展开说明。自16世纪资本主义产生以来，资本主义生产方式在生产力水平不断提高的基础上发生了巨大变化。历史地纵向分析不同时期资本样态的生产力与生产关系的特点及资本积累方式的变化,可以明晰数字拜物教形成的历史基础与现实背景。对此,我们可以把资本样态的历史演进分为产业资本的积累、金融资本的兴起、数字资本的形成三个阶段。

## 一 产业资本的积累

产业资本是在早期资本原始积累的暴力掠夺基础上形成的资本形式。商业资本的原始积累过程瓦解了之前的封建制生产方式,使"大量的人突然被强制地同自己的生存资料分离,被当做不受法律保护的无产者抛向劳动市场"①,与生产资料分离的劳动者开始将自身的劳动能力以商品形式出卖给资本家,资本主义生产方式真正确立。在这一过程中,产业资本的积累进入了全新阶段,并逐步成为资本主义社会的主要资本积累形式,进而影响了社会政治经济制度的时代变迁。

从历史上来看,货币是资本表现出的最初形态,货币向资本的转化构成了产业资本形成的重要环节。随着资本主义商品经济的发展,交换行为成为普遍的经济行为,货币作为一般等价物,全部商品都要在货币面前证明自己的价值。进一步,马克思区分了作为货币的货币与作为资本的货币两种形式,在商品流通的直接形式 W－G－W 中,处于两极的是价值量相等的商品,这一流通过程的目的是获取不同商品的使用价值以满足实际需要;而到了货币—商品—货币(G－W－G)阶段,追求货币量的无止境积累成为 G－W－G 流通过程的根本目的。在 G－W－G 运动过程中,位于起点与终点的"G"存在量的区别,最终进展到 G－W－G′阶段,其中 G′是比原付货币额更多的增殖

---

① 《马克思恩格斯文集》第5卷,人民出版社2009年版,第823页。

额，这一增殖额即剩余价值，正是这种运动使货币转化为资本。

受资本原始积累趋势的影响，封建主义生产方式的瓦解使一大批农奴、自耕农、小手工业者涌向市场，成为失去生产资料的自由工人，他们唯一拥有的就是劳动能力本身。根据资本流通公式 $G-W-G'$ 可知，在总流通过程中价值总量保持不变的情况下，价值增殖不可能在卖者与买者之间实现，资本家正是通过购买自由工人的劳动能力，并在具体生产过程中占有劳动者创造的剩余价值，从而完成了产业资本的初步积累。这意味着，劳动力成为商品构成了资本主义社会经济关系形成与运作的现实基础。"社会关系的性质以及资本主义劳动的社会性，都被劳动的社会功能所规定……作为一种社会中介活动的劳动所具有的历史特殊性，使得在资本主义中的劳动得以为其自身的社会属性奠定基础。在这个意义上讲，资本主义劳动变成了其自身的社会基础。"[1] 其中，拥有劳动力的自由工人与资本家在法律意义上身份平等，劳动力商品与其他商品形式不同之处在于，自由工人只是将一定时间内的劳动力出卖给资本家，劳动力所有权并未发生转移，他只能通过出卖活劳动换取工资以满足生命自身的存续与发展。问题在于自由工人得到的工资是由自己劳动能力创造出来的价值，现实生产中却产生了资本家用工资养活工人的假象。实际上，在真实的生产过程中"第一，用来交换劳动力的那部分资本本身只是不付等价物而占有的他人的劳动产品的一部分；第二，这部分资本不仅必须由它的生产者即工人来补偿，而且在补偿时还要加上新的剩余额"[2]。资本家理所当然地将工人当作酵母加入生产过程，赢得了更多的剩余劳动时间与剩余

---

[1] ［加］莫伊舍·普殊同：《时间、劳动与社会统治：马克思的批判理论再阐释》，康凌译，北京大学出版社2019年版，第176页。

[2] 《马克思恩格斯文集》第5卷，人民出版社2009年版，第673页。

价值，为产业资本的进一步积累创造了有利条件。

产业资本在资本主义生产力水平不断提高的基础上，呈现出逐步扩张的趋势。马克思在《资本论》中详细分析了自资本主义诞生初期到19世纪中后期，资本主义生产力发展的不同阶段，主要包括协作、分工和工场手工业、机器大工业三个阶段。协作主要是在同一资本家指挥下，"许多人在同一生产过程中，或在不同的但互相联系的生产过程中，有计划地一起协同劳动"①。协作在没有改变工人劳动方式的前提下，使劳动者可以有计划地与他人一起劳动，为向工场手工业阶段的过渡创造了有利条件。而到了第二阶段即16世纪中叶到18世纪最后30多年，工场手工业的分工则是资本主义生产方式的独特创造，社会生产过程被分解为不同环节且相互关联的工艺过程，工人由原来独立地制作某个商品转化为"局部工人"，只负责其中的某一环节的操作。这意味着工场手工业的分工形成了社会劳动的新组织形式，"它生产了资本统治劳动的新条件。因此，一方面，它表现为社会的经济形成过程中的历史进步和必要的发展因素，另一方面，它表现为文明的和精巧的剥削手段"②。尤其是机器生产工具的出现，改变了工人从事固定劳动职能的现状，促使社会生产关系发生重大改变。在协作、分工和工场手工业阶段，产业资本处于初步形成时期，尚未形成大规模的积累，但正是在前述历史阶段生产力发展基础上，资本经过短暂的协作、分工，最终进入了机器大工业时代，产业资本的积累真正成为影响社会政治经济发展的重要因素。

在机器大工业时代，产业资本积累规模的扩大化，要求资本家不仅要在必要劳动时间不变的前提下，纯粹通过延长工作日来生产剩余

---

① 《马克思恩格斯文集》第5卷，人民出版社2009年版，第378页。
② 《马克思恩格斯文集》第5卷，人民出版社2009年版，第422页。

价值，更直接以劳动资料变革为起点，在推动生产力进步与工作日时长不变基础上，试图通过缩短商品生产所需的必要劳动时间从而相应延长工人剩余劳动时间这一方法生产出更多的剩余价值。马克思认识到，在绝对剩余价值生产向相对剩余价值生产的历史性转变中，劳动对资本由形式上的从属发展到对资本实际上的从属，与之相对应的是在资本主义劳动生产力发展基础上，产业资本积累规模的扩大。一方面，科学技术的发展把巨大的自然力与自然科学带入生产过程，机器体系的社会应用极大地提高了劳动生产率，然而工人的劳动时间并未缩短，相反其剩余劳动时间却被延长到最大极限。大工业机器体系的应用虽然缩短了商品生产的必要劳动时间，但在工作日长度不变的前提下，将工人的剩余劳动时间变相延长，迫使工人提高劳动强度来填满劳动时间的全部空隙，剩余价值越来越多地被生产出来，以此满足产业资本积累。另一方面，剩余价值进一步投入扩大再生产过程，并转化为资本。资本家利用机器生产不仅使工人的劳动实际从属于整个资本主义生产过程，还在现实生产关系里否定了工人的主体能动性，"工人服侍机器"是这一阶段产业资本积累的必然后果。这直接推动了分工的扩大以及社会财富的增加，世界市场联系越来越紧密，随之交通运输业的发展把资本主义生产方式带到了世界各地，符合产业资本积累的全新世界政治经济秩序正在形成。

产业资本的积累规模随着资本主义生产方式的发展而不断扩大，资本主义生产方式的历史变革又推动了产业资本的扩张积累，二者相互影响。同时在此相互推动的过程中，劳动对资本的实际从属显示出资本强大的生产调节能力，产业资本的积累在更大规模上将资本与工人的雇用关系生产出来，资本作为"物"对人的抽象统治全面形成，商品、货币与资本拜物教进一步遮蔽了资本主义生产方式以及资本积累过程的颠倒本质。商品形式以幽灵般的对象性掩盖了人与人之间的社会关系，货币拜物教以更耀眼的形式使货币成为统摄社会的"上帝"，而资本拜物教中"资本"通过牺牲否定人的真实社会劳动赋予"资本"现实性并充实自身。这一机制"创造了一个'颠倒的现实'，在其中，抽象占据物质，当所有的物质事物和人都越来越商品化时，当所有的关系都被嵌入价值形式中时，纯粹的抽象席卷了整个世界。形成它们自身并进入它们之间的诸关系中的纯粹诸形式客观地存在于世界中而非思想中"①。物的抽象统治成为真实的社会存在，工人从工场手工业时期"活机构的肢体"到资本增殖机器体系死机构"活的附庸"，"个人受抽象统治"最真实地反映了机器大工业时代人的生存状况。

  由上述讨论可知，"劳动力成为商品"是资本主义生产过程实现价值增殖的现实前提，从协作到工场手工业再到机器大工业的生产方式的变革，都是在"劳动力成为商品"隐秘不平等交换的基础上，资本实现了剩余价值生产与积累方式的转变，这一历史过程与产业资本的积累是内在一致的。其中，产业资本的积累瓦解了传统封建社会等级制度，肯定了启蒙理性强调的自由的内在价值，资本主义私有制的社会关系却以更隐蔽的方式把社会中一切人与人的关系转换为物与物的关系，物的形式掩盖了劳动的社会性以及社会关系的矛盾本质，人在精神层面接受与认同了物的逻辑对自身的支配，这正是资本主义社会的拜物教。可以说，与产业资本积累物质财富、推动社会进步的历史变革相伴随的还有资本主义拜物教的社会现实，之后资本主义社会所有的拜物教形式都是在此基础上的演化变形。

---

① ［英］克里斯多夫·约翰·阿瑟：《新辩证法与马克思的〈资本论〉》，高飞等译，北京师范大学出版社2018年版，第120页。

## 二 金融资本的兴起

金融资本的兴起是资本利用金融工具不断克服产业资本自身发展限制的产物。我们在这一部分探讨的金融资本可追溯到19世纪产业资本发展的鼎盛时期至19世纪末20世纪初金融资本扩张的帝国主义阶段。随着产业资本积累规模的扩大,资本通过无偿占有雇用劳动者生产的剩余价值以实现资本总量增加的生产方式,已经不能及时满足资本主义剩余价值生产与资本扩张的欲望。生产与流通过程的限制使产业资本家开始向货币资本家寻求资金支持,进而"生息资本的发展导致银行和信用体系这些具体形式的产生。信用体系又进一步导致股份资本的形成以及股票等有价证券的流通,除现实资本的运动外,又出现虚拟资本的运动"①。银行资本在这一转化过程中逐步控制并主导了产业资本的生产与发展,产业资本对银行与信用体系的依赖性越来越强,金融资本随之形成,并成为推动社会历史变革的新力量。

马克思并未直接提出"金融资本"的概念,但他在《资本论》第三卷中已经认识到银行、信用体系等机构对社会生产过程的重要影响,尤其是他对生息资本运动过程、性质的论述为我们认识现代金融资本及其发展轨迹提供了重要的思想线索。生息资本可以看作19世纪的金融资本,在生息资本 G – G′ 的运动过程中,货币资本家投入的货币,实际上将它作为商品贷出的,"把货币放出即贷出一定时期,然后把它连同利息(剩余价值)一起收回,是生息资本本身所具有的运动的全部形式"②。在双方的交易中,资本本身被当作一种始终以增殖为自身规定性的商品参与流通,贷出货币进行的一切中介活动消失了。所

---

① 《马克思恩格斯文集》第7卷,人民出版社2009年版,第3页。
② 《马克思恩格斯文集》第7卷,人民出版社2009年版,第390页。

以，资本关系在生息资本中获得了最高程度的颠倒。在此基础上，信用、银行的兴起成为金融资本形成的重要助推器。马克思指出，产业资本的积累逐步依赖信用货币的票据支付与流通功能。信用制度减少了流通费用，通过对集中的社会资本的再分配，使资本家或商人在固定时间内获得支配他人财产的权力，进而扩大了生产规模。但在进一步的发展中，银行利用其专业的记账系统与方便的支付服务取代早期商业信用，因此，出现了银行信用的垄断局面。尤其是产业资本的生产与流通过程被银行信用支配，最终形成脱嵌于生产过程但又支配和控制社会生产的金融资本新形态。马克思关于生息资本、银行、信用的分析是对金融资本早期形态的说明，后来金融资本的发展都是在此基础上延伸出的形式变化，"资本是一个主动增殖的自动机器"这一内核始终未变。

19世纪末20世纪初，金融资本在经济领域垄断社会生产的基础上，取得了相较于产业资本的优势地位。希法亭指出，产业资本的生产过程对银行资本依赖性会不断增强，"产业资本的一个不断增长的部分不属于使用它的产业资本家了。他们只有通过代表同他们相对立的所有者的银行，才能获得对资本的支配。另外，银行也不得不把它们资本的一个不断增长的部分固定在产业之中。因此，银行在越来越大的程度上变为产业资本家。我把通过这种途径实际转化为产业资本的银行资本，即货币形式的资本，称为金融资本"①。按照希法亭对金融资本的定义，金融资本即在银行资本与产业资本相互混合基础上形成的现代新资本形态。在19世纪末，早期发展起来的产业资本在信用机制的帮助下，生产规模逐步扩大，成为集中性的产业资本；同

---

① [德]鲁道夫·希法亭：《金融资本》，福民等译，商务印书馆1994年版，第252页。

时，银行通过为产业资本家提供信贷服务，垄断了大量货币资本。产业资本与银行资本相互联合，一方面促进了产业资本的整合集中，另一方面使金融资本的权力扩大，逐渐成为产业资本生产的垄断支配方。

"垄断"是这一时期金融资本生产总过程的显著特征。从生产方面来看，银行作为货币资本所有者将大量货币贷出，在社会平均利润率不变的情况下，贷出货币的数量多少直接影响产业资本的生产规模，产业资本生产的利润也被金融资本以利息等所有权方式收回，金融资本逃离生产过程的寄生性显而易见。同时，为克服利润率平均化生产，金融资本的垄断性依赖于各种经济组织。其中，资本家通过在卡特尔（资本主义企业联合的方式之一）内部订立一系列的协议，来确定整个卡特尔的产量和产品价格，指定各企业的销售额及销售区域等，使生产由自由竞争向垄断过渡，以此满足利益共同体的垄断性收益。除此之外，辛迪加与托拉斯作为高级的商业垄断组织，都将直接影响生产领域的竞争，力图实现垄断利润最大化。从流通方面来看，银行资本利用自身垄断货币供应的优势，以股息收入金融化的方式参与产业资本生产流通，在股份公司所支付的股息与银行现行利息率之间存在差别的情况下，股票可以高于自己的票面金额出售。通过这种方式，银行资本获得了与借贷资本利息收入不同的创业利润。总体来看，金融资本的垄断式生产，可以通过定价、限制生产规模等方式来实现，在一定程度上缓解了产业资本盲目生产导致的过剩危机，但金融资本家通过发行股票、操控证券价格等攫取社会财富的投机行为，使财富集中到金融寡头身上，直接影响了社会总资本的增殖扩张和价值实现进程。金融资本家在远离实际生产劳动过程的前提下，获得资本增殖的赌博式投机目的昭然若揭。

金融资本在19世纪末20世纪初的生产扩张，还依赖于国家政治权力的支持。资本主义通过金融资本的扩张在世界范围内建立起帝国主义的统治，世界各国都被整合到金融资本垄断化发展的进程。垄断性的金融资本通过殖民地统治瓜分世界经济领土，输出过剩资本与产品。列宁强调："帝国主义是资本主义的垄断阶段……帝国主义是发展到垄断组织和金融资本的统治已经确立、资本输出具有突出意义、国际托拉斯开始瓜分世界、一些最大的资本主义国家已把世界全部领土瓜分完毕这一阶段的资本主义。"① 在列宁看来，金融资本统治的实质就是垄断。金融寡头通过垄断利润获取高额收益，产业资本、银行资本、金融资本的关系愈加密切，并统一在金融资本的统治之下。同时，我们可以看到，虽然在这一阶段帝国主义的发展使金融资本占据经济结构的主导地位，但处于此阶段的金融资本尚未真正成为影响社会整体发展进程的决定性力量。原因在于，"国家和资本的关系在19世纪和20世纪早期逐渐改变，此时危机不断威胁着资本的发展……垄断阶段对资本主义的健康构成一个直接威胁。因为它腐蚀了作为系统生命血液的资本家之间的竞争"②。垄断积累条件下金融资本的扩张范围是有限的，并且战争冲突与殖民地人民的反抗也在很大程度上限制了金融资本向世界扩张的速度。

需要强调的是，金融资本在垄断性财富积累总额不断增加的同时，也将社会经济政治生活的方方面面裹挟到金融化进程，整个社会呈现出更为盲目地崇拜金融资本增殖的拜物教现象。金融资本拜物教是资本神秘化最显眼的形式，"它的充分的物化、颠倒和疯狂……只是以最

---

① ［苏］列宁：《帝国主义是资本主义的最高阶段》，中共中央马克思恩格斯列宁斯大林著作编译局译，人民出版社2014年版，第86—87页。
② ［美］麦克尔·哈特、［意］安东尼奥·奈格里：《帝国——全球化的政治秩序》，杨建国、范一亭译，江苏人民出版社2008年版，第297页。

明显的形式表现出来，——就是生'复利'的资本，在这里，资本好像一个摩洛赫，他要求整个世界成为献给他的祭品"①，资本的增殖在金融资本形式上表现为利息的直接产物，社会生产总过程被资本流通的"自我增殖"假象遮蔽。金融资本的生产与增殖表现为物的属性，我们在其中看不到货币向资本的转化过程，更无法辨认实际劳动在生产过程中的作用。在金融资本拜物教中，资本作为商品被看作可以自动生利息的摇钱树，"资本的单纯形式 G－G'在这里被荒诞地、不经过任何中介过程地展示和表现出来，资本的性质和形态也就完成了。同样，各种关系的硬化以及它们表现为人同具有一定社会性质的物的关系，在这里也以完全不同于商品的简单神秘化和货币的已经比较复杂的神秘化的方式表达出来了。变体和拜物教在这里彻底完成了"②。资本的物神形态与物神观念在金融资本充分的物化、颠倒和疯狂"复利"活动中得到确证，并把这种金融资本拜物教精神观念推广到社会生活的一切方面，巩固了金融资本的垄断性地位，以致普通人都知道"任何一定的货币收入都可以资本化，也就是说，都可以看做一个想象资本的利息"③，心甘情愿沉迷于金融资本扩张的社会进程中，幻想和憧憬着货币资本蛹化出更多利息的美事。

## 三　数字资本的形成

"在扩张性市场逻辑影响下，因特网正在带动政治经济向所谓的数字资本主义转变"④，以"数据"为商品形式获取利润的资本新样态正

---

① 马克思：《剩余价值理论》第3卷，人民出版社1975年版，第505页。
② 马克思：《剩余价值理论》第3卷，人民出版社1975年版，第548页。
③ 《马克思恩格斯文集》第7卷，人民出版社2009年版，第702页。
④ [美] 丹·席勒：《数字资本主义》，杨立平译，江西人民出版社2001年版，引言第15—16页。

在形成。数字资本是在资本样态裂变的历史基础上形成的资本最新表现形式，资本样态的历史裂变不仅反映了不同时期资本主义生产过程主导力量的历史变化，更是资本主义生产方式持续追求最大化剩余价值，以及生产关系不断深化的现实体现。数字资本相较于产业资本与金融资本，在高效灵活的生产分工与普惠共享的分配交换基础上，可以生产出更多的剩余价值，逐渐成为能够承载不断演变的资本主义政治经济结构的新的支撑点。数字资本的形成有两个关键因素：一是资本主义国家新自由主义政策的支持，为形成信息商品化的自由市场创造了条件；二是数字信息技术的资本主义应用，直接加快了数字资本的全球扩张速度。商业利润驱使网络信息技术的资本主义应用带来了社会经济的巨大变革，新自由主义政策引导下数字资本商业利润的获取构成了未来资本样态的发展趋向。

数字资本的形成带有明显资本主义生产方式历史转变的社会印记。从社会历史层面来看，数字资本的兴起是新自由主义权力治理的经济结果。自20世纪70年代以来，政治经济领域向新自由主义的转变，推动了资本主义市场经济的蓬勃发展。为了解决生产过剩危机，新自由主义对电子信息技术、数据信息收集、存储、分析的技术需求日益迫切，"新自由主义试图把一切人类行为都纳入市场领域。这需要种种信息创造技术和能力，积累、储存、传递、分析，使用庞大数据库，用以在全球市场指导决策。因此，新自由主义对于信息技术便有着强烈的兴趣和追求"[①]。丹·席勒在《信息拜物教》一书中，详细地追溯了20世纪70年代以来在新自由主义自由化政策作用下，美国电信业发展对经济文化产业生产带来的重要影响。在他看来，自由

---

① ［美］大卫·哈维：《新自由主义简史》，王钦译，上海译文出版社2016年版，第3—4页。

化的政策是保证数字网络和服务内部技术融合的前提,"必须首先保证自由化政策。只有经过政策调整,数字技术才有可能在彼此分离的领域之间建造出前所未有的、有着较高利润前景的联系通道"①。美国政府和世界银行等多边机构将自由化政策推广到世界各地,这一举措不仅便于在世界范围内建立起高速生产的网络控制结构,满足跨国大公司的商业利益需求,更使互联网技术成为各行业寻求技术创新的战略需求,"塑造了这场全球性的争夺,使之成为一种周而复始的投机现象——市场狂热的表现"②。所以,早期政府主导资助研究的网络信息技术开始从非商业性转向商业性。网络信息技术与新自由主义治理的内在联系,使互联网成为不受物理空间与地缘政治限制的、联系全球的信息传播机器,在很大程度上推动了数据信息商品化、市场化的进程。

受新自由主义政策影响,数字信息技术的广泛应用进一步为数字资本的形成与扩张创造了必要的技术条件,推动了数字资本主义生产方式的变革。"数字化革命导致了一种新的经济模式,导致了一种新的社会运作方式;是因为我们必须认识到,数字化革命正被经济本身的迫切需要推向一个更有效率的进程。"③ 具体在大数据时代,人工智能技术、云计算等大数据信息处理技术可以大大地降低生产成本与交易成本,分散劳动者与规模较小的企业被整合于网络化生产的环境中,网络资源配置的社会范围逐步扩大,这一现实变化也预示着数字资本生产的社会化程度,远远超过了产业资本企业分工协作与金融资本时

---

① [美] 丹·席勒:《信息拜物教:批判与解构》,邢立军等译,社会科学文献出版社2008年版,第162页。
② [美] 丹·席勒:《信息拜物教:批判与解构》,邢立军等译,社会科学文献出版社2008年版,第125页。
③ [德] 乌韦·让·豪斯:《信息时代的资本主义——新经济及其后果》,许红艳、张渝译,社会科学文献出版社2004年版,第22页。

代的垄断生产。首先，数字技术加速了信息商品化进程，大量产品与服务以数据信息形式存在，数据信息成为最关键的生产要素，数据驱动成为当下企业首选的发展方式。企业依赖大数据、云计算等智能技术，通过对用户的评论、转发、点赞等数字痕迹的收集与分析，将处理之后的数据以商品形式转卖至广告商等企业；而广告商在充分利用这些数据信息基础上，再次向大众精准传送相应产品从而获取利润。这一生产方式转变是在数字技术推动的数据信息商品化进程中顺利完成的。数据信息的商品化作为数字资本形成与积累的关键，服务于数字资本家攫取商业利润的根本目的。其次，涵盖网络基础设施的数字信息技术，不仅具备存储与分析海量数据的能力，而且可以根据企业生产与消费的变化对市场需求进行预测，在一定程度上缓解了产业资本生产与金融资本投资的盲目性。数字资本主导的资本主义生产过程获得了相对前者的灵活性与自由度，引导着产业资本与金融资本原有生产模式的数字化转型。最后，数字信息技术在全球生产过程中的高度渗透，使资本在生产、贸易、金融、消费等方面的经济活动得以深化，推动了数字资本的全球化扩张进程。数字信息技术在降低成本、压缩空间、克服时空障碍等经济活动中的重要作用，正是数字资本全球化所必需的技术支持。数字资本逻辑的全球化进程呈现出以往时代生产力发展水平所没有达到的深度与广度，技术进步与新的全球化商业模式再次强化了数字资本的全球扩张。

从根本上来看，数字资本的兴起与扩张是资本主义利用数字信息技术，为解决资本生产过剩危机寻求的新出路。数字资本总体盈利的增长与规模的扩大是新自由主义治理的至高目的，数字信息技术只是资本逻辑运用的外在技术手段。新自由主义对技术的控制的背后，反映的是错综复杂的资本权力关系，即互联网络生产过程的公共性被资本主义私有化占有,"资本主义运行的是一种私人占有公共物品的持续的循环圈:侵占公共财产"①。具体表现为大型互联网公司对一般数据②的无偿占有与垄断,一般数据作为抽象层面数字劳动的产物,是由广大互联网用户共同创造的公共性财富,并作为重要的生产资料参与数字资本的生产,生成一般数据的普通大众在分配层面却无法获得相应报酬,这就为数字资本剥夺性积累创造了理想条件。剥夺性积累表征的正是数字资本面向社会大众与整个社会公共领域的普遍剥削现状。除一般数据被私有化占有剥夺之外,早期作为一种公共财富使用的互联网,也被资本主义的竞争策略转变成一种完全私有化的财产。其中,自由流通的信息交流生产出的使用价值成为资本主义私有化财富的重要来源。自20世纪90年代以来,数字资本的私有化以跨国公司为载体,通过在全球范围内的渗透扩张实现全球利润的垄断,形成了以数字信息技术为核心的全球生产网络,再次强化了资本主义私有制的权力体系。这预示着在资本主义私有制条件下,剩余价值生产的国际化达到了目前经济发展的最高阶段,位于中心的发达资本主义国家享有数字信息技术的核心机密,控制着网络中心节点的生产资料;而发展中国家则处于生产外围,中心发达国家与外围发展中国家收入差距加大,矛盾也随之增多。数字信息技术的全球化发展,实质上是由新自由主义政策引导且为满足资本增殖积累欲求的技术手段。以美国为首,"信息自由流通的支持者的目标非常明确,那就是将上述自由原则视为美

---

① [美]麦克尔·哈特、[意]安东尼奥·奈格里:《帝国——全球化的政治秩序》,杨建国、范一亭译,江苏人民出版社2008年版,第293页。

② 由数据和云计算形成的庞大的关联体系,我们可以称为一般数据。而今天的数字资本主义正是在这个一般数据基础上架构出来的体系。在这个意义上,数字时代的所有要素,包括所有个体,所有的物,都无一例外地被这个一般数据所中介,只有在一般数据的坐标系上,所有对象才能找到其特定的存在意义。参见蓝江《一般数据、虚体、数字资本——数字资本主义的三重逻辑》,《哲学研究》2018年第3期。

国政治经济利益的原动力。在目标远大的论断背后隐藏着种种无耻的自我扩张企图"①，数字资本就是在上述复杂的技术、政治背景下形成的。

在数字资本的兴起与扩张进程中，社会生活世界的巨变也塑造了普通人全新的生活体验与价值意识。与产业资本和金融资本主导的时代相比，具备"数字头脑"或"数据思维"的人更容易在当下社会获得成功。数字资本的扩张将所有人容纳在数据系统中，在数据平台界面中，普通人只是作为数字资源存在的"物"，数字资本把全球范围"一切坚固的东西"都消融在数字信息商品化的自由进程中。智能数字技术的全球应用在推动资本增殖积累扩大化的同时，也让主体真切地感受到数字拜物教带来的精神异化，数字拜物教是当下每个人最真实的生存体验。借助于数字信息技术的媒介传播，"数据"的传输与接收不仅是数字资本家追逐的对象，更成为联结人与人社会关系的中介物。当代人无法想象脱离"数据"传输的生活是什么样的，这显示出"数据"本身也成为普通生命对象化活动依赖的对象，无法被数据化的生命活动是脱嵌于数字信息商品化进程的无意义存在，社会精神在整体上陷入数字拜物教制造的"数据"存在幻象。现在"我们比想象中更容易受到数据的统治——让数据以良莠参半的方式统治我们……我们会形成一种对数据的执迷，因而仅仅为了收集数据而收集数据，或者赋予数据根本无权得到的信任"②。

通过对产业资本、金融资本、数字资本样态裂变的历史纵向考察，我们可以看到，资本总是在寻求更适合自身增殖与积累的社会历史环境，并且资本样态的历史变化总是在前一阶段的基础上形成的。尽管

---

① ［美］丹·席勒：《数字资本主义》，杨立平译，江西人民出版社2001年版，第95页。
② ［英］维克托·迈尔-舍恩伯格、［英］肯尼思·库克耶：《大数据时代生活、工作与思维的大变革》，盛杨燕、周涛译，浙江人民出版社2013年版，第210页。

资本主义已经进入数字资本时代，但产业资本、金融资本仍是资本主义存续的重要经济基础。数字资本在资本结构中位于顶层，引导产业资本、金融资本的数字化转型，以数字信息技术带动的生产力智能革命为起点，逐步发展到社会生产机制的整体革命，通过互联网、大数据与人工智能技术的联结创造了全新数字化的生产模式，生产力呈指数级增长态势。从积极方面来看，数字资本将数字信息技术与传统行业联结在一起，使生产体系日益智能化与数字化，世界经济发展面临重大的转型机遇。与代表着数字资本时代"良序经济"美好憧憬的生产力增长和转型机遇并存的是，主体受数字拜物教意识形态影响，人类面临着技术发展与社会物化现象加剧的现代性悖论。无论是意识层面还是社会层面，主体在数字资本引领的"智能革命"狂欢中陷入全新非神圣形象的异化，具有独立个性的现实生命为"数字"献祭已成为现实，但这恰恰是数字资本主义生产需要的最理想的社会秩序。这显示出，拜物教对资本主义社会生产与日常生活"个人受抽象统治"的遮蔽是资本主义生产过程稳序进行的前提。资本样态的裂变与拜物教形式外在变化处于同一历史进程中，不同社会历史时期资本生产过程的特殊性决定了拜物教外在形式的变化。数字拜物教是当下最为突出的精神现象与社会现实。那么，数字资本时代与之前产业资本、金融资本时期相比究竟有哪些新的特质，才呈现出数字拜物教的形式变化呢？对这一问题的回答构成了下一部分的主要内容。

## 第二节　数字资本与资本主义发展新阶段的特质

利用数字信息技术的智能革命，数字资本时代的资本主义生产方式与生产关系呈现出新面貌：数字平台依靠其强大的数据收集与算法分析处理能力，使跨时空、跨地域、跨部门的生产活动成为现实，极大地促进了平台经济的发展，弹性劳资关系网络得以形成。进而在数字技术的助力下，金融体系的创新使虚拟数字经济的财富积累规模不断扩大，数字资本与金融资本的联结为数字资本金融化创造了有利条件。考察资本主义发展新阶段的具体变化，目的在于从横向上探求数字拜物教产生的现实土壤，正是在数字资本主义发展新阶段的现实变化中，才塑造了数字拜物教与之前商品、货币、资本拜物教的根本不同。

## 一 数字平台与平台经济的发展

平台经济是当代资本主义发展新阶段适应数字资本生产与积累而出现的一种新的生产组织形式。数字平台为平台经济中数据的采集、分析、处理提供了数字化的技术保障。可以说，数字平台是平台经济顺利运行的关键，以数字平台组织为核心的平台经济正在逐渐发展壮大。

数字平台与平台组织的发展是数字资本时代生产过程最直观的变化。平台可以从三个层面理解：第一，平台不仅包括硬件架构，而且涵盖允许其他程序运行的软件框架；第二，平台提供交流、互动或销售的机会；第三，平台的开发商与运营商能够通过设计、界面控制等操作控制用户的行为与使用感受。① 依赖数字平台参与社会经济活动的新型企业组织即数字平台组织。放眼世界，谷歌、脸书、亚马逊等巨头利用数字平台建立了"互联网"商业运营的新模式，原有的生产活动形式被数字化逻辑整合、重塑，以数字平台为核心的平台经济大势

---

① Dal Yong Jin, *Digital Platforms, Imperialism and Political Culture*, New York: Routledge, 2015, pp. 9 – 10.

所趋。与机器大工业阶段不同，数字平台在数字资本控制与信息技术变革双重作用下，不仅成为数字资本时代生产过程的主体场域，更将传播层面的"用户"纳入资本增殖的环节，极大地促进了数字资本增殖与积累。

从平台经济的生产场域来看，数字平台组织是依赖于平台数字化基础设施的新型经济组织形式。数字平台组织与传统生产组织形式相比，其优势在于对"数据"的提取控制能力。"在20世纪，发达资本主义的发展重心，在于提取和使用一种特殊的原材料——数据"①，数字平台组织形成的前提是对数据接收、传输、存储平台功能的开发，即依靠互联网技术以及云计算强大的计算功能，利用数字信息技术对数据高速计算的处理能力和海量数据承载能力的提升。现在，数字平台已经渗透整个经济体系，众多大型企业都在"互联网+"浪潮中将平台建设融入已有的发展模式。数字平台组织将封闭简单的线性经济模式转换为依靠云计算点对点的协同、参与、开放式环形平台的多样平台经济模式，改变了以往生产组织形式信息传递不及时的局面，在很大程度上缓解了价值生产与消费之间的矛盾与不对称关系，平台经济呈现出数字化信息的对称性流动与社会化协作的经济高效生产态势。

从数字平台的传播媒介功能来看，"用户生成内容"的分享式传播是数字资本时代生产过程的关键。"在整个资本投资和利润赚取中，传播和信息上升到中心位置。传播和信息日益增长的经济重要性已造成新一轮的争议和知识酵母"②，而要实现"用户生成内容"的分享式传

---

① [加]尼克·斯尔尼塞克：《平台资本主义》，程水英译，广东人民出版社2018年版，第45页。
② [加]文森特·莫斯可：《传播政治经济学》，胡春阳等译，上海译文出版社2013年版，第96页。

播则需要借助数字平台。数字平台组织在技术、资本、用户三重关系中不断推动用户话语分享的开放化,以高参与度的多样化传播渠道吸引目标用户,通过自定义机制,鼓励用户参与数字平台内容的生产与传播过程,借助分享、点赞、关注等参与形式,实现用户数据流量变现的商业目的。用户生成的内容即数字化生产过程中由普通用户创造的一般数据,数据越多,用途越大。海量数据市场的形成不仅能为市场参与者找到更好的匹配选项,还可以通过数字平台把免费的数字资源变成现金收益。随着数字平台组织信息收集范围的扩大,超级数字流量入口的形成使拥有大规模用户数据的数字平台在数字经济活动成为"中心"。"所谓超级流量入口就是指拥有巨大用户规模的平台,而且用户进出频率高、停留时间长、信赖程度高,因而可以形成大规模的用户覆盖、价值传播和传递。"[①] 流量在数字资本时代对应的正是数字平台的超级网络传播功能,数字平台内信息资源的多样重组可以很好地兼顾不同用户的需求,真正做到"万人万面"。实际上,用户形成看似无用的数据痕迹正是在传播中被资本家收集并且无偿占有的,同时用户又在数字平台超级流量的吸引中,投入下一轮平台设定的消费过程。就传播角度而言,用户除了获得超级流量的即时性感官刺激之外,并没有获得由用户生成的数据内容的相应报酬,而且还会在传播过程中参与消费,为数字资本的积累创造有利条件。

进一步,数字平台组织形式在提高经济生产效率的基础上,使不同类型的公司企业以数字平台为中心形成了一个区别于以往实体工厂的"社会工厂"。与以往实体工厂生产模式不同,社会工厂"趋向以某种方式被整合到信息生产的网络中去。信息网络则趋向于某种类似于

---

① 李宏、孙道军:《平台经济新战略》,中国经济出版社2018年版,第107页。

一种社会生产的同步性。信息积累的革命因而需要在更大的生产社会化中向前跃进"①。"社会工厂"体现了数字资本时代平台经济生产活动的社会化。一方面，由于数字信息技术的智能化发展以及人类整体受教育水平的提升，人们的智力劳动、情感劳动等非物质劳动形式逐步成为占据主导地位的劳动形式，社会关系、交往系统以及信息网络愈加表现出非物质形态，这正是平台经济生产模式的现实结果。另一方面，在"社会工厂"生产模式下，绝大部分公共空间都可以被商品化，操作系统、电信网络、应用程序等共同架构了公共空间商品化的现实。"社会工厂"将数字信息生产、消费活动内化于日常生活中，影响着人与人之间的社会关系和交往形式，"新的信息基础设施的独特之处在于事实上它完全包含和内在于新的生产过程之中。在当代生产的顶端，信息和通讯是生产的真正商品；网络自身则是生产和流通二者的场所"②。在数字平台生产组织模式更新的基础上形成的"社会工厂"，无论从商品生产范围还是流通广度都超越了以往实体意义的工厂生产模式，生产社会化进程得以加速发展。

数字平台经济的不断发展显示出，当代资本主义生产方式的历史性转变才刚刚开始，传统实体经济与人类社会生活结构都将在数字化大潮中经历重大调整。"我们看到了数字资本主义时代最富有价值增值能力的不是生产部门中劳动力在其剩余实践中所生产出的剩余劳动，而是大数据构筑的数据平台。虚拟化的信息正在成为某种数字－物，成为最富有生产力的资本依托物。"③ 由此可见，数字平台组织将在数

---

① ［美］麦克尔·哈特、［意］安东尼奥·奈格里：《帝国——全球化的政治秩序》，杨建国、范一亭译，江苏人民出版社 2008 年版，第 254 页。
② ［美］麦克尔·哈特、［意］安东尼奥·奈格里：《帝国——全球化的政治秩序》，杨建国、范一亭译，江苏人民出版社 2008 年版，第 291 页。
③ 夏莹：《论共享经济的"资本主义"属性及其内在矛盾》，《山东社会科学》2017 年第 8 期。

字技术的支持下成为推动社会经济组织形式转型的关键,各种新经济增长要素与新行业呈现出数字化、网络化新趋势。

## 二 劳资关系的弹性化与网络化

在平台经济全球化发展的基础上,传统劳资关系正在向弹性化、网络化的劳资关系过渡。从工场手工业到机器大工业时代,资本大规模生产与合理的协作分工成为现实。到了数字资本时代,利用数字平台的数据处理与分析功能,资本主义社会生产组织由一体化的集中大规模生产,转向以数字平台为载体的模块化生产,生产过程的全球分散性依赖于数字平台对劳动过程的具体细化,弹性化、网络化的劳资关系最终形成。

劳资关系的弹性化在于承载劳资关系网络本身的弹性化和可延展性,劳资关系的网络化则表现在承载劳资关系的生产组织形式上。① 这里所说的弹性化、网络化的劳资关系也就是弹性劳资关系网络。20世纪80年代中后期,在资本产能过剩的大背景下,数字信息技术尤其是互联网的发展对生产、流通、消费等环节产生了巨大影响,以数字平台组织形式为中介的弹性劳资关系网络逐步形成。在弹性劳资关系网络内部,普通劳动者可以灵活地、自主地选择工作内容并自由决定具体工作时间,企业组织也可以充分利用数字信息技术有效地调配资金、技术、劳动力等。借助技术性的数字平台网络组织与弹性劳资关系网络,数字资本主义社会形成了内部相互连接、外部分散布局的平台经济发展模式。数字平台经济的发展进一步驱使弹性劳资关系网络沿着时间、空间和地理三维路径演进,二者相互影响,共同从生产、消费

---

① 赵秀丽、杨志:《劳资关系新形态:弹性劳资关系网络的形成与变迁》,《经济学家》2018年第11期。

等方面塑造了数字资本时代劳资关系的新形态。

首先，数字平台作为弹性化、网络化劳资关系形成的载体，其互联网属性极大地延伸了现代劳资关系的边界。数字平台具有强大的数据整合能力，在"覆盖一切"数据分析的基础上，把劳动任务区分成不同阶段、不同程度的工作任务。劳动者可以自主地选择工作任务以及完成的具体方法，数字平台组织仅监控劳动过程以及劳动结果。相较于之前紧张对抗的劳资关系形式，数字资本时代的弹性劳资关系网络，既为劳动者灵活就业创造了条件，形成了众包、外包等中心——外围式的生产形式，又弱化了普通劳动者对数字平台组织的从属性关系，表面上增加了劳动的自由度。但就弹性劳动过程的网络化平台控制来说，数字平台以数据量化一切为管理准则，将具体生产过程置于数字量化的劳动规范中，意在增强普通劳动者对数字化规范的认同与从属意识。数字平台对普通劳动者的隐匿控制，总是与关系劳工收入的绩效奖励挂钩，这种注重生产劳动结果的灵活雇用制度与工资体系的激励制度，实际上大大增加了主体的劳动时间与劳动强度。在弹性劳资关系网络中，资本增殖占据主导地位，平台对劳动者弹性工作模式创造出剩余价值的无偿占有，形成了资本弹性积累的新模式。无止境地奔赴下一个"工作"，是当前弹性劳资关系网络进程中普通劳工的真实生存现状。

其次，这种弹性化、网络化的劳资关系不仅涉及真正参与数字资本生产过程的劳动者，更将消费者也就是数字平台的消费用户卷入生产过程。平台的超级流量为海量数据的传播流通创造了条件，实时性、高效率的精准消费需求对接已是现实。消费用户可以在数字平台匹配到适合自己的产品服务，并在平台中监督劳动过程，促使网络劳动者按时保质完成任务。数字平台推动了生产与消费的结合，增强了网络劳动者与消费用户对平台组织的黏度。一方面，消费用户对弹性化、网络化劳动的评价直接影响数字平台对劳动者绩效的认定，与其薪酬工资挂钩；另一方面，数字平台通过积分累计、评论分享等具体奖励措施，激励消费者实时监督网络劳动者提供的服务与表现，消费用户的评价反馈在很大程度上代替了数字平台对网络劳工的监督功能，而数字平台对劳动的真实控制却隐匿其后，劳动过程的矛盾集中在消费用户与网络劳工之间。这一过程实际上是资本柔性控制劳动并转移劳资矛盾的表现，网约工虽然在弹性网络化生产中有一定自主权，却深受平台的隐秘控制。在弹性化、网络化的劳资关系中，数字平台并未直接参与普通网络劳工与消费用户之间的生产、消费过程，数字平台在整个生产过程中仿佛成为价值中立的一方，资本与劳动的矛盾关系在平台复杂的层次嵌套结构中被遮蔽。

可以看出，无论是提供服务的网约工，还是数字平台的消费用户，他们对"数据要素"的依赖都远远超出以往任何时期，这意味着数字平台对数据信息收集、储存、传输、分析以及利用的功能成为社会全部生产关系数字化变革的关键技术支撑。数字平台整合数据的功能凸显为控制数字资本时代社会化大生产的垄断支配权，弹性劳资关系网络正是在数字平台引导下的社会生产与再生产形式更新的结果。自由的选择权、灵活的管理方式使数字资本的社会生产范围不断扩大，以至在弹性化、网络化的劳资关系内部，普通工人与消费用户在数字平台上付出的时间和参与的活动，都成为数字资本增殖的内在要素。数字资本时代由数字平台企业掌控的生产、消费、流通（传播）活动遍布全球，如何将所有人日常生活与社会关系整合到平台经济生产，是当代资本主义发展新阶段的根本诉求。

弹性化、网络化的劳资关系不仅是社会生产总过程中自动化、智能化组织形式更新的产物，而且还推动了新自由主义工作伦理的当代勃兴。"这些伦理主要表现为：鼓励主动超常加班，认同'追求生产力、效率、竞争力'的意识形态并将它始终贯穿于自我管理……强调自我负责、自我规训和自我监督，以期建构符合企业利益、且被社会期待的好公民的理想的自我形象。"① 实际上，数字资本时代技术的发展并没有真正解决劳资矛盾，弹性劳资关系网络催生出类似于 IT 产业"996"工作模式，无眠工作、永不停歇的劳动状态将持续为数字资本的"永动"增殖机制输入原料。然而，永不停歇的工作并不能赋予劳动者以安全感和成就感，"在允许工薪工人人数减少的工业、工业化的服务、技术重组和劳动合同中，受尊重的工作逐渐被自动化和计算化，半技术的工人和无技术的雇员将被解雇、提前退休或被鼓励去重新接受培训。在大公司的一个稳定的工作已经成为一个必须去争取的特权"②。在数字平台生产组织中，弹性劳资关系网络大大降低了稳定就业率，数字信息技术的智能化、自动化生产使资本有机构成得以提高。以往时期重复性、可操作性的活劳动被智能机器生产取代，工作危机成为常态，"每一个人，都是潜在地失业的、潜在地处于就业状态下的、潜在地作为一个不安全的或临时的工人"③。所以，弹性化、网络化的劳资关系始终包含人们奔赴就业与被迫失业两者之间的内在矛盾。这将导致两方面后果：第一，数字产业后备军的增加。弹性劳资关系网络不仅包含大量自由职业者，还将已就业的劳动者包括其中，这些人有技术人才，同时还包括更多地被智能化技术应用排挤出原有工作岗位的普通劳动者。劳动的可替代性增强，数字平台经济的产业后备军

---

① 姚建华：《数字劳动的"永动"机制：何以可能？》，《新闻战线》2019 年第 17 期。
② A. Gorz, *Gritique of Economic Reason*, Verso Press, London and New York, 1989, p. 59.
③ A. Gorz, *Reclaiming Work：Beyond the Wage‑Based Society*, Polity Press, Cambridge, 1999, p. 52.

数量激增，意味着在过剩的劳动力供给背景下，劳动工资在很大程度上将会降低。第二，新自由主义工作伦理与弹性劳资关系网络的勾连，使普通劳动者对新自由主义绩效精神的盲从趋势愈加严重，这一现状进一步加剧了劳动者的紧张感与压迫感。"这时的绩效不仅是一种行为协调方式、组织参数和增值效应的认知机制、控制工具，也是一种意识形态，甚至是一种信仰。"① 劳资关系弹性化、网络化进程使劳动者成为社会工厂中独立的"散点"，难以形成统一的阶级力量以抗衡资本的控制。正是在弹性化、网络化的劳资关系里，普通工人努力工作以实现自身劳动价值，却无法认清数字平台被资本操纵的本质。弹性化、网络化的劳资关系最终将会趋向劳资关系的持续对抗局面。

## 三 数字资本的金融化趋势

数字资本的金融化趋势是21世纪以来尤其是2008年金融危机之后，数字资本运作的主要表现，这一趋势对全球经济发展轨迹产生了重大影响。数字资本的金融化，上承20世纪70年代金融化现象，下启数字资本时代的金融化新趋势，代表了数字资本克服自身积累限制的新途径。

数字资本的金融化趋势预示着数字资本主义改变了以往时代的资本结构，其获取利润的途径更多地向金融渠道扩展，强化了金融市场在资源配置中的主导作用。数字信息产业带动的经济发展与汽车、钢铁等行业不同，技术进步的创新性与风险性使其对金融资本的依赖增强。金融资本原有的垄断式公司组织已经不适应新时期的资本主义生产，大银行资本与大型商业公司的结合被更广阔的金融市场投资取代，

---

① [法]弗洛朗丝·雅尼-卡特里斯：《总体绩效：资本主义新精神》，周晓飞译，中国经济出版社2018年版，第26页。

而数字信息技术产品正是其分散投资的最佳选择。"技术变化对于经济增长的贡献很难独立于投资，因为大多数新技术需要体现在资本品之中才能被引入。大多数新技术是作为投资决策的结果才进入经济生活源流的。"① 也就是说，金融资本对于数字信息技术的投资直接促进了数字资本的历史生成。金融资本市场投资关注的重点是如何通过金融市场的投资操作更快地获取更多的资本增殖利润，数字资本的金融化趋势正迎合了金融资本发展的趋向，加之新自由主义治理术对金融市场自我调节的盲目自信，尤其是 21 世纪以来经济金融化趋势为数字资本的发展壮大扫清了障碍，大量金融资本涌入数字资本市场，数字资本金融化已成为社会现实。

金融资本对数字信息技术的投资以及数字资本的社会化生产，是数字资本金融化趋势的社会动因。数字资本的金融化趋势是指货币资本作为商品成为能动的主体参与资本增殖的总过程。在数字平台生产组织开放的技术条件下，数字资本金融化趋势呈现出"脱实向虚"的首要特征。数字平台是数字资本、金融资本价值运动的虚拟平台空间，数字平台空间克服了以往产业资本、垄断性金融资本价值流通的时空障碍，从形式上满足了数字资本通过价值流通和循环增殖的"狂想症"。资本摆脱生产过程的"倒霉事"的愿望在数字资本时代表现得更为强烈，"脱实向虚"的数字资本金融化趋势，推动了全球范围内虚拟资本规模的扩大。虚拟资本是在信用制度高度发达条件下货币资本化和资本证券化的产物，它不仅包含最初的股票、国债、银行创造的信用，还包含金融创新条件下虚拟资本再证券化的各种金融衍生品。尤其是在数字资本时代，数字化的虚拟资本形式是上述虚拟资本的再次

---

① David Mowery and Nathan Rosenberg, *Path of Innovation: Technological Change in 20th Century America*, Cambridge University Press, 1998, p. 4.

虚拟化，这种数字化的虚拟资本通过遍布世界的数字平台网络和金融市场体系，将普通人的财富转移到数字资本的虚拟运作，同时，又可以根据货币资本积累调整各类金融衍生品的需求，以数字化的形式占有和转移社会财富。数字化的虚拟资本形式，"在货币、商品和生产资本的循环中，空间流动的可能性和条件看上去极为不同；现在和未来的所有权凭证（即对未来劳动的索取权）在世界市场上的流通，注定要成为影响资本主义发展的运动规律的、越来越重要的特征"①。按照虚拟资本的增殖逻辑，数字资本金融化趋势"已经不再是仅仅掌握生产的余额，而且逐渐地侵蚀生产本身，使整个的生产部门依附于它"②，它可以更便捷地对全球资本展开时间、空间控制。数字化虚拟资本的流动性极大增强，数字平台的生产组织将一切经济要素纳入虚拟资本市场，从而使数字资本的金融化推动资本积累向金融领域转变。

数字资本金融化趋势推动了各种数字金融产品及其衍生品市场的兴起与繁荣。有学者指出，新型虚拟资本③即其衍生机制的产物，尤其是通过金融衍生工具的创新，数字资本积累形式逐渐转向对数字化货币形式或所有权证书形式的数量积累。这些所有权证书形式可以反复流通和转手，并且多次参与价值增殖过程。所以说，社会虚拟数字财富的爆炸式增加在很大程度上是以证券形式的所有权证书为载体的虚拟价值积累。追求短期收益与投机证券价格的涨落产生的财富增长效应，虽促进了资本的社会流动重组，但数字资本时代泡沫性的财富积

---

① ［美］大卫·哈维：《跟大卫·哈维读资本论》第2卷，谢富盛等译，上海译文出版社2016年版，第108页。
② 《马克思恩格斯文集》第7卷，人民出版社2009年版，第368页。
③ "新型虚拟资本是以虚拟资本为标的创造金融买卖合约，主要表现为远期、期货、期权、互换（掉期）等，它们通常被称为金融衍生品，这里把它们称为新型虚拟资本。新型虚拟资本是一种对未来收益的所有权凭证。"参见李策划《互联网时代的资本主义经济金融化——资本关系的变异与资本积累方式的转变》，《西部论坛》2019年第6期。

累同时也将不可避免地带来金融危机新矛盾。究其本质，数字资本的金融化趋势不仅脱离了资本实体生产基础，同时也脱离了资本的货币基础。早在《资本论》第3卷中，马克思就指出："信用货币的贬值（更不用说它只是幻想的货币资格的丧失）会动摇一切现有的关系……只要货币有保证，商品价值作为货币价值就有保证。"① 要维持真实的货币基础就需要国家权力的保证，金融机制的正常运转依赖国家法制权力对货币信用体系的合法性证明。然而，在分割现在—未来剩余价值的目的驱使下，数字资本通过金融技术创新出金融衍生产品，实现了全球范围销售，促进有价证券形式的数字虚拟资本巨额增长，使其真实货币基础秩序被不断消解。数字资本金融化趋势的全球蔓延意味着发达国家占据着全球经济发展的霸权地位，这一现状直接影响甚至威胁到广大发展中国家货币基础的稳固性。总之，数字资本的积累与虚拟资本信用体系制度内在相关。数字虚拟资本是金融衍生品高度发展背景下的资本投资主要方向，同时这一进程与新自由主义的全球金融化逻辑渗透密切相关，金融权力与政治权力的交织关系在当代社会呈现出更为复杂的状况。

通过资本周期性的扩张积累与形式演变，当代数字资本金融化的趋势愈演愈烈。"金融创新本质上是人类追求自然历史化的意志显现，是人类据自身实践需要而不断开拓生存时空资源的诉求。"② 我们不可否认，数字资本与金融资本的结合是资本自我循环与积累的必然走向，以及在此基础上数字信息技术等高新技术产业的变革也是其进步的体现；但数字资本金融化使数字资本远离实体经济、超越时空界限实现的虚拟资本的膨胀积累，逐步限制甚至压倒了实体产业经济的生产，

---

① 《马克思恩格斯文集》第7卷，人民出版社2009年版，第584页。
② 张雄：《金融化世界与精神世界的二律背反》，《中国社会科学》2016年第1期。

实体经济式微成为经济常态。尤其是在数字平台的虚拟空间掩护下，数字资本、金融资本的联结和数字资本金融化的趋势，在形式上可以使资本不用承担复杂的生产过程以及长时间的生产周期，进而获取即时性的巨额利润成为现实。实际上，以各种所有权证书数量的虚拟数字资本积累并不能真正实现资本积累，因为数字虚拟资本本质上是非生产性的，其利润来源仍是生产领域的现实劳动生产。在现实生产中，"相当多的金融企业事实上只关注金融，别的什么都不管。它们永远追逐投机获利，而且只要能够掌握力量的各种变化，这一逐利行为就不会停止"①。同时数字资本金融化趋势使市场的脆弱性和不稳定性增加，社会中各种借贷关系错综复杂，一旦某一环节出现问题，势必会影响社会整体经济的稳定。"金融化造成了错误或误导性的信号，它的错误达到了这样的程度，即挫败或妨碍了为未来的集体利益和动态增长进行资源分配的进程。"②

可以看到，数字资本主导下的金融化趋势通过信用体系和数字金融衍生品的创新缓解资本过剩危机带来经济新增长点的同时，也将使实体产业生产投资与数字金融投资逐渐脱离，加深了数字资本时代资本自行增殖的自动机观念，大量的社会财富成为投机商人进行冒险的工具。正如马克思总结的："它再生产出了一种新的金融贵族，一种新的寄生虫，——发起人、创业人和徒有其名的董事；并在创立公司、发行股票和进行股票交易方面再生产出了一整套投机和欺诈活动。这是一种没有私有财产控制的私人生产。"③

---

① [美]大卫·哈维：《新自由主义简史》，王钦译，上海译文出版社2016年版，第164页。
② [德]于尔根·科卡、[荷]马塞尔·范德林登：《资本主义：全球化时代的反思》，于留振译，商务印书馆2018年版，第210页。
③ 《马克思恩格斯文集》第7卷，人民出版社2009年版，第497页。

正是在以平台经济的生产组织形式、弹性化和网络化的劳资关系、数字资本金融化为主要特征的当代资本主义发展新阶段基础上，数字拜物教得以形成。数字资本时代生产组织形式、劳资关系、金融化的嬗变，使人进入了新的数字化生存阶段。这一转变极大地提高了社会整体的经济生产效率与文明发展水平，代表了人类社会技术进步与社会生产方式变革的必然趋势。但需要注意的是，数字资本主义在推动社会经济、政治、文化发展与变革人类社会生活方式、生产方式的同时，也带来了数字拜物教的现实问题。按照马克思的拜物教批判理论分析，"个人受抽象统治"是马克思关于资本主义商品拜物教、货币拜物教、资本拜物教现代性深层困境的凝练概括。马克思认识到，在拜物教机制中，物与物的交换关系不仅掩盖了人与人之间的社会关系，而且还赢得了对人与人关系的主宰地位。"物"作为一种异己的强制力量控制着主体意识和行动，主体意识在观念上接受和认同了物的抽象统治，拜物教成为一种具有社会效力的客观思维形式而发挥作用。现实社会的拜物教将人与人之间的社会生产关系掩盖在"物与物的关系的虚幻形式下"，数字拜物教正是遮蔽数字资本时代社会关系的虚幻形式表现。要合理阐释数字拜物教的具体内容，就绕不开马克思对商品、货币、资本物的抽象统治的批判性考察。

## 第三节 数字拜物教的表现与内涵

资本主义文明的发展不仅是物质生产与再生产的过程，同时也是人与人社会关系的再生产过程。也正是在此过程中，资本主义生产方式、社会关系形式的变迁，导致了不同发展阶段拜物教形式的外在变化，即除了商品、货币、资本拜物教外，出现了以"数据""数据商品""数字技术"为依托的拜物教新形式。当数字（数据）成为一种支配意识、生命、全球化社会的最高权力，主体自然而然地就会拜倒在万能的数字脚下，接受并认同数字资本主义构造的社会秩序，并在数字化幻象结构的他者欲望框架中重新定义自身，这就是当代最为耀眼的数字拜物教。在外在现象层面，数字拜物教表现为人们对数据商品、数字资本与数字技术的新物神形态的顶礼膜拜；在深层本质层面，数字崇拜对人精神意识的隐秘规训又在日常生活中不断地把数字拜物教意识再生产出来，对其价值选择、行为方式施加隐秘影响，使主体在观念和意识上认同资本主义的颠倒现实。在具体讨论数字拜物教表现与内涵之前，我们有必要对马克思商品、货币、资本拜物教批判理论予以说明，数字拜物教尽管外在呈现出统治人的物的形式的变化，但本质上仍属于马克思拜物教批判理论所揭示的"个人受抽象统治"的现代性困境范畴。数字拜物教与商品、货币、资本拜物教是统一在一起的，它是商品、货币、资本拜物教形式的当代延伸和变形。

## 一 商品、货币、资本拜物教：马克思对资本现代性困境的分析

马克思在《资本论》中集中讨论了商品拜物教、货币拜物教、资本拜物教表征的抽象物对人的统治。他不仅看到了物与物的关系掩盖下的人与人的社会关系，而且从人的历史性存在出发，进一步揭示了资本主义生产方式与生产关系的内在矛盾。正是由于资本主义生产方式以及生产关系的特殊性，才会形成商品、货币、资本拜物教的资本现代性困境。

在马克思政治经济学批判视域内，拜物教之"物"具有历史性和社会性。商品作为"资本主义生产方式占统治地位的社会的财富的元

素形式",是拜物教之"物"的第一种形态。商品是由生产过程中人类直接劳动的耗费所形成的,它首先具有满足人的需要的使用价值,这种使用价值作为社会财富的物质形式,是交换价值的物质承担者。只要劳动产品以商品形式出现在资本主义市场,就具有"可感觉又超感觉"的谜一般性质。马克思以"桌子"为例,强调了商品之所以神秘就在于它所具有的交换价值。商品的交换实质上是人与人以劳动产品物的形式完成的交换,但在资本主义生产中人与人的关系呈现出只是为了实现物的交换价值的关系形式。"商品的价值和商品本身不同。商品仅仅在交换(实际的或想象的)中才是价值(交换价值):价值不仅是这种商品的一般交换能力,而且是它的特有的可交换性。"[①] 人们崇拜商品本身是因为商品具有价值,却忽视了商品价值形式背后凝结的人类抽象劳动的社会关系,"商品形式在人们面前把人们本身劳动的社会性质反映成劳动产品本身的物的性质,反映成这些物的天然的社会属性,从而把生产者同总劳动的社会关系反映成存在于生产者之外的物与物之间的社会关系。由于这种转换,劳动产品成了商品,成了可感觉而又超感觉的物或社会的物"[②]。这构成了拜物教形成的现实前提,商品可感觉又超感觉的质,使其具有了颠倒性的神秘力量,成为人们膜拜的对象,仿佛商品天生就具有交换价值一样。

马克思通过对商品形式的分析,揭示了商品如何以一种幽灵般的对象性遮蔽了人与人之间真实的社会关系本身。在资本主义社会中,"商品形式和它借以得到表现的劳动产品的价值关系,是同劳动产品的物理性质以及由此产生的物的关系完全无关的。这只是人们自己的一定的社会关系,但它在人们面前采取了物与物的关系的虚幻形式。因

---

[①] 《马克思恩格斯全集》第30卷,人民出版社1995年版,第89页。
[②] 《马克思恩格斯文集》第5卷,人民出版社2009年版,第89页。

此，要找一个比喻，我们就得逃到宗教世界的幻境中去。在那里，人脑的产物表现为赋有生命的、彼此发生关系并同人发生关系的独立存在的东西。在商品世界里，人手的产物也是这样。我把这叫做拜物教"①。劳动产品一旦以商品的形式出现，则意味着商品拜物教就会产生。商品拜物教与使用价值无关，它的神秘性来源于价值表现的商品形式，它以颠倒的方式体现了资本主义生产的特征。"'商品'范畴不单指向一个对象，更指向一种历史特殊的'客观的'社会关系形式——一种结构性的同时也是被结构了的社会实践形式，它建构了一种全新的社会关联形式。"② 由此，商品成为资本主义社会的神圣形象，社会关系越来越"商品化"。在资产阶级经济学家的大力宣扬下，人们形成了商品本身具有交换价值的天然属性的错认，资本被直接等同于生产资料，物与物的关系彻底掩盖了商品交换价值背后的社会生产关系。资产阶级经济学家力图通过拜物教机制的运作把资本主义生产关系永恒化，以此达到维护资本主义统治的目的。

货币拜物教是商品拜物教形式的进一步变形。随着人们商品交换范围的扩大，经"简单价值形式"发展到"扩大的价值形式"，同一商品可以与不同种类的商品进行交换，在这一过程中商品还未获得统一的表现形式。人们为了方便商品交换，在"一般价值形式"中，从种类繁多的商品中选择出一个固定商品表现自己的价值，"一个商品所以获得一般的价值表现，只是因为其他一切商品同时也用同一个等价物来表现自己的价值"③。作为一般等价物形式的商品，代表了众多商品的"价值对象性"，对象化在商品中的人类具体劳动，经一般等价物

---

① 《马克思恩格斯文集》第 5 卷，人民出版社 2009 年版，第 89—90 页。
② [加] 莫伊舍·普殊同：《时间、劳动与社会统治：马克思的批判理论再阐释》，康凌译，北京大学出版社 2019 年版，第 162 页。
③ 《马克思恩格斯文集》第 5 卷，人民出版社 2009 年版，第 83 页。

"化约"为抽象的一般劳动。一般价值形式到货币形式的过渡中,作为一般等价物的商品逐渐获得特权地位,即一般等价物固定在"金,银"身上,作为货币商品执行商品交换职能。商品逐渐在交换过程中,以货币量的形式实现了自身普遍的价值可通约性。从马克思对货币历史形成的价值形式的辩证分析中可知,货币本质上是从商品中抽离出来的服务于商品交换的一种特殊商品,但在资本主义时代却成为至高无上的统治者,成为商品生产者以及全社会的膜拜偶像,货币拜物教使资本主义社会的拜物教性质体现得更加直接。随着资本主义商品交换的扩大,货币作为交换中介已得到人们普遍认同,"把劳动产品表现为只是无差别人类劳动的凝结物的一般价值形式,通过自身的结构表明,它是商品世界的社会表现"①。这种货币权力会随之扩大,人们逐渐把货币看作能够支配人命运的力量。货币权力的扩大,进一步掩盖了商品生产中的社会关系,劳动者之间的社会性只能借助于货币表现出来,货币不仅可以购买商品,同时也可以成为购买劳动力商品的资本权力体现。货币从一种交换中介摇身变为社会权力的体现,成为生产和生活的支配性力量,所以人们才会深陷货币拜物教,人与人的社会关系被"物"进一步遮蔽起来。

资本拜物教是资本主义社会拜物教的高级形式,资本作为主导社会经济与政治文化的整体性力量,控制着资本主义社会的一切。在货币向资本的过渡中,资本的最初表现即一定数量的货币。作为货币的货币流通公式 W-G-W 与作为资本的货币流通 G-W-G′ 存在根本区别。G 与 G′ 之间的差额即剩余价值,资本的本质规定即不断获取剩余价值。在资本运动中,"价值在这里已经成为一个过程的主体,在这个

---

① 《马克思恩格斯文集》第5卷,人民出版社2009年版,第83页。

过程中，它不断地变换货币形式和商品形式，改变着自己的量，作为剩余价值同作为原价值的自身分出来，自行增殖着。既然它生出剩余价值的运动是它自身的运动，它的增殖也就是自行增殖"①。剩余价值的生产才是资本主义社会生产的根本目的，资本的真正神奇之处就在于自身的增殖能力。随着资本主义生产过程的复杂化，人们在具体劳动中形成的剩余价值被完全遮蔽起来，似乎资本本身就具有自行增殖的神奇魔力，这样"资产阶级经济学特有的拜物教也就由此完成了。这种拜物教把物在社会生产过程中像被打上烙印一样获得的社会的经济的性质，变为一种自然的、由这些物的物质本性产生的性质"②。资本主义社会确立了这样的信念——货币的流通买卖可以直接完成货币量的增加，也就是实现资本增殖，利润、地租、利息等都被看作资本运动自己产生的附加值，G－G′体现出资本取得了纯粹的物神形式，一切形式的规定性都被消解了。换言之，资本形成与增殖的一切现实要素都被抽离了，剩余价值、生息资本等都被视作资本自身增殖固有的属性。由此可知，资本拜物教的形成关键就在于资本自身被赋予的自行增殖的力量。正是在这种力量的推动下，资本把这种拜物教欲望推动到社会的全部领域，以致普通的劳动者也幻想着拥有无数的货币以参与资本活动，所有人都认为"任何一定的货币收入都可以资本化，也就是说，都可以看做一个想象资本的利息"③。最终，资本不仅支配了资本主义社会的生产、流通、交换、分配过程，同时也成为支配整个社会与人的观念意志的总体性力量。

根据马克思对三大拜物教的批判可知，从商品拜物教到货币拜物

---

① 《马克思恩格斯文集》第 5 卷，人民出版社 2009 年版，第 180 页。
② 《马克思恩格斯文集》第 6 卷，人民出版社 2009 年版，第 251 页。
③ 《马克思恩格斯文集》第 7 卷，人民出版社 2009 年版，第 702 页。

教、资本拜物教，资本主义社会形成了抽象对人统治的现代性困境，这一困境实际上是资本逻辑作为一种同一性的力量向社会各个领域深入扩散的结果。"资本的逻辑在实质上是一种充满压制性、排他性和垄断性的专制话语，以之作为塑造现代人命运的根本力量，必将导致抽象对人的统治并使人陷于无家可归的命运。"[①] 尤其是资本拜物教最直接确证了资本至高无上的物神地位，意味着资本就是最大的抽象，资本由此获得了形而上学的附体，资本形而上学的统治就是物的关系对人的统治。在这个过程中，商品、货币、资本获得了独立性和个性，而人却丧失了主体性，人与人的关系被颠倒为物与物的关系，并且物与物的关系进一步颠倒为物本身固有的自然属性。人们在拜物教笼罩下从观念上认同了资本主义的抽象统治，这构成了资本主义社会拜物教的深层统治逻辑。

## 二 数据商品化和资本化与数字拜物教

资本主义社会生产方式及其社会关系形式是商品、货币、资本拜物教形成的现实根据。资本主义不同发展阶段的生产方式及社会关系形式的变化，直接决定着拜物教形态的演进。换言之，正是因为资本形式或者说资本主义外在形态的数字化变革，更抽象的数字拜物教才得以形成。数字拜物教的形成意味着，在资本主义社会秩序内，"数字"成为新的统治人的力量。"数字"主要包含两个层面的内容：一是以"数据"资源为关键要素的数据商品、数字资本生产。数据是现代社会新的生产要素，同时也是新的消费品，作为生产要素，大数据环境下数据的商品化进程，直接推动着经济活动与生产组织形式的数字

---

[①] 贺来：《辩证法与实践理性：辩证法的"后形而上学"视野》，中国社会科学出版社2011年版，第315页。

化转变；而作为消费品，数据商品本身包含的信息内容成为人们竞相消费的对象，数据商品的消费规模日渐扩大，数字资本迅猛发展。二是以互联网、大数据、云计算为代表的当代智能数字技术，数字技术的不断创新为数字资本时代社会商业发展模式转型，提供了数据存储与处理的关键支撑，推动着数字时代产业结构的优化与升级。数字技术拥有的强大力量是人类社会智力水平提高与技术革命的结果，它是价值中立的，但在数字资本主义社会秩序内，却成为与资本逻辑共谋、压抑人生命存在的抽象物。与之相对应的是，人与人的关系被转化为数据关系，生命本身及具体的社会关系形式被纳入数字资本生产环节，人们沉浸在数据商品消费与数字技术革命的狂欢之中无法自拔。本书对数字拜物教现实表现的讨论，将围绕前述"数字"所包含的两方面内容，重点对数据商品、数字资本崇拜与数字技术膜拜展开分析，这将为进一步揭示数字拜物教深层内涵奠定基础。

数字拜物教是现代社会数字经济高速发展的产物，其中数据商品化和资本化是资本主义拜物教物神形态向"数据""数据商品""数字资本"转变的现实基础。按照马克思《资本论》的论述，商品作为《资本论》分析的起点，它"可感觉又超感觉"的特殊性质，蕴含着资本主义生产方式矛盾本质的萌芽。拜物教是在商品化社会赤裸裸的交换关系中形成的社会现象与意识形态，商品形式或者说商品化的社会是资本主义拜物教形成的前提。我们所经验到的数字拜物教同样也分享着这一前提，但商品的外在形式发生了变化，现在借助数据商品形式，人们越来越依赖数据信息的生产流通。"目前最耐人寻味的新兴宗教正是'数据主义'，它崇拜的既不是神也不是人，而是数据"[①]；

---

[①] [以色列]尤瓦尔·赫拉利：《未来简史：从智人到智神》，林俊宏译，中信出版社2017年版，第331页。

这是因为"数据"的应用不仅减少了经济运作的不稳定性，缩短了人类达到经济目标的时间，提高了资本的使用效率，同时还带动着其他行业的转型升级。由数据商品化和资本化形成的数字资本也在不断整合的生产过程中，进一步延伸到价值生产、分配、交换、实现的不同环节，推动着经济的高质量发展和全方位转型。在数据商品化和资本化深入发展且数字红利不断涌流的今天，人们对数据商品或者说数据经济价值的追从态势趋于极限。也正是在这一过程中，人们成为狂热的数字拜物教徒。

数据的商品化、资本化与数字资本的生产和扩张是同一个历史过程。数据的商品化包含两个层次：一是数据作为新型生产要素，已经融入数字资本主义生产、分配、流通、消费等环节，以数据为核心要素的数据商品成为数字经济时代非常重要的商品形式；二是数据商品在生产总过程中的高效流动，将提高劳动、资本、技术、土地这些传统要素之间的资源配置效率。数字化平台经济的兴起与壮大，迫切需要大量的数据生产要素投入平台经济活动。经济活动与生产组织方式的数字化变革，进一步推动了数据的商品化和资本化进程，作为核心生产要素的"数据"成为当下市场经济参与者竞相追逐的对象。首先，数据的商品化和资本化进程依赖于数字化市场的形成。"数字化是指把文字、图像、动画以及声音的传播转变为一种共同的语言"[①]，数字化市场是对数字信息展开数字化细致分析处理的经济场域。数字化市场可以根据不同网络传播特点传输通用性的一般数据，加快数据交换与传播的速度。"数字化过程是在强大的商业力量的背景下发生的，而且它也服务于推动商品化在全世界范围内的整体进程。换言之，商业力

---

① ［加］文森特·莫斯可：《数字化崇拜：迷思、权力与赛博空间》，黄典林译，北京大学出版社2010年版，第145页。

量之所以深化和拓展数字化的进程，原因正在于数字化能够使它们在传播领域扩张商品的形式。"① 在数字化市场环境中，数字平台成为数据商品形成与买卖的重要场所。一方面，大量数据信息服务公司的建立，使数据拥有者通过直接销售数据商品获得利润；另一方面，还存在利用数据的综合分析来实现精准营销的企业，它们可以通过对自身数字平台占有的数据或者购买数据的分析、处理，实现对市场和用户需求的准确洞察，数据商品正是在此复杂的数字经济市场环境里形成的。其次，数据商品同样也是用于交换的劳动产品。一般而言，数据商品是凝结着人类脑力、情感的抽象劳动的产品。数据以商品形式进入市场，区别于之前可感物质形态的商品，数据商品是在移动通信技术与互联网基础上形成的不断连接、无所不在的非物质商品形式，并且可以随着资本主义生产、分配、消费、交换环节向更广阔范围不断渗透和扩张。所以，推动数据商品化和资本化是数字资本时代技术创新背景下经济发展的合理选择。数字资本时代对更优质的数据要素的需求是逐步增加的，无论是数字企业的发展还是普通的数据消费者，都要求更优质的数据商品来满足需求。最后，数据商品具有自身经济可再生利用的特征，可再生性不仅表现为来源的广泛和多样，还包括其无限可利用的特点。数据商品化和资本化极大地提高了原有商品的使用和利用效率，在分散的过程中进一步完成了数据生产要素的积累，为数字资本的增殖创造了更适合的经济环境，数据商品化和资本化进程也因此得到推进。

通过上述三个层面的分析可知，数据的商品化和资本化是以数据要素和数据商品为基础，并进一步向经济活动不同产业、领域渗透扩

---

① ［加］文森特·莫斯可：《数字化崇拜：迷思、权力与赛博空间》，黄典林译，北京大学出版社2010年版，第146页。

散的过程。数据的商品化和资本化是数字拜物教形成的现实基础。正是因为数据要素在平台经济发展中的关键性作用，人们对数据本身蕴含的经济价值的追逐才会愈演愈烈，这一关于"数据"或者"数据商品""数字资本"的崇拜与追随，正是数字拜物教在经济现实层面的直接表现。

在数字技术驱动下，数据要素正在建立与原有产业结构的内在关联，掌握更多优质数据资源的企业更容易占据所在行业的高点位置，这也预示着，企业对"数据商品"或"数字资本"的追逐态势是空前的。尤其是在大数据的背景下，利用大数据分析各种来源的海量信息，将为人们提供一种商业敏捷性与经济发展可预见性的新技术范式，它的主要特征就是"数据量大且增速快、数据结构多样，以及新的或新增强的数据分析要求"[1]。由此，利用技术对数据商品的分析处理状况将与企业的未来发展息息相关，拥有海量数据似乎拥有了"无主"的宝藏。且依靠智能技术的助力，企业不仅在数据的商品化和资本化过程中通过数据生产要素的买卖获得利润，同样也可以通过对数据商品的分析定位，根据客户要求为他们提供更适合的产品与服务，从而实现盈利。所以，在现实层面，企业经营者开发数据的经济价值，投身数据商品化和资本化进程已经成为司空见惯的事情。企业对"数据商品"或"数据资本"的追逐态势，会随着数字经济的蓬勃发展继续扩张。企业经营者对"数据"的无止境追求与崇拜只是表象，他们追求的实际上是"数据商品"背后的经济价值，再加之商品化和资本化的推动，更神化了"数据商品"的经济功能，数字

---

[1] [美]罗德尼·海斯特伯格、[美]阿拉克·维尔马：《互联网+技术融合风暴：构建平台协同战略与商业敏捷性》，钟灵毓秀、徐凤銮译，中国人民大学出版社2015年版，第227页。

拜物教也会随之弥散。

数字拜物教不仅表现为数据驱动型企业经营者对"数据"经济价值的追求，同时也包含普通人对数据商品消费代表的数字化生活方式的追崇。在数据商品化和资本化的经济发展模式中，资本家会通过各种技术手段的设计，诱导用户视线，培育用户对数据商品的黏性，增加用户在平台的停留时间以便形成更多的数据要素。人之主体性在数字资本时代呈现出以数据商品为基础的感性体验的丰富性，即目不暇接地消费不同类型的数据商品。而数据商品又通过个性化、阶层化、标签化的消费定位手段，更加准确地将日常生活消费与特定的数据商品联系起来，从而助推数字资本的生产与增殖。可见，人们对"数据商品"的消费已成为当下数字化生活方式的基本内容，主体消费数据商品的意识也会随之增强。"消费性商品迎合了庞大的推销、市场营销和广告业所兜售的所有预期，它们作为对我们所失去的东西的一种补偿发挥作用——只要我们拥有它们。"① 在数据商品化愈演愈烈的现代社会，数字拜物教展现在外的正是随处可见的人们对所消费的数据商品本身表征的数字化生存方式的追求和肯定。在数字资本的生产网络中，主体无一例外地成为最虔诚的数字拜物教徒，跪倒在数据商品和数字技术脚下。

数字拜物教作为数字主义时代的客观现实，具体表现为人们对数据、数据商品和数字资本的无止境追从。正是因为数据要素对于数字资本生产与扩大积累的重要作用，人们才会对"数据""数据商品"产生拜物教观念，他们看重的是数据生产要素的经济价值。而商品向"数据商品"的蜕变，则以一种幽灵般的、不可见的对象性遮蔽了现代

---

① ［英］迈克尔·韦恩：《资本论导读》，李智译，中国人民大学出版社2019年版，第166页。

人与人之间的经济关系痕迹。"数据"以商品形式存在,成为数字资本时代"可感觉又超感觉的物","数据"抑或"数据商品""数字资本"颠倒并遮蔽了现实层面人与人、人与物的真实生产关系本身,一种以"数据"为中介的更为复杂的社会关系结构正在形成。

## 三 数字技术膜拜与数字拜物教

数字拜物教作为当代资本主义社会特有的一种社会现象,不仅表现为人们对数据、数据商品、数字资本的追崇,同时还表现为社会整体对数字技术尤其是以互联网、大数据、云计算为代表的当代智能数字技术的膜拜与迷信。需要强调的是,"社会整体"并不是简单的个人的数量集合,而是包含复杂的社会关系结构的整体性存在。

数据的商品化与资本化加快了数字技术的革新与发展速度,智能数字技术的广泛应用,为数据、数据商品、数字资本新的物神形态形成创造了现实条件。其中,颠覆性与革命性的数字技术"通过一系列化身,以其最高形态成为'最高权威统治者',成为宗教信仰和最高崇拜"[①]。我们知道,资本主义由工业资本主义向数字资本主义的跃迁,关键就在于技术智能化与数字化程度不断提高。在《资本论》中,马克思指出资本主义大工业生产方式改变了以往分散的个体手工或作坊式生产,建立了以机器体系为核心的资本主义工业生产模式。大机器体系"是由自动机,由一种自行运转的动力推动的。这种自动机是由许多机械器官和智能器官组成的",这种"自动的机器体系"构成了马克思政治经济学批判中劳动资料的最后形态,"自动的机器体系不过是最完善、最适当的机器体系形式,只有它才使机器成

---

① [美]刘易斯·芒福德:《机器神话(下)·权力五边形》,宋俊岭译,上海三联书店2017年版,第65页。

为体系"。① 如果说第一次机器体系的革命产物是蒸汽机，那么计算机与互联网等智能数字技术的发展，直接引发了机器体系的智能数字革命。前者侧重于机器体系的驱动力发展，而后者作为全新的智能数字技术工具，正不断地被应用于关系生产方式先进性程度的"智能决策系统"中，成为主导当代资本主义新型经济模式的本质依托，社会整体一度陷入机器（技术）体系变革引发的智能数字技术狂欢。

数字技术对数字资本的生产与积累具有重要驱动作用。以数字技术的革新为主导的新工业革命或新机器体系革命，不仅改变了人类社会生活方式与生产方式，同时也塑造了社会整体对数字技术的崇拜意识，"数字技术驱动一切"被人们奉为圭臬。社会整体形成了这样的观点："技术的不断加速演进是人类社会的一种'自然的'的倾向，甚至从复杂系统科学的视角，将技术进步解释为具有生命的'技术有机体'。由此带来的经济增长被认为是自然的和永续的，科技行业作为人类命运的引导者在经济整体中受到特殊的崇拜"②，造成这一社会现象的原因有以下两点。

第一，在数字技术发展层面，移动通信技术与互联网的融合，使移动互联网在社会应用基础上形成了庞大的数据体量，数字技术的持续创新为数字资本时代社会商业发展模式转型提供了数据存储与处理的技术支撑。"颠覆性技术例如信息传递平台（云端、社交和移动技术）、交流和合作渠道（网络、手机和社交网络）以及大数据（有序或无序）几乎同时改变着主要商业转型。"③ 以云计算为例，云计算既

---

① 《马克思恩格斯全集》第31卷，人民出版社1998年版，第90页。
② 夏莹、牛子牛：《当代新资本形态的逻辑运演及其哲学反思》，《中国社会科学评价》2020年第1期。
③ ［美］罗德尼·海斯特伯格、［美］阿拉克·维尔马：《互联网+技术融合风暴：构建平台协同战略与商业敏捷性》，钟灵毓秀、徐凤銮译，中国人民大学出版社2015年版，第46页。

包括作为服务通过互联网发送的应用程序,又包含提供服务的数据中心的硬件和系统软件。它以广阔的网络接入入口鼓励用户使用不同设备接入互联网,根据用户的需求进行动态分配,为客户提供精准服务,同时又可以利用其计量功能对云计算系统中的数据进行测量、控制。在充满无限挑战与可能性的数字资本时代,云计算正是应对商业模式与社会转型的关键技术范式。因此,数字资本主义借助互联网与移动通信技术构建的新型技术系统,在变革原有社会生产模式的基础上,进一步为社会商业模式的转型提供了技术载体,科技驱动未来成为社会整体公认的发展共识。

第二,当前数字技术的智能化变革实际上是数字资本主义调整生产方式的社会产物。社会整体对数字技术的膜拜一方面是因为数字技术自身的巨大价值,另一方面是在特定的社会历史背景下被资本主义生产方式塑造的结果。现阶段,智能数字技术是由资本主义的双重要求驱动的——提取一切数据,并扩大对它们的控制。"数据主义的意识形态表现出了通过在线媒体技术客观量化和各种人类行为和社会的潜在跟踪的特征"[①],数字资本主义与数字技术的耦合更为紧密。社会整体在其中感受到的往往是数字技术的进步带来的社会经济、政治、文化的发展,数字技术被推到人类文明发展的前台,其背后的数字资本主义控制逻辑却隐匿不见,资本主义增殖的贪婪欲望被技术逻辑美化为一种代表着更有效率、更具准确性的智能社会的理想图景。"人们被这种日渐外在的技术社会结构和'技术的逻辑'俘获之后,自觉或不自觉地将'技术的逻辑'所展示的理性视为理所当然的规律,将被智能化所塑造的社会架构、社会治理体系视为理所当然的社

---

① Van Dijck, José, "Datafication, Dataism and Dataveillance: Big Data between Scientific Paradigm and Ideology", *Surveillance & Society*, Vol.12, No.2, 2014.

会选择。"①

数字拜物教呈现出的不仅是一种外在的数字技术崇拜现象，更内在的包含数字资本时代资本主义利用数字技术对社会关系结构、生产方式的现实塑造过程。社会整体对数字技术的崇拜，背后隐藏着更为复杂的颠倒社会关系结构，这是数字资本主义塑造适合自身增殖社会关系的现实体现。其中，生产过程表现为数字技术"神力"发挥的过程，暗含着数字技术对人生命活动的塑造和支配。数字资本主义社会的这些颠倒假象必然导致人们对数字技术的膜拜。现象维度的数字技术崇拜属于社会表层，而社会维度对更适合于资本主义发展的社会关系新秩序的塑造，才是数字拜物教客观形式发挥效力的体现，资本主义生产方式、社会关系的一切神秘性，以及由此产生的一切自由幻觉，被数字拜物教形式所掩盖。

在数字平台经济迅猛发展的现阶段，社会整体对数字技术的膜拜通常与金融技术创新关联在一起。当代数字技术的快速发展使人们可以在任何时间、地点快捷地参与金融活动。尤其是各类金融创新工具的使用，极大地增强了数字虚拟资本的流动性，并将社会整体纳入数字资本增殖与积累的逻辑。人们普遍依赖数字技术强大的计算与预测功能，积极投身于数字金融产品的消费活动，期盼通过数字技术的使用提高自身投资的收益率。然而，人们对数字技术助力的金融创新工具的崇拜与依赖，进一步加剧了"脱实向虚"经济发展趋势。数字资本时代数字技术在金融创新工具方面的应用，制造了数字拜物教，其目的在于把越来越多的社会财富吸收到资本增殖轨道。可见，数字技术与金融技术创新的结合，实际上是资本逻辑吸收、占有社会财富，并

---

① 孙伟平：《人工智能与人的"新异化"》，《中国社会科学》2020年第12期。

转移资本主义社会关系内在矛盾的过程。同时由于相关法律制度、行业规范的欠缺，智能数字技术、金融创新工具等新生事物的发展往往会逃脱人类主体的控制，独立于主体意志，成为掌控人类的全新"物神"；因为它们的活动决定着数百万人的命运，它所施加的强制让参与其中的人无可逃脱。

在数字技术与数字资本联袂的社会关系内部，一系列依靠数字技术的金融化、证券化的虚拟数字金融产品，成为拥有分割社会财富的神秘力量。这种神秘力量"正是从各种资本财富中剥离而来的分割全社会剩余价值的权力，而这种权力归根到底来源于人的社会劳动。这些被异化了的社会劳动经过金融机构的层层组装、通过形形色色的金融衍生品表现出来，形成一种渗透于全社会每个角落、支配和统治全社会每个成员的无形的金融网络权力体系，分割着全社会生产的剩余价值"①。数字资本的运转风险在此过程中转嫁给社会整体，数字技术崇拜背后是数字资本主义利用数字技术美化掩盖其剥削性生产关系、压迫性权力关系的社会现实，数字技术的发展并没有真正使主体成为自由而富有满足感的人。在数字资本时代，数字技术似乎为社会财富的增长打造了一个技术创造美好生活的"理想蓝图"，实际上数字资本主义却利用数字技术加紧了对主体意识结构与实践活动的控制操纵，并将其无一例外地纳入数字资本增殖的场域，以便形成更适合数字资本增殖积累的社会关系形式。与此同时，在数字拜物教意识影响下，人们坚信数字技术可以实现最大化的经济绩效，推动文明进步。这种观念与资本主义推崇的社会整体"绩效最大化"内在一致。"整体绩效支配着个人行为与结果，并以此来影响、改良生产及其最终成果。因

---

① 鲁品越：《虚拟经济的诞生与当代精神现象》，《哲学动态》2015 年第 8 期。

此，它成为一个协调生产要素并显示出强大影响力的机制，这个机制可以由数字来表现出来……每个个体都需要遵照数字化这一指导原则。在这种条件下产生出来的数字化标准在每个个体之间建立起一种具有象征性的有机联系。"① 人们依循数字技术的科学指令展开活动，在这一过程中，人的活动以及与他人的社会关系在很大程度上被合理高效的数字技术所控制，数字拜物教也因此成为内在于社会生产和主体意识结构的社会存在。

总之，数字拜物教是数字资本主义按照资本增殖最大化的目的，塑造适合自身发展的社会关系形式的现实结果。根植于数字资本主义社会关系内部的数字拜物教，进一步巩固了资本主义社会关系结构的稳定性。"资本主义中所发展的社会一般知识和能力的形式是社会地形成的，并且作为资本的属性，被纳入生产过程之中"②，社会整体对数字技术的膜拜，也是在数字资本主义特定的社会环境中建构出来的，现象维度的数字技术崇拜属于社会表层，而社会维度对更适合于资本主义发展的社会关系新秩序的塑造，才是数字拜物教发挥效力的体现。在这个意义上，每个人都无法避免地成为数字拜物教徒，虔诚地崇拜、信任和依赖数字技术的准确性，相信技术可以改变生活的一切，使智能数字技术的资本主义应用实现了对生命本身的倒逼。在数字拜物教状态里，社会整体深陷技术主义的盲从与幻想。人们正在高速运转的智能社会关系结构内部沦为数字资本与数字技术的"附庸"。

---

① [法] 弗洛朗丝·雅尼－卡特里斯：《总体绩效：资本主义新精神》，周晓飞译，中国经济出版社 2018 年版，第 26—27 页。
② [加] 莫伊舍·普殊同：《时间、劳动与社会统治：马克思的批判理论再阐释》，康凌译，北京大学出版社 2019 年版，第 408 页。

## 四　数字崇拜对人的价值意识的塑造

在社会生活中，数字拜物教直接表现为人们对数据要素、数据商品、数字资本的追崇与数字技术膜拜，总体上我们可以把这种崇拜或膜拜称为"数字崇拜"。数字崇拜又进一步渗透主体价值意识的深处，将其塑造成一种认同数字资本主义社会秩序的数字拜物教意识。数字拜物教意识的形成，证实了以数据或者数字技术为中介的物化社会关系形式的合理性，为数字资本主义的物质生产与精神生产奠定了基础。

现在，数据商品、数字资本与数字技术成为人们崇拜的最新对象，它们是数字资本主义创造的全新"物神形态"。"数字"的神力并不是幽灵般的神秘力量，它是人类社会生产力发展的历史结果，只是在资本主义生产方式下被形塑为一种脱离人，甚至高于人的"物神"，由此资本主义借助数字拜物教制造了一系列数字资本主义的虚幻景象。其中，数字资本的增殖似乎成为可以脱离劳动的物质基础，单独依靠数据生产要素流通与智能数字技术应用就可以实现的抽象过程。数据商品、数字资本的加速生产与流通带来的巨大经济效益仿佛成为与主体活劳动无关的事情，所以，现实生活中人们才会对数据商品、数字资本、数字技术顶礼膜拜，数字拜物教意识正是在此过程中被隐秘塑造而成的。拜物教之"物"的实体性维度被彻底抽空，数据、数据商品、数字资本这些新的物神形象即便没有物的外观，其拜物教性质却更加神秘和抽象，更加难以捉摸。"数字技术""数据商品""数字资本"颠倒并遮蔽了现实层面人与人、人与物的真实生产关系本身，以数据要素、数字技术为中介的更抽象的社会关系正在形成。在这里，"数字"的力量不仅渗透影响了生产活动的各方面，同时还由外向内侵入、浸润着人之主体性意识，使人们在观念上接受和认同数字资本主义的拜物教社会现实。数字拜物教不仅包含数字崇拜现象，相较于数字资本主义的颠倒现实而言，它在深层内涵上表现为一种具有意识形态功能的社会意识。

数字拜物教意识是对数字资本主义拜物教现实的"正确反映"，它强调的是人们对数字资本主义以数据为中介的社会关系形式的认同感和归属感。在这里，数字拜物教意识已经融入人们的生命结构，成为主体感知自我生命与体验社会生活的思维方式，引导着人们具体的社会实践活动。数据、数据商品、数字技术被资本主义生产方式赋予了资本属性。所以，无论是数字资本家还是普通人，都会受数字拜物教意识的影响，去追逐和膜拜数据、数据商品、数字技术，并且在日常社会生活中把这种数字拜物教意识不断地再生产出来。归根结底，人们对数据经济价值的无止境追逐与社会整体对数字技术的膜拜，都是为了形成数字资本主义生产所需要的社会关系形式，从而更加彻底地实现资本增殖。这体现的正是数字拜物教作为一种客观的思维形式发挥社会效力的过程。内在于主体生命结构的拜物教意识，进一步助长了资本主义贪婪与投机价值意识的社会蔓延。当数字拜物教内化于主体生命结构，即作为一种普遍存在且被广泛接受的价值意识存在时，将产生以下影响。

第一，从经济发展趋势来看，数字拜物教意识的形成，将吸引越来越多的人参与数字金融活动，从而促进种类繁多的以股权、利率等衍生性非货币形式的数字资本市场的繁荣。数字资本的金融化演进显示出，真实运动的是虚拟数字金融资本，数字资本积累形式越来越转向数字化货币、金融资产的数量积累。数字资本的金融创新过程，使金融衍生产品越来越脱离真实的生产环节，转化为纯粹符号和价值形式的抽象运动,"通过形象和意义流通,而非通过简单的产品物质机理的描述,按照预先定义了的现实,通过模式和符码以自身指涉的方式生产出来,从而达到比真实还要真实的'超真实'的结果"①。人们受数字拜物教意识的影响,更加不愿意从事实际的生产活动,而是沉浸在数字资本与金融资本通过金融创新方式营造的财富景观中,幻想着通过各种金融创新衍生品的操作,就可以凭借数字金融产品重新分割社会财富,实现"钱生钱"的美梦。数字拜物教意识的社会渗透,在为金融市场的繁荣创造有利条件的同时,也增加了整个社会经济运行的不稳定性因素和未知风险。数字资本时代的金融产品以更耀眼、更迷惑的外表遮蔽了数字拜物教之谜,实现了抽象"物"对人之社会生活与精神意志的全面控制。数字金融领域的财富增额并不意味着社会整体财富的真实增加,而是在数字化、符号化金融创新逻辑下分割、转移财富的结果。"从科技进步中所获得的经济收益本身,并不能保证更多的人过上更好的生活。正如经济安全缺乏保障和收入分配不均在当今世界普遍存在一样,尽管科技进步可以推动经济发展到更高层次,但有些方面依旧会恶化。"② 一旦数字资本市场的某一环节出现问题,将直接威胁到整个社会经济的稳定运行,从而对每一个疯狂的数字金融投资参与者的现实生活产生诸多负面影响。

第二,从主体价值意识的塑造过程来看,数字资本主义生产方式的转变,使人的思想观念、价值意识被内嵌数字资本增殖积累环节成为现实。无论是个体丰富多彩的生命活动,还是社会性的理想价值追求都将被纳入数字资本生产总过程的增殖轨道,这体现的是数字拜物

---

① 张雄:《金融化世界与精神世界的二律背反》,《中国社会科学》2016年第1期。
② [美] 罗伯特·席勒:《金融新秩序:管理21世纪的风险》,郭艳、胡波译,中国人民大学出版社2004年版,序言。

教对人之生活世界与价值意识的深层渗透过程。对数字力量的盲目崇拜与主体所处的社会历史条件有关,"数据有多种社会属性。这些社会属性的第一种能力是能够产生一种虚幻的认识论中立性和同样虚幻的社会验证——没有人会再质疑数据是以怎样的方式生成的。第二种能力,数据为消除社会关系中的个性提供了条件"①。数据量化一切,驱动一切带给人无与伦比的"安全感",可量化、可计算成为影响主体价值选择的重要因素。尤其受消费主义影响,个体意识不仅成为数字资本增殖逻辑捕获的对象,用于商业市场的繁荣,同时在资本主义结构性的增殖积累中,将被纳入更广阔的资本积累周期。"言语以及说话〔逻辑〕能力,我们的感受和情感以及我们进行活动的人类一般能力。这一趋势决定着人类生命中没有哪一秒将会通过脱离工具理性和详细算计的经济循环而被浪费掉。每个人类行为都被覆盖,社会生活的每一方面都被仔细测量。"② 与此同时,现代金融创新工具及其衍生品,已经成为现代人参与经济活动、管理财富的有效手段。具体到现实生活,疯狂的投机套利行为,激发了人类主体意识的贪婪欲望,而这种贪婪欲望又被数字拜物教烘托和放大,作为由数字资本与金融资本掌控的对象,主体的"价值理性""价值追求"变成可被深度开发"物"的存在,"这一欲望的标准并不能扩大对个体有益的自由选择,而是产生了虚假需求和依赖性,由此感官和意识都进一步为资本的逻辑所束缚"③。在数字资本时代,数字崇拜对价值意识塑造导致的一系列假象与乱象,从根本上而言,都是数字资本为生产与占有剩余价值进而侵

---

① 〔法〕弗洛朗丝·雅尼-卡特里斯:《总体绩效:资本主义新精神》,周晓飞译,中国经济出版社2018年版,第142页。
② 〔德〕克里斯蒂安·福克斯、〔加〕文森特·莫斯可主编:《马克思归来》,"传播驿站"工作坊译,华东师范大学出版社2017年版,第418—419页。
③ 〔美〕乔治·麦卡锡:《马克思与古人》,王文扬译,华东师范大学出版社2011年版,第233页。

蚀人的价值意识的产物。

以此观之，数字拜物教意识强调的是在价值意识维度主体对数字资本主义物化现实的观念认同，以"数据要素""数据商品""数字技术"为代表的数字力量仿佛获得了独立于主体和历史之外的绝对的"客观性"。身处数字资本时代，人们自然而然地会感到数字客观性力量对自身价值意识的多方面塑造，并按数字拜物教意识的引导做出符合拜物教原则的行为。数字拜物教的形成与发展，不仅是数字资本主义现实发展的结果，同时也是将更多的人包裹到数字资本增殖积累环节的渗透过程，最终将形成个人对数字拜物教意识确证之"物"的全面依赖。这个"物"可以是"数据商品""数字技术"，也可以是股票、证券等所有权证书形式。"物"的抽象统治的确证，标志着数字资本时代的个人仍需在"物"的抽象中介过滤下寻求自身存在的价值意义。虽然"物"的外观变成了更抽象的数据、数据商品、数字技术，但资本主义抽象对人的统治并未消失，并且在数字资本时代以数字拜物教的形式表现出来。

## 第四节　数字拜物教与景观拜物教、符号拜物教的关系与区别

当代资本主义生产方式变革在推动生产力发展的同时，也使数字拜物教与景观拜物教、符号拜物教在数字资本时代呈现出更为复杂的并存缠绕关系，它们共同塑造了资本主义社会的拜物教景象。因此，我们有必要在历史维度对资本主义不同形式的拜物教，尤其是它们与数字拜物教的内在关系进行探讨，这对于我们从整体上深化对数字拜物教内涵、表现的理解具有重要意义。

景观拜物教是在商品拜物教基础上形成的资本主义拜物教新形式。20世纪30年代至20世纪中叶，资本主义市场经济快速发展，社会消费水平整体提高。德波在《景观社会》开篇写道："在现代生产条件占统治地位的各个社会中，整个社会生活显示为一种巨大的景观的积聚。"① 资本主义建构了全新的"景观社会"，景观"作为当今所生产物品的不可或缺的装饰，作为制度理性的普遍展示，作为直接制造越来越多的物品图像的先进经济部门，景观就是当今社会的主要生产"②。真实世界被各类影像、图像所占领，资本主义物化关系在"景观"作用下，进一步表象化。景观就是现实生活，景观拜物教由此形成。德波指出，资本主义现代生产方式以"分离"的方式制造了景观，"分离"是景观的全部，无论是人与产品分离，还是人与自己生活的分离，都显示出在景观基础上资本主义社会关系的"分离"实质。被景观统一化的"现实世界"，事实上是内容单一且没有凝聚力的现代资本主义社会。景观作为社会本体依据，"并非一个图像集合，而是人与人之间的一种社会关系，通过图像的中介而建立的关系"③，资本主义形成了以"景观"为基础的全新统治方式，景观拜物教就是在资本主义物化关系表象化基础上形成的全新拜物教形式。通过景观的社会布展以及全面轰炸，资本主义拜物教已经扩展到无意识领域。在广告媒介作用下，景观控制和制造了人的伪需要，甚至在空闲时间（伪循环时间）人们的需要满足也是受景观拜物教操纵的虚假满足。

景观不是影像、图像、媒体事件本身，而是资本主义社会存在的关系形式，大众沉迷的也不是电影画面和现场的影像，而是景观构境

---

① [法]居伊·德波：《景观社会》，张新木译，南京大学出版社2017年版，第3页。
② [法]居伊·德波：《景观社会》，张新木译，南京大学出版社2017年版，第7页。
③ [法]居伊·德波：《景观社会》，张新木译，南京大学出版社2017年版，第4页。

背后的意识形态幻象。景观生产他者欲望隐性控制人的无意识,使日常生活中主体的选择和需要被"景观"背后的资本权力支配,目的在于使人不停歇地进行虚假消费。更重要的是,景观拜物教具有重要的意识形态功效。"景观是杰出的意识形态,因为它在其圆满中展示和表现了任何思想体系的本质:对真实生活的穷困化、奴役和否定。"① 资本主义景观通过广告、图像等其他方式渗透到人的欲望结构内部,导致集体无意识地进入景观生产秩序并认同了资本主义意识形态,这显示出当代资本主义意识形态控制手段呈现出非强制性和隐蔽性,人们在追逐"景观"所代表的资本主义生活方式、消费方式过程中被资本主义意识形态同化,成为景观拜物教徒,以获取自我满足感和成就感。这恰恰构成了现代资本主义社会统治与价值生产的现实基础。

鲍德里亚直接将表象化的景观彻底抽象为"符号",展开了"符号政治经济学批判",并说明了消费社会中拜物教形式向极端化符号拜物教的转变。在资本主义物品堆积的丰盛消费社会里,市场经济的发展与主体需要满足之间的矛盾促使企业从生产商品的使用价值转向制造大量"商品符号",以此将主体带入"一个全面的编码价值生产交换系统中,所有的消费者都不由自主地互相牵连",其中,消费系统"并非建立在对需求和享受的迫切要求之上,而是建立在某种符号(物品/符号)和区分的编码之上"。② 鲍德里亚指出,物的真正内涵既不是使用价值,也不是等价意义上的交换价值,而是符号价值,符号—物作为消费对象与其他作为符号的物共处于同一系列关系里。"现在,我们已

---

① [法]居伊·德波:《景观社会》,张新木译,南京大学出版社 2017 年版,第 136 页。
② [法]让·鲍德里亚:《消费社会》,刘成富、全志钢译,南京大学出版社 2014 年版,第 61 页。

经看到当代物品的'真相'再也不在于它的用途,而在于指涉,它再也不被当做工具,而被当做符号来操纵。"① 主体的真实需求在差异性的消费系统里被资本主义各式各样的"符号"占领,转变为对"符号"象征意义的迷恋。符号拜物教由此产生,它所揭示的并不是主体对于物主体的迷恋,"而是对于符码的迷恋,它控制了物与主体,使它们屈从于它的编排,将它们的存在抽象化"②。鲍德里亚强调,资本主义消费社会本质上是一种具有等级差异性的象征结构,"物成为符号……它的意义来自与其他符号的差异性关系之中,只有当物自发地成为差异性的符号,并由此使其体系化,我们才能谈论消费,以及消费的物"③。正是因为商品的符号价值在消费社会中被赋予其特殊的社会内容,人们才会追求、迷恋符号,资本主义文化、价值观念正在加紧向主体的"无意识领域"渗透。

如果说在景观拜物教中,尚且存在大量的图像、声音、影像,引诱主体进入资本主义景观世界,使商品成功地实现对人类社会生活的全面占领,那么在符号拜物教中,人们所迷恋之无形符号/物经符号编码系统过滤和筛选,正召唤着主体进入更抽象化的资本主义消费体系。"消费是用某种编码及某种与此编码相适应的竞争性合作的无意识纪律来驯化人们……让人们进入游戏规则。"④ 主体在具有等级差异性的符号编码体系中,追求"符号"象征意义代表的社会地位和成功身份,

---

① [法] 让·鲍德里亚:《消费社会》,刘成富、全志钢译,南京大学出版社 2014 年版,第 108 页。
② [法] 让·鲍德里亚:《符号政治经济学批判》,夏莹译,南京大学出版社 2015 年版,第 106 页。
③ [法] 让·鲍德里亚:《符号政治经济学批判》,夏莹译,南京大学出版社 2015 年版,第 62 页。
④ [法] 让·鲍德里亚:《消费社会》,刘成富、全志钢译,南京大学出版社 2014 年版,第 78 页。

消费者的欲望、动机和需求被差异性的符号编码源源不断地制造出来，以投入资本主义生产过程，用于资本增殖。人们对物的崇拜在此变成对差异性"符号"的崇拜，"对这种差异的符号等级制度的接受以及一般意义上的个体对于符号的规范、符号的价值以及符号的社会强制性等的内化，都构成了一个基础性的、决定性的社会控制形式"①。资本主义形成了以抽象"符号"隐秘控制主体意识和行为的全新统治方式，主体在无意识层面沉浸在符码构筑的意义世界，不断地欲望与消费。同时，符码代表和区分的实际上是人与人之间的社会关系，人们在这种差异性更强的商品符号体系中，通过消费彰显自己特殊的地位并与原有的社会身份、地位相区分。

在数字资本主义社会的全新数字化生活场景中，统治人的力量由景观、符号转向了"数字"。人们由对商品、景观、符号的崇拜转向对"数字"的崇拜。数字拜物教是对景观拜物教、符号拜物教的发展，抑或说景观拜物教与符号拜物教在数字资本时代呈现出全新样态。数字景观拜物教和数字符号拜物教构成了数字拜物教的外在形式。

其一，数字景观拜物教指的是在社会存在与表象分离的基础上主体对数字景观的崇拜。资本主义利用数字媒介在改变信息传输方式的同时，还生产了人类社会生活中的大量数字景观。数字景观的形成意味着商品以数字技术为中介将自身表现为虚拟数字化的视觉影像，这些视觉影像经智能技术输送到平台界面，供大众选择和消费。"数字景观将现实景观与虚拟景观通过数字技术压缩于各种数字机器之内，使得数字机器成为可以自由流动的景观母体，'永久在场'地为人们展现

---

① [法]让·鲍德里亚：《符号政治经济学批判》，夏莹译，南京大学出版社2015年版，第66页。

数字化的景观盛宴。"① 在智能数字技术助力下，数字景观的视觉冲击性、文化渗透性更强。数字资本主义利用数字景观的生产，把灌注有资本主义意识形态的影像、视觉图像等内容输送给平台使用者，以此实现对主体意识的隐秘控制和规训。被资本主义控制的数字景观，是为吸纳主体并且同化其意识服务的。当人们成为数字拜物教徒，主体所能感受与体验到的将是被数字资本主义投放到平台设备，并且与主体欲望相关的"数字景观"内容，主体在此成为屈从于"数字景观"的伪个性存在。

其二，数字符号拜物教作为对数字符号所代表的经济力量和象征意义的信仰与崇拜，是数字资本时代拜物教形式的抽象体现。现在，信息爆炸、快速传播和全球化等特点使数字符号成为人们关注的焦点。数字符号的易获取、易传播和易操作等特点为其在日常生活中的广泛应用提供了便利条件。在经济领域，公司的股票代码、利润率、市场占有率等数字符号，被投资者和业界人士奉为神明。这些数字符号被认为能够揭示某一行业的价值和未来发展潜力，成为人们投资决策的重要依据。此外，在社会媒体领域，数字符号也具有特殊意义。点赞数、粉丝数、转发量等数字符号，被视为衡量个人影响力、社会地位和成功程度的标志。因为点赞数、粉丝数等数字符号与账号所有者的经济收益直接挂钩，数字符号在平台经济发展过程中成为人们竞相追逐的对象。与此同时，由于数字符号具有经济价值，主体疯狂追求数字符号量的积累将成为数字资本时代的特有时代景象。数字符号的文化内涵和象征意义在数字资本主义生产秩序内被单一化为经济价值，所以人们才会陷入数字符号拜物教的泥淖，成为抽象数字符号的追随

---

① 吴红涛：《数字景观生产及其视觉政治》，《学习与实践》2023年第4期。

者。数字符号所承载的资本主义文化、价值被数字技术美化为一种合理的意识形态,由此形成数字资本主义的需要体系和生产体系,"以至于我们忘记了最初与我们打交道的其实是符号:一种被一般化了的符号的符码,一种完全任意的差异的符码,物正是在这一基础上,而不是由于其所具有的使用价值或者内在的'特性',才得以展现其自身的迷人魅力"①。数字符号拜物教的形成意味着"物"已经从实体演化为虚拟数字符号,变成数据网络中的无形之物,拜物教形式更加抽象。

需要说明的是,数字拜物教是更抽象、更复杂的拜物教形式,代表了数字资本时代最为耀眼的拜物教。但这并不意味着商品拜物教、景观拜物教、符号拜物教已经失去"效力",相反,这些拜物教形式在数字资本时代将会与数字拜物教交织在一起,为数字资本主义生产与意识形态输出"保驾护航"。数字拜物教是对商品拜物教、景观拜物教、符号拜物教的发展,其交错的演进关系在数字资本时代表现得更复杂。

第一,从数字拜物教的历史生成来看,数字拜物教与数字资本的形成密切相关,它们二者是同一历史过程的两个侧面,我们不能脱离资本形式的样态转换抽象地谈论数字拜物教。不同资本形式和资本主义发展的不同历史阶段所形成的拜物教形式也有相应的变化,商品拜物教、景观拜物教、符号拜物教同样出现在金融资本、数字资本主导的时代。数字资本时代巨变使商品拜物教、景观拜物教、符号拜物教交织在一起,呈现出更加复杂的数字拜物教形式。我们从历史纵向分析资本样态演进过程,从历史横向讨论数字资本时代生产方式、社会关系的现实变化,如数字平台与平台经济的发展,劳资关系的弹性化、

---

① [法]让·鲍德里亚:《符号政治经济学批判》,夏莹译,南京大学出版社2015年版,第105页。

网络化以及数字资本的金融化趋势等，这是对形成数字拜物教的现实历史条件的具体考察。

第二，从数字技术尤其是当代智能数字技术的发展角度来看，需要注意以互联网、人工智能、云计算、大数据为代表的数字技术应用的二重性作用。数字技术是由人在认识世界与改造世界过程中，通过实践活动创造的用以满足人类发展需求的对象物。数字景观拜物教和数字符号拜物教，作为资本主义生产方式数字化变革的历史产物，是在数字资本主义社会特定历史背景下形成的，这种拜物教形式带有资本主义发展的历史性特征。数字资本主义依赖信息与数据扩张完成社会财富的持续积累。在现象层面，资本的增殖似乎不再取决于人的活劳动，而是依赖数字技术的变革与数字符号的数量积累；但就人类历史发展的本质而言，这是资本主义通过科技革命掩盖资本占有活劳动创造的剩余价值并转移社会矛盾的过程。资本主义利用数字技术把人们带入数字景观与数字符号世界，数字技术的革命性意义在资本主义生产秩序里成为片面地具有经济效益的"物"，技术革新对于人类社会政治、文化发展层面的文明意义被数字资本增殖逻辑遮蔽。数字拜物教正是资本逻辑超越其固有界限向社会其他层面渗透的结果。所以，对数字拜物教的考察应具体到数字资本主义生产方式与社会关系，而不能单纯地脱离数字资本主义时代发展，片面地否定数字技术。

第三，现阶段，以"数据""数据商品""数字资本"，抑或是"数字技术"作为异己的新物神，以更抽象的方式量化了人类社会的一切，更为颠倒、神秘的数字拜物教出现了，它是糅合数字景观、数字符号的拜物教新形式。数字拜物教在社会存在层面表现为人们对数据商品、数字资本以及数字技术的膜拜。在这种数字崇拜对人的价值意识塑造基础上，数字拜物教又在社会意识层面深层次地融入人们的生命结构，对其价值选择、理性判断、实践活动施加隐秘影响，使主体成为认同和接受数字资本主义社会秩序的物化存在，进而强化了数字拜物教的社会现实。具体到现实生活中，资本利用数字技术掌控和重构了人们的精神家园。"智能手机"或者更高级的人工智能产品就是当下人"虔诚信仰的圣物，这些圣物是让人就范、折服的工具。它们使统治物化，且变得稳定。虔诚就是一种屈服"①。主体通过使用智能手机或其他智能数字产品量化自身，通过"数据"符号认识自我。这一系列行为产生的数据，都被资本逻辑收纳裁剪，服务于资本增殖。在这一过程中，数字拜物教意识形态的社会效力充分展现出来，它不仅维护着资本主义社会关系的稳定性，同时还持续地引导人们自愿地做出数字资本主义生产方式所需要的拜物教行为。数字拜物教由此成为具有意识形态功能的"作用机制"，为数字资本主义"保驾护航"，数字拜物教机制如何在新阶段发挥作用，以强化资本逻辑统治？这构成了第二章的核心内容。

---

① ［德］韩炳哲：《精神政治学》，关玉红译，中信出版社2019年版，第17页。

# 第二章 数字拜物教机制对数字资本逻辑统治的强化

数字资本主义为数字拜物教的形成提供了现实基础,数字拜物教同时作为强化数字资本逻辑统治与支撑数字资本主义社会秩序的一种力量,发挥着重要的意识形态功能。数字资本主义借助数字媒介技术形成了全新的意识形态机制,通过构造数字化消费社会与繁荣的数字景观,数字资本主义为主体存在设置了特定的社会情境,诱导大众沉浸在数字化幻象之中,致使数字拜物教意识或者说观念成为被社会普遍认同并且接受的意识形态。在此基础上,数字拜物教又进一步为数字—生命政治统治与数字帝国主义的意识形态输出提供了合法性根据。在这里,数字拜物教已经由一种虚假的意识形态幻象转化为社会现实存在,成为数字资本主义社会秩序能够稳固运行的条件与基础,数字资本逻辑的统治因此得到巩固和强化。

## 第一节 数字资本主义意识形态运演与数字拜物教的意识形态功效

在数字资本时代形成的数字拜物教,承载着主体意识结构的虚假欲望与真实需要、数字化幻象与现实性世界之间的内在矛盾,是人类数字化进程中普遍存在的精神现象。数字拜物教不仅是一种表征资本主义虚假意识的精神现象,同时在数字资本主义意识形态运演中,又作为一种观念思维形式巩固了数字资本主义的幻象统治。这就会涉及数字拜物教的意识形态功效,数字拜物教成为"有社会效力的,因而是客观的思维形式"的前提,在于数字资本主义意识形态对主体意识的编纂和设计,最终使主体沉沦于数字化幻象,这也是数字资本主义意识形态运演的现实结果。

## 一 情境构造:数字化消费社会与数字景观

数字资本主义对主体意识结构的控制和同化,首先依赖于商品符号的数字媒介传播。这种处于数字媒介传播过程中的商品符号,是由当代资本主义消费社会重新编码形成的主体意识结构新的接受对象。在"全用户""社交化"的数字媒介烘托作用下,商品符号化的现象变得更有吸引力,人成为抽象数据商品符号的追随者,进而被带入以文化工业为载体的数字景观世界。数字化消费社会与繁荣的数字景观,重塑了数字资本时代主体存在的社会情境,为社会大众无意识地接受资本逻辑输出的市场意志奠定了现实基础。

### (一)数字化消费社会的形成

商品符号的数字媒介传播是当代资本主义社会的显著特征。从现象层面来看,现在消费社会的物已经不同于以往时代具体形态的物,而是变成某种虚拟符号,消费成为对符号—物象征意义的消费。商品以符号的形式进入消费社会,并借助数字媒介传播技术成为大众欲求的对象。建立在商品符号化体系基础上的当代资本主义社会秩序具有以下特征。

第一,借助商品符号形成的消费体系是一种具有等级差异性的象征结构。"符号—物既不是给定的,也不是交换得来的;它是被个体主体将其作为一种符号,也就是说,作为一种符码化的差异来占有、保留与操控的。在此存在的是消费的物……只有当物自发地成为差异性的符号,并由此使其体系化,我们才能谈论消费,以及消费的物。"① 在现实的交换过程中,不仅存在商品与商品数量上物的等价交换,同时还存在符号—物的象征交换,符号—物作为消费对象与其他作为符号的物共处于同一系列关系中。数字资本时代的象征交换是按照数字化商品符号体系的指示完成的。作为象征交换的数字化商品符号体系,作用于具体物使之成为消费社会中的特定消费品,物品之间的相互指涉形成了差异性的等级序列,而人与人之间的关系则在这种差异性等级序列中被架构。物的迷失与人在社会等级序列中的自我身份迷失是同一个抽象过程,人们在这种差异性更强的商品符号体系中,彰显自己特殊的地位并与原有的社会身份、地位相区分。

第二,上述差异性的象征结构是由数字符号编码形成的。现在资本主义通过商品符号建构的社会秩序是经数字媒介编码形成的符号系统,其中符号的意义链条环环相扣,同时消费对象是涵盖所有商品和信息的虚拟总体,这些物品和信息构成了逻辑连贯的商品体系。比如消费者在网上搜索特定商品时,同类商品就会即时传输于页面。在数字资本时代,这种对商品符号的操纵技巧愈加成熟且迷惑性更强,加之数字媒介技术影响,主体意识沉迷于数字化商品的象征意义已成为常事。商品在数字化符号系统的编码中被赋予象征性意义,"而我们所'消费'的,就是根据这种既具有技术性又有'传奇性'的编码规则

---

① [法]让·鲍德里亚:《符号政治经济学批判》,夏莹译,南京大学出版社2015年版,第61—62页。

切分、过滤、重新诠释了的世界实体"①。主体看似在消费社会中"自由"地选择，彰显个性，但这种"个性化"实际上是一种置于数字媒介技术与符号编码系统里的虚假自我认同，对"个性化"的追求建立在丧失个性的基础上。

数字化商品符号形成的差异性等级秩序反映的是数字资本主义构造的消费社会情境，在这里，"主体陷入到一个虚假的、差异性的、被符码化、体系化了的物之中"②。需要进一步说明的是，数字化符号如何附着在物之上，使人陷入数字商品符号—物的意识形态，这涉及商品的数字媒介传播。在此基础上，资本主义才能制造出大量数字景观，并使其作为商品符号外在的运作场域，在人们生活的各方面影响着主体意识的自主选择。

（二）数字景观的繁盛表象

从大众传播时代到数字媒介传播时代，媒介传播方式的变化意味着人类由传统信息接受方式向数字化信息接受方式的转变，这是数字资本时代现代性发展的体现，"必须让社会对创新的'接受'进行组织……新事物社会化的条件是信息的发展以及后来的市场营销的发展"③。数字媒介新方式的出现加速了商品的生产与流通，数字化商品符号、数据生产要素得以在更广阔的社会范围内流动。"新媒介扩展了将内容商品化的机会，因为它们主要基于数字化过程，具体指将包括数据、文字、图像、电影和声音在内的传播转化为一种通

---

① ［法］让·鲍德里亚：《消费社会》，刘成富、全志钢译，南京大学出版社2014年版，第115页。
② ［法］让·鲍德里亚：《符号政治经济学批判》，夏莹译，南京大学出版社2015年版，第105—106页。
③ ［法］贝尔纳·斯蒂格勒：《技术与时间》第3卷，方尔平译，译林出版社2012年版，第124页。

用语言"①，以数据要素为基础的社会关系与生产关系正在建立。数字媒介传播方式的变革不仅为资本主义市场经济信息传递提供了精准服务，提高了社会整体的经济生产效率与文明发展水平，同时也更新了数字资本主义意识形态的传输方式。在此背景下，人的意识结构，早已成为资本家依托数字媒介展开经济活动的首要阵地，"在信息工业尤其是相似性数字技术的时代，这一外在化和物质化了的意识变成了'对流的操作'和'大众的投映'的材料"②。一方面，互联网企业依靠云计算点对点协同参与、开放式的环形平台经济模式，在收集、占有大量平台数据信息基础上直接获取利润；另一方面，平台开发商和运营商能够通过算法设计、界面控制等前置性技术手段隐秘影响甚至操控平台用户的行为和意识，最终实现商品的精准营销目的，以获取巨额利润。也正是在此过程中，资本主义将鲜活的生命主体嵌入数字景观世界，使之成为复刻在平台生产结构中的数据生命体，源源不断地为平台所有者生产出海量数据原材料。

现阶段，"数字景观为世界设定了一种无所不包的数字语言，以此来言说它对当代人精心谋划的许诺"③，它构成了资本主义主体性存在的社会基础。资本主义通过文化工业缔造了新的景观拜物教神话，同时以广告、电影、电视、互联网等媒介方式影响着人的价值选择与实践活动，这些举措进一步加速了资本主义意识形态全方位的作用主体意识结构的进程。进入 21 世纪，数字景观与资本主义文化联系在一起，共同营造了数字资本主义社会的感官丰盛与意识自由的社会表象，

---

① ［加］文森特·莫斯可：《传播政治经济学》，胡春阳等译，上海译文出版社 2013 年版，第 173 页。
② ［法］贝尔纳·斯蒂格勒：《技术与时间》第 3 卷，方尔平译，译林出版社 2012 年版，第 104 页。
③ 吴红涛：《数字景观生产及其视觉政治》，《学习与实践》2023 年第 4 期。

尤其是文化在网络媒介技术的帮助下，以加速的信息更新方式捕获主体意识，其中传播的资本主义文化正是数字资本主义意识形态的重要内容。同时"数据主义的意识形态表现出了通过在线媒体技术客观量化和各种人类行为和社会的潜在跟踪的特征"①，主体在编排好的数字文化工业程式中做出相应的反应、动作，形成固定的行为模式。而文化工业、数字景观最终是为资本市场经济服务的，文化本身被符码化为各种大众文化的样式，"文化工业问题的核心就在于文化工业以工业的形式系统地使第三持留的新型技术投入运作，并且借助这些新型技术，使新的遴选准则投入运作……完全臣服于市场法则"②。这里的新型技术主要指数字媒介技术。"'你喜好''你关注'或'你认同'的标签为你编织了一个虚拟世界，管控着信息传播和言论形式的数字传播平台，以自己的观念包装塑造着用户的意识外观。"③ 文化工业表征的数字景观正是在物的象征意义上，被数字技术整合并重新编码投向大众的产物，"这些媒体的消费表明，很难在生产性活动和非生产性活动之间找到明确的分离，休闲、游戏越来越趋向于劳动形式"④。在不断更新迭代的数据商品消费中，主体意识被其背后市场法则说服，并向商品投注自己的心理期望，流连于繁盛的数字景观世界。

通过上述讨论可知，数字媒介传播环境下数字化消费社会与各式各样的数字景观，共同组成了当代资本主义意识形态的幻象形态。这里的"幻象"是从精神分析学角度来言说的，幻象即社会现实本身。

---

① Van Dijck, José, "Datafication, Dataism and Dataveillance: Big Data between Scientific Paradigm and Ideology", *Surveillance & Society*, Vol. 12, No. 2, 2014.

② [法] 贝尔纳·斯蒂格勒：《技术与时间》第3卷，方尔平译，译林出版社2012年版，第50页。

③ 陈卫星：《算法的数据变异与社会建构》，《新闻界》2021年第12期。

④ Eran Fisher, Christian Fuchs, *Reconsidering Value and Labour in the Digital Age*, London: Palgrave Macmillan, 2015, p. 226.

一方面，主体意识在追求符号—物的能指意义过程中被俘获，资本主义意识形态完成了从实体物向象征意义，以及从功能到幻象的转化；另一方面，资本主义利用商品符号的数字媒介传播制造了新的数字景观，大量数字景观充斥在感性意识层面，模糊了真实与虚假的界限。在这里，社会现实不是我们经验到的现存可感物，幻象所建构的社会现实指向的是数字资本主义意识形态的象征体系与逻辑架构，人们误认为它们就是真实的世界，也正是在此意义上，主体进入此象征体系，成为数字资本主义意识形态的掌控对象。

## 二 沉迷他者的欲望：数字拜物教意识的同一性接受

数字资本主义为大众构造了差异化消费情境与繁荣的数字景观，其目的在于利用数字媒介技术将主体引诱于资本主义意识形态的秩序，这只是数字资本主义意识形态的第一个层级。在此阶段，主体只是进入资本主义为他设定好的情境，那么数字资本主义意识形态如何深入主体意识的深层结构，又如何掌控主体欲望使之沉迷于幻象世界，以公众"真实欲求"的名义掩盖资本增殖欲？事实上，主体认同、接受资本主义意识形态是通过"沉迷他者的欲望"这一环节实现的，这里体现的是主体同一性接受数字资本主义意识形态输出的拜物教意识的过程。

一般来说，资本逻辑表现为一种追求无止境剩余价值的增殖欲望。自资本主义诞生以来，为了满足自身增殖的"欲望"，资本主义将主体欲望空间不断放大，使人们身处其中却区分不出真实的需要与虚假的需要，人们的欲望变成对商品、货币、资本的拜物欲望。置身数字资本时代，主体在数字资本主义意识形态编织的幻象结构里，被激发出超出以往时代的无尽欲望。如果说以往时期资本主义意识形态已经实现了从强制性掩蔽资本增殖导致的社会矛盾向驯化主体意识的转变，那么，数字资本主义则通过意识的"共时化"体验，以更隐秘的方式实现了"他者欲望"对主体意识的浸透和同化。

（一）意识的"共时化"体验

意识"共时化"体验是主体沉迷他者的欲望并且认同资本主义意识形态的关键环节。主体意识可以在交互性的网络中全方位接收资本主义传输的意识形态，这一时空变化改变了主体以往的存在体验。借助数字媒介，数字资本主义以一种"软性"控制方式实现了对社会大众的意识形态同化。"程序工业使构成文化的历时性要素，即意识，突然间急剧地共时化。"[①]斯蒂格勒在这里强调的是远程登录的电视时代改变了以往意识结构的"共时化"情境。"共时化"情境在电视时代的作用范围是有限的，到了现在数字资本主导的互联网时代，意识的"共时化"成为全天候、全场景的社会现实。这样"意识群体才可能会变成'观众工业'，即程序工业的原材料。一个广袤的意识市场在20世纪末完成了构建，而且它注定会超越一切障碍，变成一个世界级大市场"[②]。在此意义上，数字资本主义对主体意识的控制与欲望的激发达到了前所未有的深度与广度，"从基于书面文字的深层的文字注意形式，向由数字大众媒体和实时编程控制的转变，创造了时间性的同质化"[③]。数字资本主义利用数字媒介技术，形成了集齐"云、社交、移动、视频、大数据"融合的新装置，主体不再是使用遥控器

---

① ［法］贝尔纳·斯蒂格勒：《技术与时间》第3卷，方尔平译，译林出版社2012年版，第43页。
② ［法］贝尔纳·斯蒂格勒：《技术与时间》第3卷，方尔平译，译林出版社2012年版，第100页。
③ Claudio Celis Bueno, *The Attention Economy Labour, Time and Power in Cognitive Capitalism*, London: Rowman & Littlefield International Ltd, 2017, p. 110.

操控电视的信息被动接收者,而成为上述融合性互联技术的参与使用者。

以社交媒体平台为例,社交媒体作为平台内容生产与信息传播的载体,在短时间吸引了几乎分布在所有国家的数以亿计的活跃用户,一跃成为全球最为流行的通信和协作工具。其中,包括大量视频、网络直播等,海量信息可以通过社交媒体光速传递到每一位使用者的平台界面,人们只需要轻触屏幕,就可以集体性地共享"直播",共看"视频",共收"信息"。"数字平台可以将自己插入任何空间——尤其是以前没有货币化的空间——其任务是从每一个广告服务、帖子分享或出售的东西中获取价值。他们的主要策略是通过将我们变成在他们的平台上提供的'服务',包括我们所做的、想要的和需要的所有服务"①,如此大范围的内容生产与价值输出在早期大众传媒时代是无法想象的。"视听节目网络已经融合到数字化远程通讯系统之中,而且这一融合已经直接与广告推销机制和商业互动服务所播送的节目相互联系,上述现象将'接受'的三个维度彻底地共时化,使之转变唯一一个现实。"② 这使人们通过集体的"共时化"体验接受资本主义意识形态成为可能,数字资本主义对主体意识结构的内化也在互联网络连接中不断推进。以上发生的一切,正是主体追求和欲望资本主义他者欲望的现实表现,在这里"没有高举皮鞭的主人,一切都在追逐幸福和成功的他者欲望中'自动地、悲惨地组成'"③。

---

① Jathan Sadowski, *Too Smart: How Digital Capitalism is Extracting Data, Controlling Our Lives, and Taking Over the World*, Massachusetts: Cambridge, MIT Press, 2020, p.61.
② [法]贝尔纳·斯蒂格勒:《技术与时间》第3卷,方尔平译,译林出版社2012年版,第172页。
③ 张一兵:《居伊·德波景观批判理论的历史生成线索》,《马克思主义与现实》2020年第4期。

(二) 资本主义他者欲望对主体意识的编纂

资本主义意识形态为主体存在设置了特定的幻象结构，绝大部分人正在"共时化"的意识体验中，欲望他者的欲望。"在精神分析中，崇拜之物是作为被压抑的性属差异的误置之物出现于欲望运作之中的。"[①] 精神分析学家拉康根据语言对人类世界的结构化作用以及主体符号化的经验，对"人的欲望就是他人的欲望"进行了精神分析学阐释。在他看来，人的欲望就是他人或他者的欲望，欲望是在他者的场域中完成的，所以，人的欲望不是主体在场的欲望，而是主体在他者场域的分裂迷失。具体到数字资本主义社会，他者欲望作为资本主义意识形态设置的虚假欲望，其对主体意识的"召唤"和"吸引"在数字媒介作用下更具诱惑力，以致"自由也化身为强迫，社交媒体大大强化了这种强迫，归根结底，它源于资本的逻辑"[②]。

数字资本主义意识形态的核心秘密在于，用"他者欲望"替代主体的自主选择以及与客体的真实关系，主体在数字化幻象世界里不是得到欲望的满足，而是在不断地欲望。数字资本主义意识形态构造的幻象情境为主体提供了一个结构欲望的框架，它不是告诉主体欲望如何得到满足，而是告诉主体如何去欲望。在拉康欲望理论里，幻象由"$\$ \Diamond a$"公式表示，从此公式出发可以看到幻象结构化欲望的具体过程。拉康认为，符号"$\$$"表示分裂的主体，真正的主体是落入象征秩序内被能指分裂的无意识主体。"$\Diamond$"表示能指，它是使主体与真实原初对象分裂的屏障。对主体来说，被能指分割的欠缺主体就是对象

---

[①] [美] 马克·波斯特：《第二媒介时代》，范静哗译，南京大学出版社2005年版，第129页。

[②] [德] 韩炳哲：《在群中：数字媒体时代的大众心理学》，程巍译，中信出版社2019年版，第52页。

"a"，"对象 a 为了构成自身，主体必须让自己与这个东西分离，就像与一个器官分离一样。它是欠缺的象征，但不是菲勒斯本身，而是就其是欠缺而言的。因此，它必定是这样一个对象：首先是可分离的，其次是与欠缺有关的"①。由此，对象 a 在幻象结构中虽不能获得确定意义，它却以驱动力的形式作用于幻象结构。其中，主体无法与对象 a 真正相遇，主体的象征身份只是处于能指链中的符号，主体欲望在对象 a 激发的象征性意义里永远处于缺失分裂状态，而他者的欲望是无止境的，主体沉迷于他者的欲望最终导向的是"永远欲望"。他者欲望传递了资本主义幻象结构的同一性，主体只有在对他者欲望的欲求中，才能获得自我的同一性。沉迷于他者欲望实质上是个体意识通过追求他者欲望接受资本主义预设的同一性意识形态并进入资本主义社会秩序的过程。资本同一性具有夷平和同化一切特殊性与异质性因素的强制力，这种强制力不仅表现在资本主义生产过程中，同时对主体精神层面也具有集体性的意识形态同化作用。由此可见，资本同一性与数字意识形态构造的幻象结构具有共谋关系，主体不仅受资本同一性的生产过程控制，同时在意识"共时化"条件下，"'我'和'我们'的意识流的共时化过程将'我'以及'我们'本身都给吞没了"②。

数字资本主义利用技术手段使主体欲望不断膨胀，在意识"共时化"体验中主体作为拜物教教徒，不断地追逐差异性象征符号，沉迷他者的欲望。"这种欲望是贪得无厌的，因为它建立在贫乏的基础上——在物品和持续需求中进行局部自我指向的正是这种永远无法满足的欲望。"③ "沉迷

---

① Jacques Lacan, *The Seminar of Jacques Lacan Book XI*, tran. Alan Sheridan, London: W. W. Norton, 1981, p. 103.
② [法] 贝尔纳·斯蒂格勒：《技术与时间》第 3 卷，方尔平译，译林出版社 2012 年版，第 139 页。
③ [法] 让·鲍德里亚：《消费社会》，刘成富、全志钢译，南京大学出版社 2014 年版，第 59 页。

于他者欲望"是主体接受数字资本主义同一性社会秩序与意识形态的现实结果。一方面,主体受他者欲望引导在象征秩序的能指链条中不断地滑动;另一方面,这一过程也反映出主体沉浸在数字资本主义幻象结构的社会现实,最终,主体形成虚假的拜物意识,并按照资本同一性筹划好的欲望模式和行为规范活动与思考。

## 三 数字化幻象统治:数字资本主义意识形态的无意识认同

现今数字资本主义以智能技术为依托重建了社会生产秩序,通过监视、引诱主体,使主体精神、意识、思维成为置身于数字拜物教结构中的抽象数据物存在。在资本同一性逻辑主导下,数字化幻象成为新的抽象统治,主体意识在一种更矛盾的社会境地被抽象化和虚无化。对主体而言,"幻象不是那种虚妄不实、荒诞不经的形象,幻象是一个场景,是主体借以投射其欲望的场所"[①]。数字资本主义以他者式欲望隐性控制、影响甚至主导主体意识,最终使主体在无意识层面认同且接受数字资本主义的意识形态,这也是个人遭受数字化幻象统治的直接表现。

自西方马克思主义开创意识形态批判路径以来,他们援引精神分析学理论讨论了资本主义社会发展对个体意识的压抑与扭曲,指出个体意识的自主选择实际上是臣服于意识形态训诫的结果。而到数字资本时代的数字化幻象统治阶段,主体意识在一种更矛盾的社会境地被抽象化和虚无化,其自主性只不过是处于象征体系内的幻象虚构。主体欲望的沉迷与拜物教结构是密切相关的。在拉康精神分析学里,"无意识不是初始的,也不是本能的,它所知道的基本的东西只能是能指

---

① 吴琼:《雅克·拉康——阅读你的症状》下卷,中国人民大学出版社2011年版,第664页。

的基本单位"①。问题在于,在数字资本主义他者式欲望的驱使下,主体是如何认同数字化幻象的呢?对此,我们可以通过拉康关于主体意识的认同过程的讨论来理解上述问题。"所谓认同,就是主体在力比多投注下以投射的方式对自身以外的某个他人或对象的某些属性的承认、接纳和吸收,它是自我和主体之构成的一种运作机制。"②具体在镜像阶段,自我的主体在镜像中的认同是一种想象性的认同,而欲望就是伴随着自我的构型,也就是对镜像或他人想象性的认同出现的。主体借助于镜像形成的自我是一个想象性的"理想自我",是在自己或他人形象中被误认投射出来的自我。这种误认意味着在想象性认同中,自我的欲望实际上是他人的欲望,自我与他人的关系也是一种想象性欲望与欲望对象的关系。由此想象性认同是为了从他人那里获得对自身"理想自我"的确证,在这里,镜像中的他人形象并非欲望的真正对象。

如果说想象性认同是主体在镜像中通过他人辨认出"理想自我",那么在象征性认同阶段,主体的欲望则是在他人或通过他人确证"自我理想"。"主体将在象征的世界中获得一个主体性的位置,主体终于看到了自我与他人的差异,并学会了在一种相互确认的间性结构中同他人进行言语交换。"③拉康认为,主体要确证"自我理想"需要接受他者以语言的意指结构中介对主体的建构,这个意指结构即是他者的场域,主体在他者场域内获得的象征性认同,只是他在这一意指结构中的某个位置,抑或是某种身份的象征。这意味着,主体通过象征性

---

① [法]拉康:《拉康选集》,褚孝泉译,上海三联书店2001年版,第275页。
② 吴琼:《雅克·拉康——阅读你的症状》下卷,中国人民大学出版社2011年版,第407页。
③ 吴琼:《雅克·拉康——阅读你的症状》下卷,中国人民大学出版社2011年版,第434页。

认同获取的同一性，首先必须接受这一秩序的阉割。当代社会，到处充斥着数据商品符号、数字媒体景观等对主体的阉割。只有接受这种"数字"阉割，主体才能进入此象征秩序并得到社会认同。象征性认同中对主体的切割使主体成为有欠缺的主体，也就是无意识的主体，这一无意识的主体正是生活在他者场域，并总是为他者而在的主体，所以这也就解释了为什么主体认同的只是他者的欲望、他者欲望的对象这一问题。

  主体形成数字拜物教意识并且无意识认同数字资本主义意识形态，构成了当代资产阶级巩固社会统治的重要基础，而无意识认同是在数字化幻象中实现的。在数字景观和符号系统编码组成的幻象结构中，在他者式欲望引导下，"真实的主体"被"幻象"扼杀了。以拉康关于主体认同的两个阶段来看数字拜物教具有的意识形态功效，我们可以发现，数字资本主义意识形态是主体意识对资本主义所编纂象征体系的无意识认同的结果，这也是个人形成数字拜物教意识并且受数字化幻象统治的直接表现。首先，无意识认同是在数字化象征体系里发生的。数字拜物教在他者场域中对主体欲望的引导，意味着主体意识借助象征性能指符号去追求不在场的欲望对象，这一过程是无止境的。主体欲望受制于能指链的无限性，主体永远无法弥合对象 a 与 $ 之间的缺失分裂，"作为缺失者，欲望的对象并不在现实世界中在场，也正因为它不在场，才会被主体所渴望……能指成了欲望机器的真正内驱力。意义丰富的能指造成了我们的匮乏，所谓的我要，我们要，其实都是能指的大他者之要"[1]。它始终是缺失分裂且无法满足的。其次，就他者场域的拜物欲望而言，这是一种无意识的欲望。正如无意识是

---

[1] 张一兵：《不可能的存在之真：拉康哲学映像》，上海人民出版社2020年版，第295页。

像语言一样被结构的，欲望也需要以语言的方式被结构。数字资本时代的资本家通过操作文化工业景观，利用广告、移动短视频等媒介方式传输资本主义市场意志，普通大众不再关注商品的真实生产过程与实际使用，更多的时候是在不断地消费商品的象征性符号。主体在欲望无限流动的过程中迷失了自己，我只能不断地"要"，无论我欲望什么，欲望本身无法被具体表征。所以，欲望永远无法真正得到满足。沉迷他者的欲望目的就在于，主体无意识地认同资本主义市场意识传输的"欲望"自身，并实现欲望的再生产，主体永远在"欲望"的路途上"永远欲望"。最后，数字化幻象在当代成为由大数据、云计算等数字信息处理技术共同作用，更直接地支配主体意识的数字资本主义意识形态。在这里，"控制不是用暴力威胁人们或塑造他们是谁，而是通过设置允许的参数，并建立规范行动的检查点"[1]来实现的。主体的需求成为被计算和被投放的特定产品，大众误以为数字化幻象表征的他者式欲望是来自主体意识自身的欲望，主体总是把他者的欲望与自己的欲望画等号，认为他者所欲望的正是自己想要的。可见数字资本主义意识形态与拜物教机制背后不仅包含人与社会、他人的社会关系，同时还包含一种隐秘的象征体系，这一象征体系将主体意识置于数字化幻象中，让人无意识地认同资本主义社会的政治、经济、文化秩序，并且这种拜物教意识总是给人以愉快、轻松的感觉。

主体无意识认同、接受数字资本主义意识形态与数字化幻象的统治是一枚硬币的两面，它们共同表征了数字资本主义意识形态的强大威力。一旦进入数字资本时代，数字资本主义意识形态对主体意识结构的内化就在时刻向前推进，数字化幻象统治得以实现，而主体的自

---

[1] Jathan Sadowski, *Too Smart*: *How Digital Capitalism is Extracting Data*, *Controlling Our Lives*, *and Taking over the World*, Massachusetts：Cambridge, MIT Press, 2020, p. 40.

由意识却不断丧失,斯蒂格勒曾用"思想的无产阶级化"定义此现象。"思想无产阶级化"不同于马克思讨论的在工业生产场域无法占有生产资料而被剥削劳动剩余价值的无产阶级,而是在数字媒介技术与幻象结构整合基础上,个性不断丧失、精神意识被挖空且一无所有的阶级。随着智能手机等各种移动电子设备无所不在地充斥在主体面前,大众无时无刻不徜徉于数字化世界,在数字编程工业的巨流中获得即时欢愉。"个体意识除非与'世界'相割离,否则便注定会沉溺于程序工业的'巨流'之中,或是落入'用户归档'的渔网之中,被它次标准化并聚集到一些次级群体中。"① 数字平台组织把平台用户建构为市场,用户的选择是被数字媒介编码过滤后的"他者式"选择,个性化的人已被数字媒介技术制造出来的"伪我们"占领,"'我'和'我们'的流的共时化过程将'我'以及'我们'本身都给吞没了。'无区别化'将趋向于在一种熵的融合中消除历时性,这一融合无论是从政治角度,还是从经济角度来看都具有霸权特性,它既是涵盖一切的,又具有极权特征"②。主体(我)沉迷于他者欲望的过程,是作为他者的"我们"存在的。在这里,主体沉沦于数字化幻象,并无意识地认同了数字资本主义意识形态,数字化幻象的抽象统治最终形成。

主体作为数字拜物教徒,沉沦于数字化幻象,是当代资本主义社会秩序中主体的生存境遇,也是数字资本主义意识形态机制运演的现实结果。身处数字化幻象结构,主体所谓的"自由",实质上不过是"自由地"服从资本主义意识形态的训诫与同化。可以看出,数字资本主义意识形态机制的运演,与资本主义社会统治方式与权力治理手段

---

① [法]贝尔纳·斯蒂格勒:《技术与时间》第3卷,方尔平译,译林出版社2012年版,第5页。
② [法]贝尔纳·斯蒂格勒:《技术与时间》第3卷,方尔平译,译林出版社2012年版,第139页。

的更新是同步的,它主要包括三个层级。第一,数字媒介传播条件下数字化消费社会与数字景观作为数字资本主义为主体构造的幻象情境,其对真实社会关系的掩盖,构成了数字资本主义意识形态同化大众意识的现实前提。第二,主体进入象征体系表征的资本主义幻象结构,成为数字资本主义意识形态的掌控对象。数字资本主义意识形态正是通过将主体置身于幻象结构,并使其完全坠入他者欲望,才保证了他者欲望引导下自我意识与资本同一性的融合。第三,数字化幻象确立新的抽象统治,主体在数字资本主义意识形态的编纂和设计下无意识接受、认同了数字资本主义的社会秩序,并为资本主义生产源源不断地提供着数据要素,用于数字资本生产和增殖。

从数字资本主义构造的商品符号化消费情境、数字景观同化大众意识,到数字化幻象成为新的统治,主体在数字化幻象结构中接受并认同已经设定好的他者欲望,并永远欲望,不止不休。上述环节在逻辑上体现出数字资本主义意识形态对主体意识的同化是不断推进和深入的,但从现实上看,它们之间又没有严格的界限,并且总是以整体的形象呈现在社会大众面前。这一切表明,数字资本主义意识形态对主体意识、精神欲望采取了更高效且隐蔽的措施,隐匿于资本主义意识形态无声强制背后的资本增殖逻辑正在"兴风作浪"。马克思早在《德意志意识形态》中就讨论了"意识形态"的基本特征,即把特殊利益说成普遍利益,把普遍的东西说成占统治地位的东西。[①] 资本主义意识形态作为资产阶级的统治思想总是以自觉或不自觉的方式掩蔽着资本主义社会现实生活和交往关系的真相,数字资本主义意识形态同样是为巩固资本主义统治服务的,在此数字拜物教不仅作为

---

① 《马克思恩格斯文集》第 1 卷,人民出版社 2009 年版,第 553 页。

一种客观现实存在，而且更为重要的是，它已经在无意识层面成为影响主体选择和判断的思维方式与行动理念，发挥着重要的意识形态功效。

## 四 数字拜物教的意识形态功效

数字资本主义意识形态机制的运演指向的是一个主体异化和精神控制持续加深的社会。相较以往时期，数字时代资本主义意识形态机制更具隐蔽性和复杂性。数字资本主义不再局限于利用意识形态国家机器来稳固资本主义统治，而是通过构造数字景观与数字消费社会，为主体存在设置了特定的社会情境，使主体成为沉沦于资本主义意识形态幻象结构的对象物存在。数字拜物教作为在数字资本主义社会历史变迁中形成的虚假意识，其具有的意识形态功效，强化了数字资本主义的资本统治逻辑。

### （一）数字消费主义意识形态

作为功能性的意识形态，数字拜物教的本质就是把数字资本主义生产秩序和社会关系"自然化"为永恒的形式。在数字资本时代，数字拜物教表现为数字消费主义意识形态，这种全新的意识形态进一步确证了数字资本主义社会关系形式的合理性。消费过程是与人的现实生活联系最为紧密的环节，作为满足主体需要的主体性活动，对于确证独立生命个体的自由本性，促进人的自由与全面发展具有重要意义。但在资本主义社会生产过程中，数字资本主义着重培育和塑造了符合资本增殖的拜物教意识，目的在于诱使自由生命个体进入平台资本主义设置的"消费陷阱"，并自觉地借助数字化消费产品获得对资本主义生产方式的社会认同感和需要满足的虚假自我成就感。

为了更好地塑造自由生命个体的拜物教意识，数字资本主义不仅利用大数据和智能算法技术使主体获得了沉浸式、交互式的消费体验，更重要的是主体精神意志层面的自由也在此过程中被平台隐秘捕获和深度利用。在数字化的消费模式中，由数字资本主义生产主导的消费模式，其核心在于激发膨胀人的欲望。平台资本家利用数字化媒介和传播技术制造了海量差异性数据商品、文化工业景观，人们自由消费的往往是虚拟的商品符号价值与景观的象征性意义，而不是商品真实的使用价值，资本主义正是采用这些技术手段，重新赋予了数据商品新的形象和内涵。现阶段，"大数据资本主义和算法的力量可能导致整个世界变成一个巨大的购物中心，人们成为无孔不入的商业广告的标靶，整个社会被商业逻辑所主宰。在大数据的世界，利用工具逻辑计算人类需求的算法可以通过自动计算出人们的活动和决定来满足人们的需求"①。受大数据和智能算法的操纵，人之主体性自由降级为满足膨胀物欲的消费"上瘾"行为。这一过程反映了平台资本主义对主体数字化消费行为的重塑。对于资本家而言，通过对自由个体消费欲望的激发、引导，以实现剩余价值积累目的是形成适合数字资本主义消费模式的必要手段。

在此，数字拜物教的意识形态功效主要表现为，以"数字"新的物神形态引诱主体进入数字化消费社会，使之无意识地认同资本主义拜物教社会现实，在数字拜物教意识影响下，主体通过数字化消费获得了关于社会等级、个体身份区分的自我成就感，这就为形成数字消费主义意识形态创造了有利条件。"数字消费文化远远超出了物质产品的消费，因为它概括了人们日常生活中的实践、身份和象征意义，这些实践、身份和象征意义是由个人和集体对消费的看法和生活经验构

---

① ［英］克里斯蒂安·福克斯：《大数据资本主义时代的马克思》，《国外理论动态》2020年第4期。

成的。"① 数字消费主义意识形态烘托出的自由、平等、轻松的消费模式背后隐含着人们对于社会等级、身份的界定和区分,"对消费品的依赖性——对购物的依赖性——是所有个体自由的必要条件;尤其是保持不同自由和'获得身份'自由之前提条件"②。消费的数字化进程作为资本主义借助数字技术对自由生命个体精神、意识欲望的生产引导过程,它本身根植于资本主义生产方式的数字化转型。身处其中,主体被塑造成数字拜物教徒,人们往往乐于为资本主义的生产过程提供无偿数字劳动,在对数字化幻象、符号的消费过程中获取满足感和认同感。自由的消费活动成为主体虚假物欲不断膨胀的过程,委身于数字媒介及其景观背后的资本逻辑将对消费者的挖掘延伸到生活的每一处角落。在这里,人们在虚假的拜物需求满足中形成了基于物化生命存在的"拜物教意识",成为数字消费主义意识形态的认同者,并"自觉地"参与数字资本主义生产活动,数字拜物教的意识形态功效在此发挥得淋漓尽致。

(二) 网络意识形态

数字拜物教的意识形态功能发挥还体现在数字资本时代的网络意识形态建构过程中。数字网络具有意识形态属性,它作为信息传播的中介推动着海量数据信息流通,拓展了文化与思想交流融合的场域。人们对数字信息技术的崇拜与网络意识形态建构密切相关。数字资本主义意识形态尽管在特征和载体上区别于以往时代,但它作为反映资本主义经济、政治文化制度的思想体系,其在网络空间中对主体意识

---

① Bidit L. Dey, Dorothy Yen, Lalnunpuia Samuel, "Digital Consumer Culture and Digital Acculturation", *International Journal of Information Management*, Vol. 51, 2020.
② [英] 齐格蒙特·鲍曼:《流动的现代性》,欧阳景根译,中国人民大学出版社2017年版,第148页。

和社会存在的影响被放大。被数字资本主义意识形态捕获和利用的主体将在数字网络空间中,作为数字拜物教徒,形成虚假的拜物教意识形态,参与数字资本的生产与增殖。

网络意识形态源自互联网等新兴技术手段的开发、应用与普及。数字资本时代的网络意识形态建构体现出,数字拜物教已经在人们的日常生活场域隐秘地植入主体的欲望和潜意识领域,引导人们形成对数字资本主义以数据、数字技术为中介的物化社会关系形式的认同感和归属感。"数字资本的趋利性要求以私人性和公共性相结合原则打造开放的数字空间架构,数字资本的公共性原则要求建构网络空间结构的公共意义系统。"[①] 在网络空间结构中,资本主义以数据为原材料的新生产方式的形成与网络意识形态的建构是同步进行的,它们互为前提,相互支撑,共同构筑了数字资本主义新的生产关系和网络化意识形态。一方面,资本主义为真实生命进入数字网络世界,建构了以平台为基础的数字化社会关系。以社交网站、智能手机和搜索引擎为代表的网络参与式文化和数字经济的快速增长使主体获得了更多样、更丰富的数字化生存体验。另一方面,受资本主义建构的网络意识形态影响,主体在网络空间中所获得生命体验的"自由感"将达到顶峰。因为在虚拟空间中,网络参与主体抹平了阶层、职业、身份、地域等差别,他们可以依据自身的爱好、专长和兴趣加入特定的网络虚拟社群。资本主义借助智能技术完成了对主体性自由的网络重释,独立生命体具备自由地使用网络平台去表达个性化想法、发布言论,以及与他人进行数字化沟通的自主权利,生命体不仅生活在实体性的物质世界,同时还依托实体性的物质生命真实地存在于网络架构的虚拟世界,

---

① 邓伯军:《数字资本主义的意识形态逻辑批判》,《社会科学》2020年第8期。

为资本主义生产了大量舆论与数据信息。

更重要的是,资本主义网络意识形态的自由性、民主性、参与性背后掩盖着资本主义生产过程的矛盾,这种看似"自由合理"的数字化生产方式在网络意识形态的作用下,吸引了众多"网民"参与其中,个人主义、自由主义等资本主义价值观也在网络活动中被隐秘输出,影响着每一个人的价值判断与道德选择。在此,数字拜物教具体表现为数字资本时代的网络意识形态,它迎合着主体需要,并且以数字化程式诱导主体参与网络平台数据生产。正如韩炳哲指出的:"精明且友好的权力不会正面反对屈从性主体的意志,而是打着为他们好的旗号控制他们的意志。它的同意多于拒绝,诱惑多于压制……如今,自由的危机不在于我们面临一种否定或者压制自由的权力技术,而在于这种权力技术对自由敲骨吸髓般的利用。"[①] 数字资本时代网络意识形态恰切地展现了数字拜物教具有的意识形态功效,这与以往独断专行、发号施令的强制性意识形态不同,网络意识形态在数字拜物教机制的助力下更具有诱惑力,它正以自然且温和的方式加紧向社会的渗透和扩张。

(三) 数字文化意识形态

数字文化意识形态是指以人工智能技术为载体,影响人们生存方式、思维方式的文化体系。在数字资本时代,数字拜物教机制的运作,使资本主义建构了全新的数字文化意识形态,这种意识形态在推动资本主义文化生产的同时,还构建了以数字文化为主的数字资本主义意识形态传播样式。

数字文化意识形态包含数字资本时代的主体价值需要与选择,它

---

[①] [德]韩炳哲:《精神政治学》,关玉红译,中信出版社2019年版,第21页。

通常与数字景观和数字符号糅合在一起，引导主体进入资本主义意识形态的幻象世界，使之作为数字资本主义的追随者参与价值生产活动。数字文化意识形态的特征包括象征性、娱乐性、全球性。第一，象征性。数字文化意识形态内含着资本主义文化的象征体系，数据信息作为一种带有文化意义的象征符号，正全面占领人们的社会生活和精神世界。人们追崇数据信息成为数字拜物教徒，通过点赞、转发和分享等方式参与数字文化象征体系的建构，数字拜物教的意识形态功效在这一过程中充分发挥。数字文化意识形态之所以具有象征性，就在于在拜物教中包含人为设定的"内涵"，这种"内涵"被数字文化吸收并利用，"它是一种文化意义上的带有符号性的劳动，它作用于物恋的载体，同时也作用于这种物恋让人产生的迷恋之中"[①]。第二，娱乐性。在数字技术加持下，网络泛娱乐化以碎片话语形态、视觉图像向人们的日常生活渗透，极大地迎合了主体感性需求。但"'泛娱乐化'所标榜的'娱乐一切'实则是对一切具有真实价值对象的否定、拆解和毁灭，是以'无价值'的导向去娱乐稀释一切'有价值'的对象"[②]。这种看似"无价值导向"的数字文化，实际上暗含资本主义意识形态的价值诱导，虚无主义、消费主义、娱乐主义等错误思潮在智能技术、资本逻辑以及数字文化等多重因素驱动下，正加紧向普通大众的精神世界渗透。这显示出，数字文化意识形态与以往时代的强制性意识形态不同，它本身就具有娱乐性的特征，经过技术运作与资本设计，主体被吸引且被资本主义意识形态说服，同时还作为数字拜物教徒参与数字文化生产，数字资本主义意识形态的传播广度和影响

---

[①] [法]让·鲍德里亚：《符号政治经济学批判》，夏莹译，南京大学出版社2015年版，第104页。

[②] 汪康、吴学琴：《网络"泛娱乐化"引发的主流意识形态安全风险及其治理》，《思想教育研究》2021年第3期。

力在这一过程中得到了深化。第三,全球性。数字文化借助数字媒介传播工具,构筑了全球性的文化意识形态。数字资本主义将服务于资本逻辑扩张的政治制度与经济发展方式等包装成一种"文化意识形态",通过数字平台输出到世界的每个角落,目的在于以隐蔽的方式实现对全球社会的控制。现在以"数字资本权力"为核心建构的数字文化意识形态,能够以非军事征服和占领的手段控制其他人(国家)的经济发展、文化、价值观等,进而在数字拜物教的作用下,向全球扩张和渗透。与"数字资本权力"黏合在一起的经济权力、政治权力、社会权力的特殊性都被掩藏在数字文化意识形态的深层结构中。

总之,数字拜物教具有重要的意识形态功效,这种意识形态功效在实践方面具体表现为数字消费主义意识形态、网络意识形态、数字文化意识形态的建构三方面。数字拜物教所具有的意识形态效能体现出,现阶段的数字资本主义意识形态在传输路径、社会受众、建构方式与传统资本主义意识形态完全不同。就传输路径而言,数字资本主义意识形态的传输载体更多样,包括网络、平台等各种数字媒介,传播路径也更隐蔽,如将资本主义意识形态熔铸于消费、网络冲浪等休闲活动中,使主体在无意识层面接受资本主义意识形态。就社会受众而言,数字资本主义借助开放性、全球性的网络平台,将涵盖资本主义意识形态的文化产品、数据商品推送到普通大众的平台界面,资本主义意识形态正以极隐蔽的方式辐射更多的受众,使之作为数字拜物教徒参与资本主义的价值生产。就建构方式而言,数字资本主义意识形态以网络平台为物质载体,通过构造数字化消费社会与繁荣的数字景观,数字资本主义为主体存在设置了特定的社会情境,主体在此成为沉沦于资本主义意识形态幻象结构的对象物存在,幻象结构中拜物欲望以他者欲望作为"普遍的理想",规定了主体意识所追求的目标。数字拜物教意识形态的蔓延与渗透,严重冲击了人们对社会主义主流意识形态的认同感,直接影响着社会主义主流价值观念和共同价值理想的确立和巩固。

## 第二节 数字拜物教机制:数字—生命政治的支撑性条件

数字资本主义借助数字媒介技术架构了全新的意识形态,相较于以往时期,数字时代资本主义意识形态更具隐蔽性和复杂性。主体在数字资本主义意识形态的编纂和设计下接受且认同了数字资本主义的社会秩序,为数字资本生产增殖提供了海量数据原材料。当数字拜物教意识被人们无意识地认同与接受,意味着拜物教已经从虚假的意识上升为一种数字拜物教的现实存在,它是当代数字—生命政治有效运转的支撑性条件。这实际上表征着数字拜物教机制之社会效力的实现方式,即在资本主义治理术层面,数字拜物教的展开成功地诱使主体接受资本主义物化关系形式,并在数字拜物教意识形态的作用下,积极投身于数字—生命政治治理体系的建构过程。这里所说的数字—生命政治是"将智能控制与每一个人的数字化管理密切结合在一起的治理技术,它以数据收集和智能分析等算法治理为基础,能够对诸多个体进行精准治理,而不再需求个体按照统一的规范来行事"[①]。数字拜物教机制对主体生命与精神领域的意识引导与行为操纵,在根本上契合了这种新的治理技术,推动着数字—生命政治新治理技术对人类生

---

[①] 蓝江:《智能时代的数字—生命政治》,《江海学刊》2020 年第 1 期。

命结构的隐秘控制进程。

## 一 数字—生命政治治理术的形成

数字拜物教机制作为数字—生命政治的支撑性条件，其侧重点在于拜物教意识成为人们主体选择与实际行动的前提，"人的各种活动只有在接受拜物教的前提下才是可能的。这是因为拜物教积极地参与了社会存在的生成与改变，已经变成社会存在能够发动起来、运行起来的条件和基础"[①]。资本主义治理术向数字—生命政治的转变，直接促进了数字拜物教机制之社会效力的发挥，而数字拜物教机制对主体生命控制的现实展开又反过来为当代资本主义数字—生命政治的推广创造了条件。

当代资本主义数字—生命政治对生命主体的隐秘控制是通过算法计算、精准预测实现的，这是在数字信息技术、人工智能技术空前发展与广泛应用基础上形成的更适合数字资本主义社会形塑生命主体的治理策略。数字资本主义呈现在外的治理模式相较于福柯在20世纪70年代讨论的资本主义治理术形成的巨大变化，需要我们对资本主义治理术的历史演变展开分析。通过不同时间治理术的对比，我们才能清楚地看到智能数字技术给数字时代资本主义治理术带来了什么样的颠覆性影响，以及这种新治理术对人生命主体产生的不同后果，在此基础上进一步说明"数字"权力如何使主体进入资本主义意识形态运作机制，并悄无声息地完成了对生命主体的塑造过程。

（一）从规范肉体、调节人口到算法治理

基于福柯关于资本主义治理术历史演进的梳理可知，在古代社会

---

[①] 鲍金：《资本论哲学的新解读》，中国人民大学出版社2016年版，第188页。

"使人死或让人活"的君主权力衰落后，资本主义"使人活和让人死"的新权力形态得以形成，并且经历了由驯顺肉体为核心的规训权力向调节人口的生命权力治理术的转变。与君主权力相比，规训权力是通过层级监视、规范化裁决、检查三种形式驯化生命主体的机制，它旨在生产出适合17世纪以来资本主义社会发展的驯顺规范个体，使个体成为"机器的肉体"认同和服从资本主义权力机制，以此保障资本主义社会秩序的稳定。而后，福柯认为，在18世纪，西方资本主义权力机制由规训权力转向生命权力，其中，治理的对象变成人口，保障整体人口健康的安全机制成为资本主义治理的重点。在《安全、领土与人口》中，福柯指出，人口处于一系列可变要素（物质环境、法律、宗教等）的相互制约之下，它不是原始给定的条件。于是，人口作为一种自然现象意味着资本主义新的治理技术"不再是使臣民对统治者的意志的服从，而是控制一些看上去与人口不相干的事物，通过计算、分析和观察思考……对人口施加影响"①。这种新的调节人口的技术区别于之前的规训治理，它以人的生命为对象，在总体上建立保障机制，调控人口的生命状况。资本主义生命权力调节人口关注的是人口的整体利益，所以与生命权力技术相对应的是"安全机制"。"安全"取代"规训"显示出以经济自由、放任的原则调节生命的权力机制，并通过统计学的数学计算调节人口的资本主义治理术形成。在此，治理的主体必须是经济自由的主体，安全配置的运转保障的是政治经济学层面自由主体的生产，也只有在这一维度上，生命政治才能形成。

与福柯所处时代相比，今天数字—生命政治的治理模式依托数字智能技术对人的生命本身，尤其是精神意志领域，展开了更为彻底的

---

① [法]米歇尔·福柯：《安全、领土与人口》，钱翰、陈晓径译，上海人民出版社2018年版，第90页。

和精确的数字治理和控制，数字资本权力对生命本身的剥削过程更加隐秘与全面。数字—生命政治治理效能的实现关键在于精确治理每一个独立个体，其核心是"算法预测"，数字资本权力与数字信息技术的联袂，使数字—生命政治权力机制对生命的精准算法治理成为可能。生命臣服于数字算法，带来的不仅是社会整体对"数字"的崇拜，更是一种生命结构和思维方式的改变。在此过程中，人们更加确信数字的神奇力量，成为被数字—生命政治掌控的数字化对象物，从而形成数字拜物教意识并以此为行动根据，以致人们觉得数字—生命政治治理术与数字拜物教是生活中自然而然的存在一样，无须证明，人们会自觉地按照数字拜物教意识来行事，数字拜物教意识在此已经转化为一种与行动选择相关的思维方式。"数字构成了控制的数字语言，数字表示存取信息或是弃绝信息。人们不再面对整体—个体这一偶对，个体变成了'可分体'，整体变成了样品、数据、市场或银行"①，生命个体作为算法精准治理框架内的"数据样本"存在，"数据关系"成为当代社会关系的主要表现形式。在这一维度上，"数据不是自然的，它是一种资源，其采掘可能性本身必须是社会建构的，就像必须对物质性质进行重新配置以使其能够被资本利用一样"②。而要实现数据关系商品化的目的，就需要大数据算法的计算和预测功能的助力。

(二) 算法的计算与预测功能：数字—生命政治的技术支撑

智能算法本身是由人设计的加速计算的程序指令，在经验层面上表现为加速社会资源整合、利用全细节的覆盖增强用户平台使用黏性

---

① [法] 吉尔·德勒兹：《哲学与权力的谈判》，刘汉全译，译林出版社2012年版，第197页。
② Nick Couldry, Ulises A. Mejias, *The Costs of Connection: How Data is Colonizing Human Life and Appropriating it for Capitalism*, Stanford, California: Stanford University Press, 2019, p. 27.

的一种技术手段。在数字资本时代，却成为资本权力对主体隐秘塑造的统治技术，即数字—生命政治治理术的重要技术支撑，数字资本权力可以通过调整算法的参数来实现控制生命主体意识的目的。以大数据收集和分类为基础的数字技术的深入发展，使差异性的生命不再服从于统一的规范标准，而是在数据信息自由流动的社会氛围里主动生产。"应用程序、平台和智能技术在我们玩耍、工作和社交时捕捉并将我们的生活转化为数据。然后，人工智能算法通过搜索数据来提取信息（来自'喜欢'的个人属性，来自打字模式的情感，来自过去行为的预测等等），这些信息都可以用来出卖我们的生活，尽管是以商品化的形式。"[①] 生命主体把自身生命活动创造的一切数据痕迹托付给数字平台，数字—生命政治可以借助算法，精准计算与预测生命主体绝大部分的活动与行为，更为灵活和智能的算法治理是数字—生命政治与传统资本主义治理术的根本区别。

"算法治理"的实现主要依靠两大技术支持：一是大数据的计算能力，二是在数据计算基础上的精准预测能力。从大数据的计算能力来看，计算机网络对于数据存储与处理的需求越来越高，云计算技术应运而生。"云计算是一个面向组织和个人生产、存储、分析和发布数据、信息、应用以及服务的强有力系统……它可以即时自主获取信息和服务，这些信息与服务经由全球网络传送——包括但不仅限于互联网中的公共网络。"[②] "云"作为分布在网络上具有计算能力的程序，可以将特定的任务分解成小的计算任务分布给这些程序，然后通

---

[①] Nick Couldry, Ulises A. Mejias, *The Costs of Connection: How Data is Colonizing Human Life and Appropriating it for Capitalism*, Stanford, California: Stanford University Press, 2019, p. 68.

[②] ［加］文森特·莫斯可：《云端：动荡世界中的大数据》，杨睿、陈如歌译，中国人民大学出版社2017年版，第8页。

过调度和通信汇报给总程序，云计算技术正是通过上述过程实现了对海量数据的收集、存储与计算分析，这是"预测"的基本前提。在智能算法助力的数字资本时代，普通的生命个体作为平台用户参与其中，数字资本家在移动大数据环境里，将营销建立在"以用户为中心"的基础之上，用户思维、注意力成为数字—生命政治必须抓取的要素。

从算法的预测功能来看，在大数据时代算法基本运作框架内，用户在网络上形成的所有视频、音频、文字、图像都可以转变成数据存储于数据系统，作为数据资源被应用于算法预测活动。马克·波斯特曾指出现代社会权力是通过话语中的系统梳理，通过对日常生活的不断监视，通过对个性的规范进行（无穷）调适和再调适而实施的。[①]这种权力技术不仅包含日常生活数字媒介对象征符号幻象内容的操纵，同时也包括在技术层面数字资本权力借助于算法预测功能对用户意识的调适控制。智能算法能够通过对用户自由浏览的痕迹、评论点赞等其他行为方式形成的数据信息的计算，描摹个人的特征、喜好，自动刻画出每一个用户的"数据画像"，以便向目标用户精准推送其感兴趣的内容，而资本的流动正是以此为基点实现了对生命主体数字化生活细节的全面捕获，数据信息的商品化、市场化进程由此推进。

数字—生命政治对生命主体意识的捕获是在"算法预测"的基础上不断推进的，这只是问题的一方面，另一方面数字拜物教思维方式的形成会进一步保障以"算法预测"为核心的数字—生命政治的有序运转。在数字资本时代，拜物主体已经进入数字—生命政治构筑的算法秩序。"算法"不仅仅是一种人工智能技术，而且还是在社会经济环

---

① ［美］马克·波斯特：《信息方式：后结构主义与社会语境》，范静哗译，商务印书馆 2014 年版，第 129—130 页。

境内融合用户体验与智能数字技术于一体的社会关系产物。算法治理的灵活应用,"在一个看不见的数字平台上将一切可以连接的因素都纳入到一个庞大的数据网络之中,并在这个网络控制里面的每一个因素,表层世界那些看似独立的因素,背后实际上都与一些数据和算法相联系"①。生命存在的感性确定性与丰富性在数据算法模式操控的数字世界里被替换为冰冷单面的数据信息,马克思笔下资本主义社会"以物的依赖性为基础的人的独立性"现在被改写为"以算法计算和预测依赖性为基础人的生命存在的抽象性"的数字资本主义时代特征。也就是说,独立自由的生命个体在数字平台的自主选择不是以实现自身真实需要为目的,而是沉浸于数字—生命政治治理术背后资本权力定义的算法秩序无法自拔。正如鲍德里亚所言:"在我们这个宽容和透明的时代,禁令、控制、不平等逐一消失,其目的却是为了进一步渗入人们的精神领域。"②当代数字资本权力对生命主体的规训与控制真正实现了资本经济利益与生命主体物化的最大化,拜物主体不仅无法体会生命的真实生产意义,更进一步丧失了生命存在的精神价值意义。数字—生命政治新型治理术是数字权力落实到现代社会的产物,其主体形塑的生命政治后果就是生命本身形成了数字拜物教意识,并按照拜物教意识参与资本生产。数字拜物教意识的形成又是在此治理模式下,适应数字资本增殖的主体物化生存状态的体现,同时也是数字拜物教机制作用于人生命结构并且发挥社会效力的直接结果。

## 二 量化自我:巩固数字—生命政治统治的拜物教行为

算法治理作为资本主义治理术发展到现在的最新样态,预示着当

---

① 蓝江:《智能时代的数字—生命政治》,《江海学刊》2020年第1期。
② [法]让·鲍德里亚:《为何一切尚未消失?》,张晓明、[法]薛法蓝译,南京大学出版社2017年版,第70页。

代资本主义日渐形成了数字—生命政治新的统治方式，它对生命主体而言是一种无法逃避的资本权力治理方式。这种治理方式内在地需要数字拜物教机制的助力，原因在于社会层面的数字拜物教意识，使人们普遍形成了数字—生命政治的算法治理模式更有效率和更具科学性的基本观点。在现实生活中，人们通过量化自我的拜物教行为方式，共同参与构造了"数字全景敞视监狱"，在很大程度上提高了数字—生命政治的治理效能。在数字拜物教机制对主体精神意志的引导和塑造基础上，数字拜物教意识已经转化为社会存在层面"量化自我"[①]（Quantified Self）的拜物教行为方式，即生命主体自身借助数字智能技术对自我身体、生命的主动量化，主体在精神意识层面认同算法治理的规则，并且自愿进入数字—生命政治体系成为被治理的对象，这是数字全景敞视监狱形成的前提，也是巩固数字—生命政治统治的关键。

（一）生命的数据量化与虚拟数字生命的形成

当智能算法与数字资本权力勾连，在社会范围内架构起庞大的数字坐标，数字技术崇拜、数据崇拜自然成为一种社会存在的普遍趋势。这使人们主动进入数字拜物教的机制，通过量化自我的数字实践重新定义自己的生命内容。在这里，每个人都是数字拜物教最虔诚的"教徒"。

历史地看，量化自我最初指的是与可穿戴设备联系在一起对身体实施自我跟踪的行为。后来随着智能数字设备的普及，量化自我成为一种社会普遍存在的数字化实践，即个人通过上传、分享数字设备记录的各种生活记录、生活经验，形成个性化的关于自身的行为、习惯

---

[①] "量化自我"是由加里·沃尔夫和凯文·凯利在2007年提出的概念，旨在利用数字技术认识自我，这里的自我主要是指生物层面的健康身体。

等多方面的数据轮廓,以期更好地优化生命存在状态的行为方式,在此,社会生活被纳入数字—生命政治框架。人们普遍相信身体、行动、社会关系等的数字量化,可以更准确科学地反映人类社会生活的全部内容。现在可穿戴设备主要包括可以记录健康各项指标的智能电子设备,AR/VR/MR 头戴式一体机、蓝牙耳机、Apple watch 智能手表等,还包括各种 App,它们包括了一类计算工件,这些工件利用传感器驱动的自我量化来隐式或显式地指导用户行为。一方面,这些可穿戴设备增加了人们对自我身体的了解,但也使智能技术嵌入生命主体实践行为成为可能。主体主动使用各种可穿戴设备记录自己生活的各项数据。拿跑步来说,这项什么设备也不需要的运动如今变得必须用各种 App 记录速度、时间、心率、爬升度等。在跑步时主体实际上把自己形成的数据免费贡献给数字平台供其使用。不仅如此,除与身体健康相关的 App 外,可穿戴设备进一步拓展到生理之外的空间、地点的量化中,一切皆可量化,一切皆可数据化。另外,个体通过可穿戴数字设备实现了与他人的沟通、联系,其中人们以数字 App 为中介平台,交换数据、符号、图像、音频等,真实的生物性生命在数字设备内部呈现为虚拟数字生命,并且虚拟数字生命间的交流已成为一种社会趋势。这即是说量化自我的行为将生命的边界拓展到虚拟数字领域,我们通过现实社会关系交流获得的心理满足与精神愉悦越来越借助于数字设备的"数据"传递,无法被数字量化的生命将会被排除在数字架构的生活实践外。"在虚拟的真实背后,在其各种形式(远程通信、信息技术、数码技术,等等)之下,真实已然消失——令所有人为之着迷的正在于此。"① 智能数字化设备的风靡意味着生命主动采取了一

---

① [法]让·鲍德里亚:《为何一切尚未消失?》,张晓明、[法]薛法蓝译,南京大学出版社 2017 年版,第 72 页。

种更智能、有效的技术手段记录、管理、监督生命状况与生活体验，在数字量化的治理模式下，自我精神心理的满足感和能力得到了直接的数据体现，主体被分解为数据信息，新的虚拟数字生命主体正在形成。

量化自我的行为方式始终坚持的"数字主义思想体现了一种广泛的信念，即通过在线媒体技术对各种人类行为和社会现象进行客观量化和潜在追踪"①，每一个真实存在的生物性生命被表征为虚拟数字生命，这是由一系列自我生成的"数据"所组成的虚拟生命存在。人们在各大 App 上的搜索记录、生活分享、交易清单等自己完成的行为以"数据"的形式存储在囊括海量数据的平台数据库里。

只要拥有足够多的数据记录，就可以拼接出一个人的"数据轮廓"，并通过算法智能地预测出这个人的教育经历、消费理念、兴趣爱好、生活习惯等。主体自愿的数字"量化"使生命本身直接暴露在数字—生命政治权力之下，任何数字量化行为都可以被实时追踪，进而形成巨大的信息量，几乎把每一个生命个体都建构为"数字对象"；表面上看这是一种自我追踪式的数据建构，实际上储存在数据库内的海量数据却是被资本家免费利用的资源，在此"数据库变成资本家攥紧生产方式的新工具"②。按照马克·波斯特的说法，"数据库首先是话语，因为它们导致了一种主体构建。它们是一种书写形式，一种铭写符号痕迹的形式……数据库是纯书写的话语，直接增强其所有人/使用人的权力"③。越来越多的数据被收集保存至数据库，使得隐匿在数据

---

① Van Dijck José, "Datafication, Dataism and Dataveillance: Big Data between Scientific Paradigm and Ideology", *Surveillance & Society*, Vol. 12, No. 2, 2014, pp. 197–208.

② [美] 马克·波斯特：《第二媒介时代》，范静哗译，南京大学出版社 2005 年版，第 79 页。

③ [美] 马克·波斯特：《第二媒介时代》，范静哗译，南京大学出版社 2005 年版，第 85 页。

库背后的资本权力实现了对整个社会与生命主体的"毛细血管式"规训延伸。当生命成为一种可被记录在数据信息库里的数据,这些数据被监视、管理、分割、约束,现代社会也就实现了数字技术治理与生命政治生产的合流,自我量化演变成了一种被数字技术与数字资本主义共同推动的社会趋势,"我晒故我在"的生命量化行为正在源源不断地为数字资本的生产积蓄新力量。

(二) 数字全景敞视监狱的构造

"量化自我"的拜物教行为方式直接推动了数字全景敞视监狱的形成。数字全景敞视监狱是数字—生命政治治理效能实现的重要场域。福柯在《规训与惩罚》中讨论惩戒肉体技术时认识到,在工场手工业向机器化大工厂生产的转变中,权力技术也发生了由资本家个人对工人肉体的强制规训向隐匿在生产过程背后的专门监视职能的转变,资本家力图寻求一种看不见的治理手段完成对工人具体生产过程的监督,"通过这种监督,规训权力变成一种'内在'体系,与它在其中发挥作用的那种机制的经济目标有了内在联系。它也被安排成一种复杂的、自动的和匿名的权力"[①]。由此,福柯发现边沁提出的"全景敞视监狱"的特殊建筑结构可以充分实现权力隐秘监督与规训的目的。全景敞视监狱将所有犯人充分暴露在光线之中,使他们潜意识地认为监视的目光也就是权力的眼睛的注视是持续不间断的。进而生命主体在长期受此装置的监视下,在细节上成为符合资本家要求的规范行动者。全景敞视监狱"是一种重要的机制,因为它使权力自动化和非个性化,权力不再体现在某个人身上,而是体现在对于肉体、表面、光线、目光的某种统一分配上,体现在一种安排上。这种安排的内在机制能够

---

[①] [法]米歇尔·福柯:《规训与惩罚:监狱的诞生》,刘北成、杨远婴译,生活·读书·新知三联书店2019年版,第191页。

产生制约每个人的关系"①。工厂作为机器大生产的全景敞视监狱实施规范肉体行为的场所，这种规训是有空间限度的，一旦工人脱离工厂，这种全景敞视监狱的监视就不再发挥作用。但随着智能数字技术的发展，资本主义应用于"社会工厂"的一种更为严密隐蔽的数字全景敞视监狱正在形成，它是数字—生命政治治理体系的重要组成部分，同时又是量化自我数字化实践的产物。生命主体在早期资本主义全景监狱监督下时刻都可以感受到资本权力的压制与束缚，而随着信息技术的发展形成的现代数字监控却是在时间流逝的自然状态里不经意间完成了对生命主体全面监督和治理的任务。在数字—生命政治治理模式内，"权力越来越呈现出一种自由的姿态。它以顺从、友好的形式摒弃了自己的否定性，将自己装扮成自由"②。现在智能化、数字化、自动化的数字监控，作为一种全新的权力治理技巧外在表现为一种"自由"状态的社会生产氛围，数字监督转变成自由个体争先恐后参与的数据生产过程；由此，大家通过量化自我的拜物教行为；共同参与制造的数字全景敞视监狱最终形成。

"数据库的话语，即超级全景监狱，是在后现代、后工业化的信息方式下对大众进行控制的手段……全民都参与了这一自我构建过程，把自己构建成超级全景监狱规范化监视的主体。"③ 生命主体通过自我展示与自我揭露共同参与了数字全景监狱的建造与运营。我们所处的数字资本主义社会监控性质已发生巨大变化。区别于之前生命在全景敞视监视中的"被治理"，数字全景敞视监狱的形成聚集着众多鲜活生

---

① ［法］米歇尔·福柯：《规训与惩罚：监狱的诞生》，刘北成、杨远婴译，生活·读书·新知三联书店2019年版，第217页。
② ［德］韩炳哲：《精神政治学》，关玉红译，中信出版社2019年版，第20页。
③ ［美］马克·波斯特：《信息方式：后结构主义与社会语境》，范静晔译，商务印书馆2014年版，第138页。

命的全力参与，即生命主体在数字时代的"量化自我"形成了一种人们互相追崇的新潮趋势。也正是在"量化自我"的过程中，每一个独立的生命个体都在为日渐形成的数字全景敞视监狱"添砖加瓦"。量化自我的拜物教行为不仅意味着一种数字平台对主体的"监视"，更代表了数字资本主义社会全景敞视监狱的社会实践：数字全景敞视监狱对生命、时间、空间的控制形成了一种生命—技术—数据的三维关系。正如前文所言，身处数字资本时代，独立的生命个体需要通过数字化编码语言识别身份，这标志着生命通过使用一些可穿戴智能设备形成了身体的数据展示，而数据经商品化处理后被进一步转化为数字资本，在数字全景敞视监狱里，每一个生命个体都是被潜在地视为一种可被利用的"资本"存在的。生命主体在量化自我的过程中，获取的不仅是自己生命的数据，更重要的是一种社会标榜的自我满足和沉浸感，所有人无一例外地变成了最忠诚的数字拜物教徒，"目前最耐人寻味的新兴宗教正是'数据主义'，它崇拜的既不是神也不是人，而是数据"①。在这里，"数据量化"已经成为一种所有人共同的信念，人们相信数据的准确性，普遍认为数据比感知能力与理性思维更能反映生命的状态，"居民们通过自我展示和自我揭露，参与到它的建造和运营之中。他们在全景市场上展示自己"②。"量化自我"反映出生命主体自身借助于数字智能技术对自我身体、生命的主动数字量化，身体、生命等成为一种数据存在，它背后形成的是数字资本主义社会自我认同的建立方式。这也就预示着，在数字资本时代，生命个体是主动参与数字全景敞视监狱的制造者，数据量化成为契合主体的价值观存在。

---

① ［以色列］尤瓦尔·赫拉利：《未来简史：从智人到智神》，林俊宏译，中信出版社2017年版，第331页。

② ［德］韩炳哲：《透明社会》，吴琼译，中信出版社2019年版，第79页。

## 第二章　数字拜物教机制对数字资本逻辑统治的强化

人们的鲜活生命不仅在数字崇拜中被数字资本权力隐秘剥削,更在全方位数字监视下成为形上意义缺失的虚拟数字生命,处于数字全面监控的生命主体陷入更深刻的数字拜物教境地,并不加反思地接受和认同了数字—生命政治的治理。

可见,数字全景监狱的运营并非仅是资本主义单向度权力应用的结果,更具悖论性的问题在于,自由主体无一例外地参与了数字全景监狱的现实建构过程,即借助平台"把自己构建成超级全景监狱规范化监视的主体"[①],主体由此成为记录在平台数据库里的数据生命体。主体的数据量化是对生命本身的数字记录与数据呈现,它是契合数字资本主义规训和管控主体的行为方式,而数字全景监狱的监视又在主体自我量化的过程中再次重塑了主体数字化存在的自由意识,"自由"演变为一种利用智能数字技术在平台上"自我暴露式"的释放主体信息的虚假自由。借助平台的自我暴露和自我展示,主体生命活动形成的海量数据信息被平台吸纳和利用,并且此过程毫无胁迫感和约束感。这预示着在数字资本主导的人类社会生活中,资本主义力图把治理权力下放给用户自身,让身处平台结构内部的主体通过"生命"的数据量化完成自我规训,以期形成符合数字资本主义生产关系,且被资本主义社会期待和认同的理想主体形象。具体到社会生活,主体生命的数据量化往往与囊括众多数字平台的智能设备相关,智能设备本是由主体自主选择且更适合数字化生存的使用工具,但在数字全景监狱的运作框架内,主体与智能设备结合成为赛博格化的"科技智人",任何主体行为都可以转化为数据,直至生命本身完全地暴露在数字全景监狱的监视下。一言以蔽之,数字全景监狱的社会

---

① [美]马克·波斯特:《信息方式:后结构主义与社会语境》,范静晔译,商务印书馆2014年版,第138页。

规训与数字资本主义的主体自我认同方式内在契合。一方面，数字全景监狱的监视是数字资本主义实现对主体社会生活全面管控的规训手段，它背后的平台资本权力"不允许我们沉默，相反却不断要求我们去倾诉、分享和参与，去交流我们的想法、需求、愿望和爱好，讲述我们的生活"①；另一方面，主体自愿将自身交付给数字全景监狱，通过各种人工智能设备、数字平台重新认识自我、定义自由，数字资本主义利用智能化平台设施实现了对自由生命体的技术附魅。社会生活中每一个独立的且具有生命丰富性的个体作为"自我追踪式"的赛博格主体，正积极参与数字全景监狱的建造和运营，数字资本主义实现了数字全景监狱的社会规训与主体生命进行自由数字劳动生产活动的合流。

通过上述讨论可以得出结论，量化自我体现的是主体对生命本身的数字记录、数据呈现，它是契合数字—生命政治管控的拜物教行为方式，而数字—生命政治在主体自我量化过程中，又再次重塑了主体的认知方式和价值观念，数字拜物教意识因此深化。通过各种数字智能设备认识自我并与他人建立社会联系，这是人类利用数字技术对生命的附魅。自我量化变成了一种被数字技术推动的社会趋势，而个人"我晒故我在"的数据记录作为一种生活习惯又不断地为数字资本的生产积蓄力量。"如果目前不把可穿戴设备作为机构的一种政治技术加以审查，它们就会成为有知识特权的当权者剥削的特殊机会"②，在这个意义上，每个人无法避免地成为数字拜物教徒，虔诚地崇拜数据，相信技术可以改变生活的一切。这使智能数字技术的资本主义应用实现

---

① ［德］韩炳哲：《精神政治学》，关玉红译，中信出版社2019年版，第21页。
② D. A. Baker, "Four Ironies of Self–Quantification: Wearable Technologies and the Quantified Self", *Science and Engineering Ethics*, Vol. 26, No. 5, 2020.

了对生命本身的"倒逼"。主体总是在各种数据记录中去界定"什么是正常生命"应具有的内容,而放弃了"对我而言的正常生命"所具备真实内涵的寻求,进而通过使用智能数字设备的自我测量和数据收集功能,试图实现与数据量化相同的计算目标,在这种鼓励量化与自我参与、分享式的数字拜物教行为方式影响下,成为数字全景敞视监狱的治理对象,并无以复加地推动着数字拜物教行为向全部生命个体的扩展,数字—生命政治的治理效能也在主体量化自我的过程中得以提升。

### 三 拜物教机制内的"透明人":数字—生命政治治理对象的最终形成

在算法治理与量化自我行为方式的共同推动和影响下,人们更加确信"数字"是"地上的神明",每个人都成为资本主义社会数字拜物教的忠实教徒。人的生命不仅被"数字"控制,而且直接成为透明人,这是处于数字全景敞视监狱中生命本身的存在样态,数字—生命政治的治理对象最终形成。

当代法国哲学家德勒兹面对 20 世纪末的数字时代遽变,忧心地指出,"控制社会"正在数字主义与资本主义联合推动下形成,"我们正在进入控制社会,这样的社会已不再通过禁锢运作,而是通过持续的控制和即时的信息传播来运作"①。在德勒兹看来,数字时代依靠信息技术和电脑实现了对社会整体的网络控制,这是现代监控技术延伸的结果。如今,在"控制社会"基础上进一步推进的当代数字资本主义社会,已经变成了"透明社会",这是德勒兹笔下数字控制

---

① [法]吉尔·德勒兹:《哲学与权力的谈判》,刘汉全译,译林出版社 2012 年版,第 191 页。

社会的升级版本。"透明社会"意味着生命本身的"透明化",只有在数字技术高度发展的今天,真正意义上的"透明"才成为可能。如果把"凡可以轻易地被光线穿过的"或"凡可以穿透其密度清楚地辨识物件的"定义为"透明",那么我们现今的透明社会"即使无光也通透可见……'透明'的媒介不是光,而是没有光的射线,它不是照亮一切,而是穿透一切,使一切变得通透可见……它的作用是匀质化、平整化"①。"透明"是对距离的否定,这种距离既包括社会关系中的人与他人的距离,同时包含对资本循环的加速度要求。"一方面,使我们可以看透的不再是日光或灯光,而是电子或光子这些基本粒子的快速运动,直到与光线同步。另一方面,透明的东西也不只是观看的瞬间所看到的事物表象,同时也是远距离立即现场传送过来的表象。"② 即时高速的交际传播与信息流通是"透明"社会的应有之义,在"透明社会"里,每个人的行为都是可高速计算、调节、控制的过程。

"透明人"是指在数字全景敞视监狱的高效监视和智能数字设备数据采集装置作用下,生命存在本身的透明化,"通过大数据的对比和信息还原,每一个个体在一系列时间段的所有行为都可以在事后被展现和还原出来,由此每个人的生活状态都将在很大程度上成为透明的"③,我们自己的生命成为一系列碎片化的数据存在。"透明人"最恰切地反映了数字时代资本主义社会"赤裸生命"的形成,每一个"透明人"都是数字资本时代的"赤裸生命"。按照阿甘本对人的自然性生命与政治性生

---

① [德] 韩炳哲:《透明社会》,吴琼译,中信出版社2019年版,第67页。
② [法] 保罗·维利里奥:《消失的美学》,杨凯麟译,河南大学出版社2018年版,第8页。
③ 张宪丽、高奇琦:《透明人与空心人:人工智能的发展对人性的改变》,《学术界》2017年第9期。

命的区分,"'zoē'(近汉语'生命'义)表达了一切活着的存在(诸种动物、人或神)所共通的一个简单事实——'活着';'bios'(近汉语'生活'义)则指一个个体或一个群体的适当的生存形式或方式"①。"zoē"是指人同质于动物的一种物性生命实在,"bios"是指构成人类存在的丰富异质性存在方式。在阿甘本看来,赤裸生命并不能与 zoē 直接画等号,它是被权力剥夺了社会联系和政治地位的纯粹生物性存在。生活在数字资本时代的人是比一般受剥削的劳动者更边缘化的赤裸生命,"他们几乎没有我们通常归于人的存在的所有的权利和期望,但在生物学的意义上仍旧活着,所以他们处在生命和死亡、内部和外部之间的一个界限性地带中——在这个地带中,他们不再是任何东西,而只是赤裸生命"②。处于数字全景敞视监狱中的"透明人"正是至高生命权力对生命本身算计和操纵形成的现代意义"赤裸生命"。

首先,数字资本主义社会中的"透明人"正在经历有史以来最为严重的自由危机,"自由即服从"真实地反映了数字—生命政治操控下的生命状态。在全面的数字监控下,生命的"自由选择"将在透明社会状态里被终结。如今每个人在电子设备、数字网络自由徜徉过程中获取的即时性快感是否属于"自由的选择",这种"自由"是否作为主体理性独立选择的生存方式?答案显然是否定的。在数字拜物教机制中,数字智能技术与资本主义生命政治的合流使主体时刻处于别有预谋的"自由危机"无法自拔。区别于传统资本主义资本权力对劳动生命的压抑与折磨,现今主体通过互联网络冲浪无限制地获得了感性

---

① [意]吉奥乔·阿甘本:《神圣人:至高权力与赤裸生命》,吴冠军译,中央编译出版社 2016 年版,第 3 页。
② [意]吉奥乔·阿甘本:《神圣人:至高权力与赤裸生命》,吴冠军译,中央编译出版社 2016 年版,第 213 页。

欲望瞬间的"情绪开心",但这种"自由之感"恰恰说明了生命选择"不自由",数字—生命政治通过各种程序设计引诱驱使主体形成的数字形象与海量数据信息都是数字资本生产过程所必需的原材料。"新的世界观,亦即世界化背景下的世界观,是要令一切事物都服从于同一程序,令所有图像都顺从于同一'基因序列'。"① 主体在"透明社会"的全方位数字监视程序里,转变为可以被数据整理测量的事物性存在,大数据平台利用人们在智能手机等电子设备停留时间向人输出资本主义意识形态,并把收集到的数据信息整体地进行分析,全面地摄入生命自由意志选择层面,"自由的个体因此降级,成为资本的生殖(升值)工具"②。"透明人"的自由选择无不是受数字—生命政治操控的服从行为。

其次,"透明人"的形成意味着生命主体本身具有的社会关系意义被掏空。在马克思看来,"社会关系"作为理解历史的本体论概念,对人的社会生活及历史发展具有基础性作用。马克思强调,现实的个人"不是抽象的蛰居于世界之外的存在物。人就是人的世界,就是国家,社会"③,人不是远离世界的抽象产物,而是处于"国家、社会"具体关系中的现实存在;人们在现实生活中结成的"社会关系",直接影响人的生存体验以及生命境遇,进而影响人的自由解放和社会历史发展程度。但对于数字资本时代的抽象社会关系形式而言,"数字抽象空间使用元数据来衡量社会关系的价值,它将社会关系映射为一组价值化的社会关系;数字代码超越语言的地位,成为一种将意义和信息付诸行动的机器。因此,数字抽象空间创造了一个权力关系的领域,在这

---

① [法]让·鲍德里亚:《为何一切尚未消失?》,张晓明、[法]薛法蓝译,南京大学出版社2017年版,第84页。
② [德]韩炳哲:《精神政治学》,关玉红译,中信出版社2019年版,第5页。
③ 《马克思恩格斯文集》第1卷,人民出版社2009年版,第3页。

个领域中，数字管理方法可以作为对劳动过程的大部分阶段以及对工人的算法控制和度量"①。资本主义生命权力通过数字算法等手段对主体的控制使"透明人"变成一串串数字、数据记录，身份认同、文化认同、社会认同等具有社会关系内涵的具体内容被数字机器过滤掉，处于社会关系中的人的自我认同以及对他人的认同不再是通过"他者"的认同获得，而是在数字全景敞视监狱的各种监视系统中被数据所替代，"这是我完全无能为力、完全无法借此或凭此以任何方式界定自己或与其保持距离的一种事物：赤裸生命，一组纯粹的生物学数据"②。在"透明人"存在的维度上，人的社会关系性意义变成了生物数据层面的"赤裸生命"，这是对人本身具有丰富社会内涵"类生命"的褫夺。在各种智能数字设备、信息采集系统等技术手段作用下，"透明人"沉迷于互联网络上各种虚拟身份的建构，却没有一个身份或者生活是出于其生命本性需要的，"他们越是丧失了各种身份和各种真实的拥有，就越是满足于被大机器无限而细微的各种变体所识别"③。这种在数字识别系统内的自我认同快感实际上是由数字算法预测并设计的，主体极度崇拜依赖这些"智能圣物"，并无意识服从了数字—生命政治运作机制对生命本身"透明化"的纯机械、可操作处理策略，逐步地落入生物性的"赤裸生命"处境，"bios"的抽离、排除标志着当代"透明人"生命形式的生成，结果就是生命本身真实社会性关系及内涵的日渐消失。

最后，智能电子设备等高新技术的资本主义应用使"透明人"

---

① Marco Briziarelli, Emiliana Armano, "The Social Production of Radical Space: Machinic Labour Struggles against Digital Spatial Abstractions", *Capital & Class*, Vol. 44, No. 2, 2020, pp. 173–189.
② [意]吉奥乔·阿甘本：《裸体》，黄晓武译，北京大学出版社2017年版，第94—95页。
③ [意]吉奥乔·阿甘本：《裸体》，黄晓武译，北京大学出版社2017年版，第99页。

陷入一种系统性愚昧状态，现代赤裸生命的代表"透明人"正在数字—生命政治治理机制的控制结构内部转变为无用的"数字乌合之众"。资本主义的数字—生命政治需要的正是可以被数据量化且处于系统性愚昧状态的"数字乌合之众"，且数量越多越好。"系统性愚昧"是斯蒂格勒强调的在网络数据分析基础上的生命主体选择的无知性，"数字化自动装置已经成功绕过心灵的协商功能，系统性愚昧已经在消费者和投机商之间由驱力功能性地建构起来，使两者相互对立"①。在数字—生命政治治理模式里，资本家通过智能算法预测实现了对用户消费喜好、行为等多方面的把握，用户作为"透明人"存在于数字网络世界。当用户在数字平台消费时，他所面对的产品界面实际上是根据他的喜好、价值观进行定点投送的结果，主体的认知能力、判断能力受到数字平台渲染的消费主义影响，很容易陷入消费主义陷阱，这是当代"透明人"系统性愚昧的真实写照。根据斯蒂格勒的说法，造成系统性愚昧的原因在于一系列的"科技休克"。"科技休克"是指高新科学技术发展导致的人的社会生活的断裂。而受各种搜索程序、交往程序、阅读程序的技术蔓延影响，人的认知、阅读、交往等社会性能力被裁剪为符合资本主义秩序的"消费能力"，同时也正是在此过程中，"透明人"的系统性愚昧进一步演变为"数字乌合之众"。数字乌合之众代表了在数字网络的重构中塑造出来的伪个性存在，"在自动社会中，那些被称为'社会'网络的数字网络引导着这样的表达，这些表达都屈从于强制规定，心理个人也屈从于这些强制规定，因为他们受到所谓的网络影响而不得不这样做。再加上社会交际网络，这种影响就变成一种自动的

---

① ［法］贝尔纳·斯蒂格勒：《南京课程：在人类纪时代阅读马克思和恩格斯——从〈德意志意识形态〉到〈自然辩证法〉》，张福公译，南京大学出版社2019年版，第43页。

## 第二章 数字拜物教机制对数字资本逻辑统治的强化

牧群效应,即一种高度模拟情境,而这种情境建构起一种弗洛伊德意义上的乌合群众的新形式"①。"透明人"在数字景观与数字消费主义诱导下,丧失了生命个性存在的真实内容,资本主义"对'透明'的强制追求将人类本身降格为系统中的一个功能组件。'透明'的暴力就在于此"②。究其根本,这些都是资本家利用数字技术对人主体意识远程控制的结果,作为数字乌合之众中的一员,每一个主体不仅被看作赤裸生命,更陷入数字资本主义意识形态幻象营造的美好幻觉,承受着当代资本主义数字—生命政治治理术带来的权力支配与精神异化。

由此可见,在数字—生命政治治理模式内,资本主义对生命的控制更为隐蔽和彻底。资本主义会根据数字资本无限增殖的内在需求,不断采取最新的数字技术手段调节、管理生命,目的就在于生产出更适合资本主义社会秩序稳序运转的驯顺主体。数字时代资本主义生命政治的全新治理方式,是当代资本主义巩固资本逻辑统治与强化意识形态的必要支撑。数字—生命政治形成了以"算法治理"自由包容的文明姿态管理生命的新模式,最大限度地容纳了所有生命的生产与选择;而生命主体的主动量化、数字全景敞视监狱的建构与数字资本主义的算法治理相互补充,互相影响,每个人如同小白鼠般始终奔赴在满足数据量化理想生命图景途中,殊不知,自己早已成为在数字全景敞视监狱里被数字资本意义编码的抽象物。在资本主义算法治理方式与生命主动量化基础上,"透明人"最终形成,"透明人"不仅表征了数字资本时代生命的存在状态,更作为数字—生命政治的治理对象存

---

① [法]贝尔纳·斯蒂格勒:《南京课程:在人类纪时代阅读马克思和恩格斯——从〈德意志意识形态〉到〈自然辩证法〉》,张福公译,南京大学出版社2019年版,第116页。
② [德]韩炳哲:《透明社会》,吴琼译,中信出版社2019年版,第4页。

在，这一生命形式的形成标志着数字时代资本主义权力机制对生命主体管控的完成。主体作为数字系统内部的"透明人"存在，并通过量化自我的拜物教行为生产出海量数据"原材料"，资本增殖由此获得了无限动力。当生命成为"透明人"，意味着主体已经合适地嵌入数字资本主义社会秩序，成为服务于数字资本生产过程的功能组件。而深层的数字资本权力对生命本身的治理管控，却被数字拜物教机制营造的美好幻觉遮蔽了。

## 第三节 数字拜物教机制：强化数字帝国主义意识形态的重要力量

数字拜物教机制对主体精神意志的引导和行为方式的塑造，有效提升了数字—生命政治的治理效能。这是在数字资本主义意识形态运演基础上，对数字拜物教作为数字—生命政治支撑性条件的讨论。除此之外，数字拜物教机制还为数字帝国主义霸权性的意识形态提供了合法性依据，它所具有的意识形态性质极大地强化了数字帝国主义意识形态的统治力量。数字帝国主义的崛起与数字殖民密不可分，数字殖民作为数字帝国主义的新型掠夺方式，不仅为发达资本主义国家积累了大量财富，实现了资本逻辑的全球扩张和渗透，同时还以平台为传输中介，将资本主义意识形态输送至世界各地。正是借助于数字拜物教，数字资本主义生产过程中剥削性的"数据殖民"活动才被美化为符合全球政治经济秩序发展的资本主义合法性积累策略。"只要在涉及到社会控制（'权力'，'剥削'）的某种关系时以一种固有的、非透明的方式起作用，我们就正好处于意识形态的天地之中：使得控制关系合法化的逻辑真正要行之有效，就必须保持在隐藏状态。"① 在数字拜物教虚幻性、遮蔽性、颠倒性的意识形态性质基础上，数字拜物教内在机制的运转进一步掩盖了数字帝国主义输出意识形态的霸权逻辑及资本主义社会关系剥削与统治的真实内核。

## 一 数字帝国主义的崛起与数字殖民的"合法性"依据

当代资本主义以数字资本逻辑的全球扩张完成了对现实社会的"数字"重构，"数字"力量的全球弥散，使承载资本主义意识形态的数字帝国主义成为现实。数字技术与数字资本逻辑的联合在推动资本主义生产方式的数字化转型与创造巨大经济利润的同时，也更新了新帝国主义的殖民方式，形成了一种以数据提取、分析技术为支撑的新的殖民方式，即数字殖民。这种更为隐蔽有效的帝国主义殖民方式的形成，离不开数字拜物教内含的资本主义意识形态对其合法性的证明。数字拜物教可以被理解为一种数字帝国主义意识形态的普遍化形式，它本身具有维护数据殖民、数字帝国主义统治的意识形态性质。在此基础上，数字帝国主义通过数字殖民活动实现了资本逻辑全面扩张和深度渗透，数字帝国主义的统治得到有效巩固和强化。

（一）数字帝国主义的新型掠夺方式：数字殖民

学界普遍认为，20 世纪中后期，帝国主义经文化帝国主义、信息帝国主义演化后，已经进入利用数字殖民策略满足资本逻辑扩张目的的数字帝国主义新阶段。韩国学者金达永在《全球化时代平台帝国主义的建构》一文中提出数字帝国主义这一概念，指的是数字平台作为新帝国主义的载体，在一般的资本主义生产过程中，遵循西方和东方

---

① ［斯洛文尼亚］斯拉沃热·齐泽克等：《图绘意识形态》，方杰译，南京大学出版社 2006 年版，第 7 页。

之间以及工人和所有者之间的不对称权力关系、商品化和利用用户权力的帝国主义扩张模式。① 在数字技术快速发展的当代世界，资本主义与殖民主义紧密联结在一起，通过数字殖民的方式逐步完成了全球政治经济秩序的数字化重构。数字帝国主义正是数字资本主义通过资本权力逻辑的布展，实现全球资本积累剥削的产物。现在，数字帝国主义成功地占有了人类生命活动形成的数据关系，并将其纳入资本增殖逻辑。"今天庞大的数字基础设施，就像所有形式的权力一样，建立在现有的不平等基础上。它们通过各种手段创造了新的不平等形式：数据资本的不平等。"② 追求无限度资本增殖是数字帝国主义全球扩张的根本目的。正如哈特和奈格里在《大同世界》里指认的，现代国家都可被定义为"财产共和国"："现代共和主义的具体定义脱颖而出：这种共和主义是奠基于财治和私有财产权神圣不可侵犯原则之上的，这就排除或者支配了那些没有财产的人。"③ 无论是古典帝国主义的殖民地占领，还是数字帝国主义推行的数字殖民，他们的首要目的就是获取和积累财富。而"财产共和国的诞生意味着资本统治权的正式形成。这是因为，在财产共和国中，资本的权力已经突破了经济权力的界限，成为了政治权力；并且这种权力已经获得了合法性和普遍性的外衣，成为社会的普遍权力"④。在这个意义上，"数字资本权力"即数字帝国主义殖民活动的真实支配原则。

---

① Dal Yong Jin, "The Construction of Platform Imperialism in the Globalisation Era", in Christian Fuchs, Vincent Mosco, *Marx in the Age of Digital Capitalism*, Leiden: Brill, 2016, p. 343.

② Nick Couldry, Ulises Mejias, *The Costs of Connection: How Data is Colonizing Human Life and Appropriating it for Capitalism*, Stanford, California: Stanford University Press, 2019, p. 24.

③ [美] 迈克尔·哈特、[意] 安东尼奥·奈格里：《大同世界》，王行坤译，中国人民大学出版社 2016 年版，第 5 页。

④ 王庆丰：《资本统治权的诞生》，《国外理论动态》2018 年第 8 期。

数字帝国主义形成的数据殖民的新殖民方式，使数字资本权力的扩张得以深化。数字殖民区别于以往战争掠夺、领土占领等帝国主义的暴力强制方式，它是适应数字帝国主义远程控制和支配全球政治经济秩序的新掠夺手段。在数据殖民模式内，人类社会生活（可能是它的每一方面）正在成为资本提取的目标，资本掠夺也更彻底和更深入，即通过占用从数字平台中提取的数据来获取和控制人类生命本身，最终形成数字帝国主义的统治秩序。正如尼克·库尔德里与梅西亚斯强调的，"数据殖民主义要求创造一种新的社会和经济秩序，这种秩序可能与19世纪以来使资本主义市场社会得以生存的秩序一样持久……数据殖民主义不仅占用了物质资源，而且占用了我们了解世界的资源。这意味着经济力量（创造价值的力量）和认知力量（对知识的力量）前所未有地趋同。因此，只有在资本主义的背景下，而且在资本主义和殖民主义之间的长期相互作用的背景下，才能充分理解数据所发生的一切。通过数据来利用人类的生命是几个世纪以来试图从特定的权力中心了解、利用和统治世界的高潮。我们进入的时代与其说是新资本主义的时代，不如说是资本主义和殖民主义两个孪生历史的新联结时代，联结的力量是数据"[①]。

（二）数字拜物教的意识形态性质：数字殖民的合法性依据

数字帝国主义的历史形成与数字殖民活动的顺利开展，离不开数字拜物教意识形态对数字资本主义物化生产方式的美化与粉饰。数字拜物教作为数字资本时代形成的拜物教新形式，直接表征着数字帝国主义新阶段更为颠倒虚假的社会现实本身。"拜物教是资产阶级意识形

---

[①] Nick Couldry, Ulises Mejias, *The Costs of Connection: How Data is Colonizing Human Life and Appropriating it for Capitalism*, Stanford, California: Stanford University Press, 2019, preface: xii.

态('颠倒的意识')扩大和深入发展的一种重要的催化剂……拜物教的经验和经历加强了意识形态的形成，而且，经济关系和意识形态愈是相互混为一体，上述情况就愈强而有力。"① 从根本上讲，拜物教与资本主义虚假的意识形态与颠倒的社会现实密切相关。数字拜物教的意识形态性质是指数字拜物教作为一种意识形态服务于数字帝国主义的资本逻辑扩张，并为数据殖民活动提供合法性论证。意识形态本质上是"为了达到自己的目的不得不把自己的利益说成是社会全体成员的共同利益，就是说，这在观念上的表达就是：赋予自己的思想以普遍性的形式，把它们描绘成唯一合乎理性的、有普遍意义的思想"②。统治阶级除了主导现实物质生产关系，同时还利用占统治地位的思想观念对人进行意识形态的同化。意识形态表达的是统治阶级的特殊利益。数字拜物教是对数字帝国主义的数据殖民活动的"正确"反映，这是一种假仁假义的意识形态欺骗，其根本目的是对统治阶级的特殊利益进行合法性辩护。

首先，数字拜物教的意识形态性质体现在其虚幻性上。虚幻性即人们沉迷于资本主义社会制造的数字化幻象世界，并且形成了这样的观点——以数字技术、数字符号为中介形成的数据社会关系形式是最完美的。我们知道，数据殖民是以"数据关系"的形成为基础的资本权力扩张过程，这一活动的顺利开展需要将海量"数据"源源不断地投入资本主义生产过程。由数字拜物教虚幻性的意识形态引导和塑造的社会行为与观念形式，正是数字资本主义生产过程所必需的，即社会关系的数据化，使人们形成了"数据量化一切"的思维方式，并自

---

① [德] Th. 马克思豪森：《论马克思著作中拜物教、异化和意识形态的联系》，《哲学译丛》1988 年第 4 期。
② 《马克思恩格斯文集》第 1 卷，人民出版社 2009 年版，第 552 页。

愿作为普遍的社会生产角色，为数字平台的所有者不间断地生产出海量数据要素。"在后现代中积累的社会财富正日益呈非物质形态；它包括社会关系、交往系统、信息以及情感的网络。相应来说，社会劳动力就愈加地非物质化；它同时在直接地生产和再生产各方面的社会生活。"① 而且，数字帝国主义的意识形态在主体进行数字劳动的社会化过程中，进一步地向整个社会生活的生产与再生产环节扩展，数字殖民活动得以深度推进。处于数字化幻象中的普通人，不仅无法清楚地认识数据殖民扩大化的真正原因和基础，而且数字拜物教的虚幻性意识形态还会强化数据殖民背后的资本扩张权力，使丰富的社会关系转变为被其合法化控制和利用的"数据关系"。在虚幻性的拜物教意识形态内部，虚假即真实，主体生命表现为体验的丰富与精神的虚无相互矛盾的真实生存境遇。

其次，数字拜物教的意识形态性质体现在其对数据殖民剥削活动的遮蔽性上。现阶段，随着数字信息技术的发展与全球数字经济的快速增长，西方帝国主义借助"数字"力量形成了新的数字殖民方式。在数字资本时代，以数字平台为中介的数据体系本身蕴藏着实现资本增殖的巨大商业价值，数字帝国主义正是通过智能数字设备、移动客户端等平台设施展开数据殖民，实现了资本积累与扩张。这种新的殖民方式不同于以往政治权力主导下的帝国主义领土与经济扩张，它是一种超越民族国家的新控制机制。"资本通过各种统治关系的中转系统和网络在'内在化'的层面上运作，不依靠一个超越的权力中心……资本需求的不是一种超越的权力，而是建立在内在化层面上的控制机制。"②

---

① ［美］麦克尔·哈特、［意］安东尼奥·奈格里：《帝国——全球化的政治秩序》，杨建国、范一亭译，江苏人民出版社2008年版，第254页。
② ［美］麦克尔·哈特、［意］安东尼奥·奈格里：《帝国——全球化的政治秩序》，杨建国、范一亭译，江苏人民出版社2008年版，第315—316页。

数据殖民成为西方发达国家数字圈地与实现数字资本逻辑扩张的全新控制机制。在数据殖民的新控制机制中,数字帝国主义利用其在全球互联网市场的主导性地位,不仅积蓄了大量用于资本生产增殖的数据要素,同时还以数字平台为传输中介,吸纳越来越多的鲜活生命投入于数据关系的生产过程中。在此,数字拜物教意识形态遮蔽了每个独立生命为数字资本主义生产提供数据要素的社会现实,原本从属于人生命活动的社会关系被量化为似自然形成的"数据"。不仅普通生命的主体意识被资本权力隐秘操纵,发展中国家更会受到以美国为首西方发达资本主义国家的数字殖民掠夺。"从用户那里收集信息,而且还将用户信息商业化,为这些平台的所有者以及他们的国家带来了巨大的资本积累……传统上以军事力量、资本和后来的文化产品控制非西方国家的美国,现在似乎以平台主宰世界,(美国)通过这些平台获得了资本积累以及传播象征性意识形态、文化的好处。"① 可见,数字帝国主义国家对数据资源的隐蔽掠夺和占有,被数字拜物教美化为益于全球政治经济秩序的新发展方式,数字时代资本主义经济关系的掠夺、剥削本质被很好地掩盖起来。

最后,数字拜物教的意识形态性质体现在颠倒性上。数字拜物教在意识形态层面为数字资本主义颠倒的生产方式提供了合法性辩护。具体体现在数据殖民活动中,整个人类生活世界都被颠倒为服务于数字帝国主义生产过程的物的存在,主体被颠倒为客体,社会关系被颠倒为抽象的数据关系。资本主义生产方式的颠倒性在数字时代达到以往所没有的程度,数字的力量或者说数字资本逻辑成为"特殊的以太",决定着所有的具体生产活动。这即是说数字殖民的颠倒性是由数

---

① Dal Yong Jin, *Digital Platforms, Imperialism and Political Culture*, New York: Routledge, 2015, pp. 6 - 7.

字资本逻辑扩张决定的,这种颠倒性是资本主义生产方式的基础。也正是在此意义上,作为维护资本逻辑统治的数字拜物教,也必然是服务于资本主义本末倒置生产方式的一种颠倒性的意识形态。在颠倒性拜物教意识形态掩盖下,"资本主义生产方式的神秘化,社会关系的物化,物质的生产关系和它们的历史社会规定性的直接融合已经完成:这是一个着了魔的、颠倒的、倒立着的世界"①。

通过上述讨论我们可以看出,在数字资本时代,资本逻辑在完成全球空间扩张的基础上,利用"数字"力量构建了以数字平台为载体的新帝国主义形态。数字帝国主义正在积极推进的数字殖民,是当代帝国主义国家攫取全球范围内数据信息、数字技术以实现资本增殖和财富积累的全新掠夺方式,资本主义主导的全球化治理体系正加速演进。这个过程离不开虚幻性、遮蔽性、颠倒性的数字拜物教意识形态的助推和支持。数字拜物教的意识形态性质不但掩盖了数字殖民活动的掠夺本质以及背后统治阶级的特殊利益,而且为数字殖民提供了合法性论证。在此,数字拜物教已经从一种支配生命自主选择的社会心理,上升为一种参与数字帝国主义现实构筑的普遍化的意识形态。

## 二 数字拜物教机制与数字帝国主义意识形态霸权的确立

数字帝国主义积极推进的数字殖民活动,不仅实现了数字资本逻辑的全球扩张与深层渗透,同时还以数字平台为传输中介强势向发展中国家传播、渗透西方价值观念,将帝国主义意识形态输出到世界的各个角落。在数字拜物教虚幻性、遮蔽性、颠倒性的意识形态性质基

---

① 《马克思恩格斯文集》第7卷,人民出版社2009年版,第940页。

础上，数字拜物教内在机制的展开，进一步掩盖了数字帝国主义输出资本主义意识形态的霸权逻辑。

数字帝国主义的意识形态霸权是在数字资本权力全球扩张基础上确立的。"霸权指的是道德和智力领导的过程，霸权意味着通过意识形态、话语的主导，即作为象征性权力或作为主要以符号方式运作的权力两种手段开展的统治。"① 当代数字帝国主义不同于古典帝国主义利用政治权力、军事力量推动资本积累，它认识到这种以政治主权主导的资本积累与扩张是有限的。在新帝国主义阶段，资本逻辑通过政治权力主导的资本积累已经完成了空间扩张，资本权力主导下的全球性深层剥削体系正在形成。数字帝国主义逻辑与传统帝国主义逻辑的最主要区别就在于资本权力成为全球化时代帝国主义的主宰，资本权力是超越民族国家领土逻辑并向人类社会所有空间渗透的本质依托。这时"根本不存在直接的强制关系。形形色色的强制不是由宗主国（直接）施加的，而是'经济性的'，是来自于市场的……它不是通过直接干预资本家与劳动力、帝国与属国的关系起作用的，而是更为间接地通过维护经济强制制度、财产（和无产）制度以及市场运作而发挥作用的"②。在此阶段，数字帝国主义通过资本权力的布展不仅建构了全球资本主义的市场秩序，同时还形成了服务于资本权力主导性地位的世界政治格局，其霸权性的意识形态也随之强势输出到世界各地。

数字帝国主义的意识形态是服务于资本权力扩张的霸权意识形态。由于数字帝国主义阶段社会现实的改变，数字资本权力成为新帝国主义逻辑的核心，"在数据丰富的时代，对信息的经济控制依赖于努力加

---

① Johnson, R., "Post – Hegemony? I Don't think So", *Theory, Culture & Society*, Vol. 24, No. 3, 2007, pp. 95 – 110.

② [加] 埃伦·M. 伍德：《资本的帝国》，王恒杰、宋兴无译，上海译文出版社 2006 年版，导言，第 3—4 页。

强符合那些拥有权力的人的利益的主导意识形态……权力属于平台开发者和所有者,因为他们控制着信息"①,数字帝国主义意识形态的输出实质上与数字资本权力的全球布展是同一个过程。现在数字平台的网络化生产为数字资本权力的深层渗透创造了有利条件,数字帝国主义内含的资本权力布展聚焦在"数字"(数据资源与数字技术)上。数字权力直接表示的是数字帝国主义攫取剩余价值的资本权力。掌握"数字"力量,就掌握了资本扩张的主导权,这使得以大数据、云计算为代表的新技术成为新帝国主义国家争夺的关键对象。数字平台和人工智能技术等,如社交网站、搜索引擎和智能手机,是国家和公司强调的知识产权的核心领域,因为它们具有宝贵的市场价值。掌握核心数字技术的新帝国主义国家对发展中国家的控制,主要是以知识产权的形式向发展中国家征收高额费用来实现的。其中,西方发达国家(主要指美国)通过在发展中国家关于数字平台知识产权制度之间的不对称关系里获取巨额利润,主导技术和资本流动,从而建构了服务于数字帝国主义扩张的全球化秩序。也正是在此过程中,数字帝国主义的意识形态霸权地位得以确立,它的理念是掌握"数字"权力的帝国主义国家能够以非军事征服和占领的手段控制其他人(国家)的经济、政治、文化等。无论是数字技术的发展还是数字经济的未来趋向,都受到数字帝国主义背后数字资本权力的隐秘控制。数字帝国主义意识形态霸权逻辑的确立,进一步推动了数字资本权力的深层渗透。

数字帝国主义的意识形态实质上是在"数字资本主义"与"新帝国主义"联姻基础上形成的霸权性、垄断性的专制话语,表达的是统

---

① Dal Yong Jin, *Digital Platforms, Imperialism and Political Culture*, New York: Routledge, 2015, p. 163.

治阶级的特殊利益。数字帝国主义的数字殖民活动与资产阶级意识形态的强势输出显露出资本主义国家妄图操纵全球经济、政治、文化秩序的野心。借助数字拜物教机制，数字帝国主义的数据殖民活动俨然成了现阶段资本主义国家维护和巩固自身利益、控制世界的新工具，资本主义意识形态也随之向全球渗透。其中，与数字帝国主义黏合在一起的经济权力、政治权力的霸权属性，都被数字拜物教机制美化和粉饰为一种益于全球政治经济发展的合法性存在。

首先，数字拜物教作为当代资本主义社会特有的一种社会现象，不仅表现为人们对数据、数据商品、数字资本的崇拜，同时还表现为社会整体对数字技术尤其是以大数据、云计算为代表的当代智能数字技术的过度膜拜与迷信。数字拜物教机制的现实运转，使全球范围内的人与绝大部分国家对"数字"力量产生了一种高度的认同感和依赖感，在此基础上，拜物教机制遮蔽了数字帝国主义资本权力扩张的剥削实质。当全球化社会进入数字资本主义阶段，数字帝国主义逻辑在数字拜物教机制掩护下，形成了一种数字资本权力扩张渗透的合法性解释，并以此对整个社会关系进行合乎资本主义社会秩序的重构。实际上"平台帝国主义将加剧拥有平台的国家与使用美国发明的平台的国家之间的不对称权力关系，主要原因不仅在于平台本身是技术突破，还在于平台中嵌入的商业和意识形态价值"[①]。在新自由主义全球化的背景下，由少数几家私营公司驱动的几个美国平台增强了它们的主导地位，"与其他形式的帝国主义不同，新构建的平台帝国主义需要被理解为以知识产权为后盾的国家之间的不平等权力关系，这强烈地有利于美国政府和跨国公司，因

---

① Dal Yong Jin, *Digital Platforms, Imperialism and Political Culture*, New York: Routledge, 2015, p.185.

为商业价值嵌入在平台中"①。进而数字帝国主义将绝大部分国家的人口卷入数字化进程，以数字技术进步推动跨国公司资本的流动及金融资本的渗透，使整个社会变成服务于"数字资本权力"渗透的"社会工厂"。在"社会工厂"的数字化生产中，资本与劳动力结合的社会关系形式将会改变。弹性化的网络劳动生产方式使资本流动不再受到物理空间的限制，这种新的社会关系生产需要意识形态层面的合法性说明。数字资本权力利用数字信息技术把处于社会关系内部的平台用户塑造为资本主义生产体系所需的劳动者，"用户"作为被数字资本权力"锚定"的特定群体存在于资本主义生产关系和社会关系内部，数字帝国主义对"社会工厂"中所有用户的剥削被数字拜物教机制营造的自由、平等、民主幻象所掩盖。数字拜物教机制将数字帝国主义的生产过程的剥削性，构建为一种自由平等的和谐关系。它制造了一系列幻象，诱使人们在"社会工厂"内部释放更多数据，并把数字技术作为数字帝国主义霸权意识形态的遮羞布，使一些西方国家可以堂而皇之地以技术优势打压他国数字经济发展，以满足其帝国主义的垄断性生产目的。由此可见，数字拜物教对社会层面价值观念体系、行为规范的塑造，以及对数字帝国主义在"社会工厂"内部剥削与统治现实的掩盖，不仅确证了这种霸权性的意识形态的合法性地位，同时还推动着数字帝国主义的资本权力逻辑的扩张过程。

进而，在数字帝国主义意识形态霸权确立基础上，数字拜物教机制不仅遮蔽了数字资本权力扩张的现实，同时还将平台用户形成的虚假、颠倒的拜物教意识存在论化。在平台用户参与资本主义生产过程中，数字资本主义意图使人坚信数字平台不仅是人们社会交流与知识

---

① Dal Yong Jin, *Digital Platforms, Imperialism and Political Culture*, New York: Routledge, 2015, p.67.

共享的最佳选择，更是人们参与经济生活、政治生活、文化生活的便捷途径。一方面，数字资本家决定着平台传输信息的内容与流动方式。用户在海量信息的包围中被平台传递的资本价值目标同化，数字帝国主义宣扬的社会理念、消费文化等也随着智能数字设备的普及加速传播。"数字"不再是遥不可及的技术存在，而是成为每个人生存依赖的"偶像"。每一个具有丰富生命特质的个体，在数字拜物教制造的幻象中，产生了种种美好的幻觉，数字化幻象成为生活的"榜样"。在大数据时代双向、互动、参与式网络技术理念的主导下，普通的用户更乐意在数字帝国主义的数字化逻辑架构中，自由地生成自己生命活动的一切数据，从而彰显主体生命的存在感。数字拜物教机制激发了主体从自己身上捕捉特定生命痕迹的欲望——在数字平台中通过使用搜索引擎、调查特定网站、以高价搜索产品等方式形成对用户自身数字形象的认识，增加了用户黏性。在此基础上，用户作为自愿参与、无偿付出的"数字劳工"，不断地为数字平台免费生产内容，数字拜物教意识已经转变为益于数字资本增殖的拜物教行为。另一方面，数字资本家实际上掌握着平台传输信息的筛选权力，他们通过文化输出和信息煽动为普通民众定义什么是当下流量热点，一些真正的社会热点反而被流量制造的乌龙湮没。大多数资本家都热衷于制造热搜吸引用户注意力，而且无一例外，这种注意力的吸引与博取总是被填充进各种产品的消费。在上述环节，数字拜物教机制发挥着形成用户在数字平台中的身份认同、意识同化的重要作用，数字拜物教已经成为人们生命结构内部具有存在论意义的"社会意识"，这同时也使数字帝国主义的霸权性意识形态成为一种更加难以打破的"社会存在"。

在根本意义上，数字帝国主义霸权性意识形态的输出和强化，实际上是帝国主义入侵和腐蚀广大发展中国家意识形态的过程。现在，帝国主义的全球扩张进入了新阶段，贯穿在数字技术革命与数字帝国主义意识形态输出过程中的资本逻辑同一化与总体性本质并未改变，资本逻辑的同一性决定了数字帝国主义意识形态必然是一种统治性的意识形态。但是身在其中的人们却并无不适，甚至还会按照资本主义所要求的那样，自觉或不自觉地做出物化行为，从而接受西方数字帝国主义意识形态的同化。这一现状反映出帝国主义的意识形态入侵呈现出隐蔽性和非强制性，其根本目的是以一种温和的方式干扰甚至控制广大发展中国家，尤其是社会主义国家主流意识形态与核心价值观。数字帝国主义国家妄图通过操纵数字平台话语权，输出西方的意识形态，从而实现对绝大部分发展中国家政治、文化、经济控制的根本目的。数字拜物教机制与数字帝国主义的霸权性意识形态输出密切相关，数字平台对用户的吸纳意味着适合资本主义秩序的拜物主体的形成。其中，无产阶级革命意识被削弱甚至丧失，用户获取的身份认同多是来自数据关系基础上的虚假认同，他们在快节奏、高频次的数字平台内容投放过程中，往往很难形成统一的阶级意识和无产阶级身份认同，这就为数字帝国主义意识形态的入侵创造了有利条件。数字拜物教机制对社会全体民众精神意识的隐秘控制，目的是在价值观层面生产出适合资本主义秩序的物化主体。在普通大众沉迷、追逐数字拜物教幻象基础上，资产阶级又将这种拜物教意识系统化、普遍化为意识形态，最终共同服务于数字帝国主义资本权力扩张与意识形态输出、强化的双重目的。

　　新帝国主义发展到数字资本时代形成的数字帝国主义，是以"数字"力量为核心的资本权力关系全球渗透的结果。数字帝国主义将服务于数字资本权力扩张的社会文化、政治经济等资本主义意识形态输出到全球各个角落，从而确证了数字帝国主义意识形态的霸权地位。这一霸权性意识形态的确立，离不开数字拜物教机制对资本权力扩张剥削本质的粉饰与遮蔽。在社会意识层面，数字拜物教机制的展开，使普通大众深陷数字化幻象，并无意识地认同了数字资本主义社会秩序与数字帝国主义输出的意识形态；在社会存在层面，数字拜物教机制通过对主体意识观念与行为方式的塑造，将拜物意识转变为社会现实的物化行为，从而为数字资本的生产输送了取之不尽的数据"原材料"。生产过程的资本主义性质，尤其是数字帝国主义资本权力扩张过程的剥削与压迫行为被美化为"历史进步的体现"。正是在此意义上，数字帝国主义所贯彻的霸权性意识形态空前强化。

## 第四节　数字拜物教机制：强化数字资本逻辑统治的必要条件

在数字拜物教机制作用下，资本主义实现了对劳动者的生命政治治理与数字帝国主义全球扩张的双重目的。数字拜物教机制作为强化数字资本逻辑统治的必要条件，它的展开保证了以数字资本逻辑为核心的资本主义生产秩序和社会关系形式的形成。其中，数字资本逻辑成为控制意识、生命、全球社会的同一性力量，资本逻辑的抽象统治也因此强化。

### 一　数字资本逻辑成为控制意识、生命、全球社会的同一性力量

随着数字信息技术的发展与全球数字经济的增长，数字资本逻辑的扩张已经远远超过以往任何时代，资本逻辑全球化的世界历史运动

使资本在追求无止境自我增殖、扩张的过程中，确证了资本逻辑对于主体意识、现实生命、全球化社会的支配地位。一方面，资本逻辑全球化进程表现为资本逻辑不断克服自身增殖时空界限，突破民族国家限制，在跨国资本运动中追求高额利润的历史性活动。无论是早期殖民主义的军事侵略、经济掠夺，还是现今数字资本主义以平台技术为中介的跨国垄断资本积累，都是资本逻辑在世界市场中通过"资本支配社会劳动"的总体性生产结构占有剩余价值与获取巨额利润的方式，世界范围内日益形成了适配于资本扩张的劳动分工体系与国际交换制度，民族国家的发展逐步融入资本逻辑全球化的世界历史进程，数字资本逻辑成为控制意识、生命、社会的同一性力量。另一方面，由资本逻辑规定的全球化历史运动在消解传统社会僵化落后的生产方式基础上，以资本主义生产方式为载体将西方文明向全球传播，资本主义民主、人权、自由等价值观念随之被积极宣扬。资本主义极大地促进了人类文明进步，但"资本的必然趋势是在一切地点使生产方式从属于自己，使它们受资本的统治"[1]，以建立世界市场为全球化的现实基础，资本逻辑不断生产出"资本对劳动与全球化社会"的权力支配关系。在全球资本主义权力支配体系内部，资本逻辑所代表的西方文明统摄世界范围内差异性文明形态的野心昭然若揭，"它迫使一切民族——如果它们不想灭亡的话——采用资产阶级的生产方式；它迫使它们在自己那里推行所谓的文明，即变成资产者。一句话，它按照自己的面貌为自己创造出一个世界"[2]。

现阶段，资本主义正依托数字平台和智能技术手段，疯狂攫取全球化生产过程中的剩余价值，以实现资本无止境增殖的根本目的。数

---

[1]《马克思恩格斯全集》第31卷，人民出版社1998年版，第128页。
[2]《马克思恩格斯文集》第2卷，人民出版社2009年版，第35—36页。

字资本为了增殖扩张自身，必须把一切都纳入资本逻辑编织的抽象同一性大网，抽象成为统治仍是资本现代性最为重要的特征。在马克思看来，"抽象或观念，无非是那些统治个人的物质关系的理论表现"①。资本主义社会的抽象主要包括两个层面内容：一是资本主义社会占据主导的意识形态话语；二是现实层面由商品、货币、资本组成的市场体系。资本逻辑的抽象同一性力量就是在这两者基础上形成的。资本逻辑本质上是一种同一性统治力量，它力争通过资本增殖逻辑与权力统治逻辑在全球范围内的社会建构，主宰世界秩序。在数字资本逻辑的控制下，一切差异性、特殊性被视作虚幻不实的存在，而人与人之间的社会关系被抽象化为"数据关系"，"数据关系"逐渐成为占据主导地位的社会关系形式。其中，"数字"成为奴役人的新物神，而且这个物神比以往的商品、货币、资本更善于伪装、隐藏自己的剥削本质。数字拜物教机制的展开，不仅为数字资本主义社会的资本抽象同一性统治创造了有利条件，同时还将把资本抽象统治延伸到更虚拟不见又上手可用的数字信息空间，数字资本逻辑的积累和扩张过程正在深度推进。

抽象之所以获得统治地位就在于资本的强大增殖力量。资本逻辑为了满足其无止境增殖的目的，必然进一步向政治、经济、文化领域渗透，在全部人类生活领域确立起资本逻辑的霸权性统治地位。"资本绝不仅仅是一种'物质实体'，而是一种在历史发展过程中出现的最为强大的、总体化的、结构性的、社会新陈代谢的控制体系和控制方式。"② 现在，数字资本逻辑利用数字媒介营造出的商品符号与数字景

---

① 《马克思恩格斯全集》第30卷，人民出版社1995年版，第114页。
② 白刚：《回到〈资本论〉：21世纪的"政治经济学批判"》，人民出版社2018年版，第21页。

观的幻象形态，直接控制了人们的意识结构，使其在拜物教同一性结构中，沉迷他者的欲望，无意识地认同了数字拜物教结构掩盖数字资本主义社会秩序和意识形态。另外，在数字—生命政治中，资本逻辑已经深入主体生命内部，"资本主义生产不仅追求商品的生产（也许这已不是主要目标了），也要进行社会关系和生命形式的生产"①，这种生命形式生产意味着劳动与生命、生产与再生产之间的界限日益模糊。不仅人的生物性生命被融纳到资本主义生产框架，同时，作为人之为人的独立精神、主体性生命意识也被平台资本主义捕获和利用，人的自由意志成为可以被智能算法介入和平台程序设定的对象物存在。尤其是在数字全景敞视监狱的监视下，生命主体成为数字量化程序可预测的"物"，每一个独立生命个体都在量化自我的拜物教行动中，生产出海量数据要素用于资本增殖。与此同时，数字帝国主义的形成，意味着数字资本逻辑已经超出国家、地区等的界限，成为全球性的流动力量。进入21世纪数字化时代，美国先后布局云计算、大数据、5G等前沿领域，力图在全球数字经济大潮中进一步开拓"数字边疆"。美国拥有数字信息技术研发、创新的强大经济实力，通过知识产权制定、数据信息系统设计等手段占有了全球数字产业链上的巨额财富。在这种寻求数字霸权的数字帝国主义模式中，美国仍是资本利益攫取者和规则制定者。可见，现在数字资本逻辑总体化过程中对主体生命、意识和全球化社会采取的控制方式更为隐蔽有效，数字资本逻辑内涵的同一性力量也更为强大。这种抽象同一性统治的深化，反过来又推动了数字资本逻辑无止境地增殖扩张。

数字资本逻辑抽象同一性统治表征的正是数字拜物教的社会现实。

---

① ［美］迈克尔·哈特、［意］安东尼奥·奈格里：《大同世界》，王行坤译，中国人民大学出版社2016年版，第100页。

在数字资本主义社会，"物与物的关系赢得了对人与人的关系的主宰地位，这种颠倒的表象作为历史规律把人约定在物的必然王国中，那个抽象的'看不见的手'作为一种无人性完全把人的逻辑淹没在资本逻辑的总体发展之中了"[①]。在这里，数字拜物教幻象对主体精神观念与行为方式的驯化和塑造，仍然是资本逻辑总体性统治的直接结果。数字资本逻辑的扩张方式和路径不断拓展，目的是将所有益于资本增殖的对象都同一化为生产要素，无论是人的生命结构与意识内容，还是全球化社会都将被纳入数字资本逻辑的抽象同一性统治。并且在数字拜物教的美化粉饰后，数字资本逻辑的抽象同一性统治成为一种非强制的、隐形的权力，其对生命意识与全球化社会政治经济秩序的形塑由此获得了合乎历史的证明。数字拜物教对现代人与社会的控制在深度和广度上，都超过了以往的拜物教形式，它使人在真实与超真实、自由与强制的分裂中主动为抽象献祭。

数字拜物教作为数字资本时代形成的更抽象的拜物教形态，在意识形态层面有效维护了数字资本逻辑的抽象同一性统治。在数字拜物教机制的助力下，数字资本逻辑强大的同一性力量，呈现出生命政治的新架构。这显示出数字资本逻辑的抽象同一性统治，对主体的控制更加深入隐蔽和难以摆脱。主体及其社会关系的性质，是关系资本增殖逻辑需要何种劳动主体的关键问题。在数字资本主导的现代资本主义社会，资本逻辑要想实现更深层次的扩张，需要对"生命"（身体）进行治理和培育。在资本主义发展初期，资本逻辑对生命（身体）的控制，主要表现为资本家对劳动者的行为规训和劳动监督。无论是机器大工业时代的工厂纪律规训还是意识形态同化，都是为了

---

① 贺来：《"主体性"的当代哲学视域》，北京师范大学出版社2013年版，第106页。

形成满足资本增殖的现实"劳动力"。生命本身所具有的"劳动能力"是资本实现增殖的根本依靠,不同时期的资本权力机制运作的目的就在于培养塑造适合资本主义社会秩序的驯顺生命主体。所以从权力机制角度来看,数字—生命政治的形成预示着数字资本逻辑抽象同一性统治的深化,而这种新的资本权力治理方式内在需要数字拜物教机制的合理性说明,即数字拜物教由一种社会意识转化为社会现实存在并发挥效力。数字—生命政治对生命本身的成功治理体现出以数字资本逻辑为核心的资本主义社会形成了新的生产秩序。在这个秩序内,资本主义需要在数字信息技术所指定的数字框架、模型内包装生命,使之成为适配数字资本主义社会生产与再生产的拜物主体。数字资本逻辑如此成功地占有了绝大部分人类生命的一个原因在于,它作为抽象同一性权力主导逻辑,可以在数字拜物教机制充分发挥社会效力的基础上,以各种权力技巧主宰数据关系的生产;而"生产观念、符码、图像、情感和社会关系等的生命政治生产被直接视为人类主体性的构成要素:这个领域就是主体性得以生成并寄居的场所"[①]。当生命成为资本主义的治理对象,并通过数据关系组织起来时,数字资本逻辑抽象同一性统治也就真正实现了向生命的深度渗透,以致身处资本主义抽象统治之中的每个人觉得这种生存状态是自然而然存在的。同时,在虚幻性、遮蔽性、颠倒性的数字拜物教意识形态美化下,数字资本逻辑还通过数字帝国主义的数据殖民策略,实现了对全球政治经济秩序的隐秘控制,以在更广阔的范围内确证自身抽象同一性力量的霸权统治,这同样是数字资本逻辑统治在全球范围内得以强化的现实体现。

---

[①] [美]迈克尔·哈特、[意]安东尼奥·奈格里:《大同世界》,王行坤译,中国人民大学出版社2016年版,第124页。

从根本上看，数字资本逻辑是现代社会的"座驾"，它具有吸纳意识结构、生命主体、全球化社会并使之为其增殖扩张目的服务的抽象同一性力量。数字资本逻辑统治的强化需要数字拜物教的助力。数字拜物教具有重要的意识形态功效，其对生命主体精神意识的引导与行为方式的塑造，关键在于形成数字资本主义社会秩序所需要的拜物主体，且保持以数字资本逻辑为核心的社会秩序的稳定运转。在数字资本时代，数字资本主义意识形态、数字生命—政治、数字帝国主义的数据殖民获得了合理性证明，资本主义操控生命主体的社会现实与全球化社会生产结构中不平等的社会关系被数字拜物教遮蔽起来，数字资本逻辑的统治范围和深度得以扩展和强化，这正是数字拜物教机制充分发挥社会效力的目的所在。

## 二　数字拜物教机制与数字资本主义现代性悖论

在数字拜物教机制发挥社会效力的基础上，数字资本逻辑的统治得以强化。以数字资本增殖为核心的资本主义生产方式虽极大地促进了生产力进步和增加了社会财富总额，但也使人类面临着严峻的"价值危机"，以及既有全球治理体系失效的现实挑战，这是数字资本主义现代性悖论的直接体现。

现阶段，人们在数字化革命的狂欢中陷入全新非神圣形象的异化，具有独立个性的现实生命为数字"抽象物"献祭已成为现实。数字技术不仅是最重要的生产工具，同时也被资本家视作一种治理工具。数字技术的广泛应用在重塑资本主义生产方式与生产关系基础上，又通过技术监测、评估和规范主体行为活动和思维方式，使他们更有生产力。对人类而言，最重要的生命价值与意义被纳入数字资本生产与扩张的轨道。数字拜物教的物化形式对人们意识结构的同化，最终导致主体成为受资本逻辑宰制的物的存在。

数字资本现代性包含一种全新的资本主义价值秩序重构方案,它正在改变人们在社会生活中的价值判断标准与依据。在数字资本主义意识形态和数字生命政治共同作用下,主体性存在的丰富数字化体验与生命价值意义迷失之间的矛盾更加凸显。人之生命存在面临的"价值危机"直接表现为,数字资本逻辑夷平了生命本身的价值内涵,生命存在的价值意义将始终围绕数字资本逻辑规定的内容展开。现在,信息技术的革命使"数字"一跃成为新的"物神",这为资本主义掌控主体生命、意识结构提供了更为柔性化与隐蔽化的技术手段。区别于资本主义社会早期的暴力掠夺,当下资本与数字技术的结合,对人之自我意识和生命本身的塑造是润物细无声的"感染"。当代资本主义对主体性自由的平台重释,其目的是把"个体自由"替换成数字劳动的"生产性自由","资本榨取个体的自由,用以实现自我增殖……自由的个体因此降级,成为资本的生殖(升值)工具。个体自由赋予资本一种主动增殖的'自动'主体化能力"[1]。在此过程中,技术设备"不仅可以显示和复制信息,还能'激活'这些信息,将生命的气息注入字节和算法中"[2]。这些具体举措显示出资本主义"通过引诱和引导而不是强制的方式,往往易于达到对规则的服从(对非常有灵活性的规则之可适应性的、近乎完美的可调整性的服从)——而且这看起来是在自由意志实施的伪装下,而非将自己展现为一个外界强制力量"[3],数字资本主义最核心的内容并不是外部

---

[1] [德]韩炳哲:《精神政治学》,关玉红译,中信出版社2019年版,第5页。
[2] [英]汤姆·查特菲尔德:《如何在数字时代如鱼得水》,石世豪译,山东文艺出版社2014年版,第18页。
[3] [英]齐格蒙特·鲍曼:《流动的现代性》,欧阳景根译,中国人民大学出版社2017年版,第152页。

强制的经济生产，而是以开放协同、强调主体参与的智能数字技术吸引鲜活生命使其自由地投入"生产"，且无意识地认同和遵守它所设置的所有规则。

在最新的数字革命中，数字技术的发展仿佛成为出离人之外却服膺于资本增殖的"自在之物"。"技术变革可以被'物神化'为一种'自在之物'，一种引导资本主义历史的外生力量……对技术变革的追求——体现在盛行的关于技术进步的意识形态中——成了一个自在的目的。"① 技术的"物神化"实际上是数字拜物教的一种表现形式。在日常生活中，数字信息技术作为新的"智能圣物"甚至可以通过算法计算、参数设置等环节，在普通人的精神意识选择过程中诱导、讨好成全人的拜物欲望。人的生命感觉体验的丰富性，成为数据网络中理性精明计算与推理的对象物。"这一趋势决定着人类生命中没有哪一秒将会通过脱离工具理性和详细算计的经济循环而被浪费掉。每个人类行为都被覆盖，社会生活的每一方面都被仔细测量。"② 在数字拜物教制造的意识形态幻象中，理性的自由选择是受智能数字技术控制和主导的被动接受，个体生命存在的内在价值必然成为由大数据技术塑造的单一而片面的"现成存在物"，人之自由自觉的实践活动以及生命本身的价值意义在大数据制造的情绪兴奋中消磨殆尽，最终陷入生命"无聊"状态，而这一切都是数字资本逻辑借助于数字技术，隐秘控制主体的意识结构及其价值选择的结果。数字技术可以介入人的自由意志等内在精神价值层面，对主体施加隐秘影响，而贯穿于数字技术革命过程中的资本逻辑同一化与总体性的本质并未改变。

---

① ［英］大卫·哈维：《资本的限度》，张寅译，中信出版社2017年版，第216页。
② ［德］克里斯蒂安·福克斯、［加］文森特·莫斯可主编：《马克思归来》，"传播驿站"工作坊译，华东师范大学出版社2017年版，第418—419页。

至此，存在论层面的主体性自由意志与价值选择被智能化、数字化、虚拟化的资本主义拜物教幻象湮没，隐藏在平台技术与生产系统背后的资本逻辑实际上掌握着制约、改造、管理主体自由生命的支配权力，人们在数字资本时代的拜物教迷狂社会处境中通往了新奴役之路。

数字资本主义的现代性悖论还表现为现行全球治理体系以"治理"之名实施"统治"之实。全球治理在面对地缘政治冲突、经济发展失衡、气候环境变化、重大传染病危机等关系人类前景命运的关键问题上的失效现状，使国际秩序与治理主体间的关系变得更为紧张。伴随着经济全球化发展形成的全球治理体系，承载着人类试图克服经济全球化可能带来的多方面风险实现全球整体发展的理想目标。"全球治理并非基于统治与合法性管理模式、来自单一的权力中心，它是一个持续的协商过程，是为了共识规划与协调的制度安排，在这种安排中，诸多国家和拥有不同权力的非国家行动者进行合作。"[①] 全球治理体系本来包含诸多国家通力合作解决全球范围内的政策制定、规范条例等问题的理想愿景，在现实发展中却表现为由少数发达国家主导的单边治理。在世界政治经济格局演进过程中，资本逻辑成为全面贯穿人类经济关系、政治关系、文化关系等层面的总体性力量，由资本主义推动的全球治理体制，带给世界的往往是更大的不平等、不均衡发展和更极致的剥削压迫。资本总体性力量反映的是资本本身的增殖扩张逻辑，它决定了全球治理体系属于西方治理的内在本质。与此同时，受制于资本逻辑总体性力量统治的全球治理体系在现实层面也离不开新帝国主义国家的霸权治理，新帝国主义国家作

---

① ［美］迈克尔·哈特、［意］安东尼奥·奈格里：《大同世界》，王行坤译，中国人民大学出版社2016年版，第161页。

为强化固有全球治理体系结构的物质依托,它为资本主义主导全球治理提供了现实所需的制度架构。资本逻辑全球化与新帝国主义国家霸权治理相互联结、内在契合,共同决定和影响着现时代的全球治理体系。

以资本逻辑全球化与新帝国主义国家霸权治理的"共谋"关系为基础,全球治理在关涉全体人类共同利益的事务处理中表现出维护资本主义文明优越性、巩固资本主义国家统治地位的单边治理模式。特别是在数字时代帝国主义模式演变中,数字帝国主义国家设定了众多满足其利益需求与发展部署的全球数字治理规则。美国政府宣称应当保持互联网名称与数字地址分配结构的"多方利益模式",此模式实际上是以对民主权利的渴望为名,试图实现美国式的"多边全球主义"理念,并降低其他国家对境外互联网影响力的单边主义体系,其本质职能旨在维系单一政府(即美国)在行使境外互联网治理上的首要地位。① 不同民族国家拥有管控互联网资源权力的不平衡增加了数字化时代全球治理的困难,跨国数字资本的垄断生产导致数字鸿沟日趋严重。金达永指出:"数字平台帝国主义将加剧拥有平台的国家与使用美国发明的平台的国家之间的不对称权力关系。"② 现阶段以美国为核心的数字帝国主义国家通过制定全球数字平台的知识产权制度、技术标准,在保障数字资本逻辑全球自由流动基础上,进一步限制了发展中国家参与全球数字治理的主体性权力,全球治理体系中治理主体间利益冲突不断加剧,显示出"只要美国寻求的是一个硬性、排他性的自我利益观,并提出一个狭隘的霸权式秩序观,那么,它有可能导致的结果,

---

① [美] 丹·席勒:《数字化衰退:信息技术与经济危机》,吴畅畅译,中国传媒大学出版社2017年版,第192页。
② Dal Yong Jin, *Digital Platforms, Imperialism and Political Culture*, New York: Routledge, 2015, p. 185.

不是一个'美国控制下的和平'而是一个既对自己又对他人造成不安全感的帝国"①。

"美国治下"全球治理形成的治理协定与组织"表面上的目的是稳定世界经济,通过促成世界货币与美元的可自由兑换使其更趋合理,并且确立一个经济重建与发展框架"②。但这些治理诉求只有在理想环境中才能实现,其最终是为美国代表的新帝国主义国家、团体实现对世界市场与全球体系的垄断式权力控制服务的。在这种寻求数字霸权的全球治理新模式中,美国仍是资本利益攫取者,也是规则的最终执行者,没有比美国特权和权力更重要的诉求了。因此,以美国为首的新帝国主义国家参与构建的全球治理体系,并没有真正解决现时代人类社会面临的诸多危机,反而使全球治理体系沦为新帝国主义国家维护霸权地位、垄断资本收益的工具性存在。在数字时代全球不平等的生产关系与制度结构内部,全球治理体系的固有问题与内在冲突进一步凸显,治理失灵现象不断出现,治理赤字不断积累攀升。

全球治理体系的"统治本质"在数字拜物教意识形态的美化和粉饰下,却营造出一种不同国家都可以平等、自由地参与国际政治经济事务的合法假象。"全球治理体系本质上是以资本逻辑为依托的'社会形式',这决定了其仍是资本的'单边统治'……全球治理体系通过'治理'之'名'行使'统治'之'实',这一手段已然成为发达资本主义国家在新型全球化时代维护、巩固和扩大自身利益,

---

① [英]安德鲁·赫里尔:《全球秩序与全球治理》,林曦译,中国人民大学出版社2018版,第326页。
② [加]埃伦·伍德:《资本的帝国》,王恒杰、宋兴无译,上海译文出版社2006年版,第99页。

继续统治世界的工具。"① 全球治理体系不仅巩固了资本逻辑的扩张，更依靠数字平台传输资本主义意识形态。迈入数字资本时代，以美国为首的资本主义国家利用自身在全球治理体系内的优势地位，逐步形成了更隐蔽高效的数字资本主义意识形态的输出方式。"美国一面宣称它全心全意致力于人权保护与民主事业，一面置人类的基本权利与需要于不顾，其所作所为表现出对民主的极度蔑视，这种蔑视在历史上无人可比。"② 美国政府的直接干预和国务院的支持在世界各地扩大了美国数字平台的影响力，以数字平台为技术中介，美式人权、民主、自由、平等的价值观念潜移默化地占领了全球范围内绝大部分人的"精神阵地"，资本主义宣扬的价值理念背后是其普遍性的意识形态。这里的"普遍性"是抹杀新兴国家、国际组织等多元主体"异质性"的抽象"普遍性"，它所蕴含的普遍性价值理念本身带有强烈的社会制度优越感和价值观偏执，由此衍生的全球治理规则和机制必然成为欧美国家操控世界秩序、维护西方大资产阶级特殊利益的霸权工具。所以，尽管全球治理体系凝聚着全人类对社会整体发展的美好愿景，却在实施过程中被西方发达国家主导。"这种国家所体现的自由，反映的是私人财产所有者的利益、企业利益、跨国公司的利益、金融资本的利益"③，他们通过拜物教机制隐蔽其治理手段的剥削压迫实质，根基于资本扩张逻辑的"统治"本质也被数字拜物教虚假颠倒的意识形态遮盖。数字拜物教的意识形态功效绝不仅是由对数据、数字技术外在的崇拜所形成的，这只是在表象层面的数字拜物

---

① 刘同舫：《人类命运共同体对全球治理体系的历史性重构》，《四川大学学报》（哲学社会科学版）2020年第5期。
② [美]乔姆斯基：《霸权还是生存：美国对全球统治的追求》，张鲲译，上海译文出版社2006年版，第5页。
③ [美]大卫·哈维：《新自由主义简史》，王钦译，上海译文出版社2016年版，第7—8页。

教。数字拜物教根植于数字资本逻辑的扩张,数字资本逻辑的全球扩张本质决定了数字拜物教的外在形态,数字拜物教机制及其意识形态功效最终都是为数字资本逻辑的全球扩张服务的。在数字拜物教机制内,主体作为"透明人"参与了数字全景监狱的构造,资本主义利用应用程序、平台和智能技术捕捉主体工作和社交生活形成的海量数据,使之以商品化的形式参与于数字资本的全球扩张逻辑中。科学技术、主体生命意志、全球化社会在很大程度上都被数字资本逻辑的强大力量控制。数字资本逻辑因此获得合法性证明,它可以通过占有和提取生命形成的数据,特别是将人类生活转化为全球资本主义的生产中心,从而完成资本逻辑的全球深度扩张。"任何一种思想若想占据主导,就必须首先确立一种概念装置:它诉诸我们的直觉和本能、诉诸我们的价值和欲望、诉诸我们居住的社会世界所固有的种种可能性。如果成功的话,这一概念装置就能牢固确立在常识中,以至于被视为理所当然"[①],数字拜物教机制完成了这一目标。

根植于数字资本逻辑扩张的数字拜物教,绝不仅是人们对数据商品、数字技术、数字资本的外在崇拜现象,更是一种强化数字资本逻辑统治的重要机制,它具有重要的意识形态效能。数字拜物教机制的展开及其意识形态功效的发挥,最终目的是要保证数字资本主义社会秩序稳定有序地发展,包括政治经济、社会文化等多个层面。因此我们对数字拜物教机制进行深度批判,就需要在马克思主义政治经济学视域内对资本主义社会具体的生产过程展开考察,说明数字拜物教机制中"物"在特定生产关系内如何获得合乎历史的"形式规定性",

---

① [美]大卫·哈维:《新自由主义简史》,王钦译,上海译文出版社2016年版,第5页。

这是对形成数字拜物教的社会历史根源的反思批判。"拜物教的被解构并非取决于个体在文化或观念上的挣脱，而是取决于资本主义商品关系的进一步发展所凸显出来的内在矛盾"①，只有通过对数字资本主义生产过程的社会关系内在机理的分析，我们才能阐明数字资本时代的现代性悖论形成的根本原因，并且揭示出数字拜物教机制掩藏的数字资本主义社会秩序的矛盾本质，马克思主义政治经济学批判在此将真正成为一种内在于当代人生活的现实性力量，推动时代跃迁和文明演进。

---

① 唐正东：《马克思拜物教批判理论的辩证特性及其当代启示》，《哲学研究》2010年第7期。

# 第三章　数字拜物教的秘密与数字资本主义生产过程批判

对数字资本主义生产过程颠倒假象的政治经济学批判，是破解数字拜物教秘密的根本路径。数字拜物教本身并未脱离资本主义生产过程及其生产关系的一般规律与逻辑，它是在数字资本主义特定的历史背景下形成的。数字资本主义与数字拜物教彼此支撑、相互补充。数字资本主义的生产与再生产过程以及社会关系形式，内在需要并不断要求数字资本逻辑在拜物教机制展开的基础上生产出适合且认同资本主义社会生产秩序的劳动主体，其根本目的在于使具有拜物教意识的主体"自然"地进入生产环节。因此，对数字拜物教的批判性研究不能局限于意识形态层面，更重要的是需要在马克思主义政治经济学视域下对数字拜物教的社会历史根源展开深入分析，即在对资本主义生产过程的内在矛盾与危机分析基础上，击穿数字资本主义社会的拜物教假象，并结合数字资本时代资本主义生产过程具体的变化，去揭露数字拜物教机制遮蔽的数字资本主义社会生产关系的矛盾与颠倒本质。要完成这一任务，需要以马克思政治经济学批判为方法论基础，对数字资本主义具体的生产过程展开批判性阐释。从数字资本主义生产过程的四个环节即生产、分配、流通、消费出发,具体揭露"劳动的自由自主""合理的分配关系""流通生产价值""消费需要的满足"等资本主义的颠倒假象背后,被数字拜物教遮蔽的"无酬数字劳动剥削逻辑的延伸""不平等的分配关系""流通时间是价值实现的障碍""拜物需要替换真实需要"的社会现实,这一过程实际上是对形成数字拜物教的社会历史根源的前提批判。本书中数字资本主义生产过程强调的是资本主义社会作为整体的生产过程①,它包括生产、分配、交换、消费四个环节。

## 第一节 勘破拜物教秘密:马克思的政治经济学批判方法

众所周知,马克思政治经济学批判是作为对资本现代性问题的一种深刻回应诞生的。对资本现代性问题尤其是以拜物教所表征的资本主义物化生存境遇的批判反省,构成了马克思政治经济学批判的深层背景与问题意识。马克思通过对凝结在商品、货币、资本范畴上的物化社会关系的辩证批判,揭示了资本主义社会由"人"的现实转化为"物"的现实的颠倒社会形式,为我们呈现出资本主义生产方式的矛盾本质。马克思政治经济学批判方法对于勘破拜物教秘密具有重要的方法论作用。

---

① 资本主义社会作为整体的生产过程,实质上是包括生产、交换、分配、消费四个环节在内的广义生产过程的再生产,即资本主义社会总体的再生产。狭义的再生产理论是直接生产过程的再生产,这里的再生产指的是资本主义总生产过程四个环节之一的"生产过程"的再生产。狭义再生产理论主要是为了科学解剖资本主义内部结构,揭示资本主义经济运行的本质规律,而广义再生产理论强调的是资本主义在形式上如何实现资本主义社会总体的再生产的。参见孙乐强《马克思再生产理论及其哲学效应研究》,江苏人民出版社2016年版,导论第7—11页。

## 第三章 数字拜物教的秘密与数字资本主义生产过程批判

资本主义社会拜物教表征的抽象对人的统治与资本主义颠倒的生产方式密切相关。资本主义生产关系不可调和的矛盾就掩藏在价值形式背后。对此，马克思采取的是一种对资本主义价值形式的社会历史前提批判方法，即发掘商品、货币、资本在现实生活中得以存在的社会历史根源，进而呈现其背后真实的资本主义社会关系矛盾本质。要消解资本主义拜物教颠倒的思维意识，就必须在对"颠倒拜物意识"形成的"颠倒现实世界"的批判中实现，其中价值形式的社会历史批判构成了马克思政治经济学批判勘破拜物教秘密的独特视角。

价值形式问题是贯穿《资本论》的重要主线，理解了"价值形式"之谜，就意味着理解了资本主义社会之谜。古典政治经济学从数量原则的经验论视角出发，把"价值形式"看作与商品本性无关的东西，而马克思追溯的正是他们忽略的使某物成为商品和货币的"价值形式"。马克思在《资本论》中详细研究了价值形式的历史发展过程，即简单的价值形式—扩大价值形式——般价值形式—货币形式。价值在商品形式上具有最一般也是最抽象的规定性，进一步在货币形式中获得了新的规定性。在这里，价值成为自己的目的，价值真正作为"纯粹形式"被建构起来。但是价值在不同商品的特殊性与货币形式的普遍性之间仍然存在二重化的分离，货币形式的价值虽然成为自为的主体，但它仍以人的需要为基础，要扬弃这种二重化，就必须在现实中进一步发展至资本阶段。在资本形式中，价值仿佛获得了自我更新和自我增殖的能力，且不需要依赖其他中介。正如阿瑟所指出的，"资本必须掌控价值循环的维持和发展。因此为了把它自身的概念变成现实，资本本身必须进行商品生产并且将商品简化为其自身循环中的要素"[①]。

---

① [英]克里斯多夫·约翰·阿瑟：《新辩证法与马克思的〈资本论〉》，高飞等译，北京师范大学出版社2018年版，第117页。

也就是说，价值形式发展到资本阶段，资本真正作为主体将价值形式诸要素的循环纳入了自身增殖过程。

进一步，马克思以价值形式辩证运动为切入点，实现了对资本主义社会现实历史本质的揭示。根据马克思揭示的资本运动总公式 G－W－G′存在的矛盾，在货币形式羽化为资本的过程中，价值增殖不可能在卖者与买者之间实现，原因在于总流通中的价值总量保持不变。在资本主义社会，工人与资本家的平等关系是最直观的社会关系形式。表面上来看，这一社会关系是资本主义平等自由社会制度的化身，但马克思指出这只是资本为实现自我增殖的成功伪装，其中关键在于劳动力成为商品，资本自我增殖过程即剩余价值生产过程。以商品形式为基础的资本与劳动的交换是社会关系物化的直接结果。资本家与工人的"等价交换"，掩盖的是资本家对工人剩余劳动创造的剩余价值无偿占有的现实。"被剥夺的劳动恰恰是价值的真实内容。正是在价值形式下才发生了对劳动特有的资本主义剥削。价值通过对活劳动的辩证克服（'扬弃'）而形成，活劳动既作为价值'实体'被否定，又作为价值'实体'被保存（'死劳动'）。"① 资本家用一定数额的"死劳动"（工资）换取工人创造价值的"活劳动"，这种价值形式的"平等假象"构成了资本主义社会颠倒生产方式存续的现实基础。

同样是面对价值形式问题，古典政治经济学家将价值形式当作"物"的问题进行分析，并且"经济学家们把人们的社会生产关系和受这些关系支配的物所获得的规定性看作物的自然属性，这种粗俗的唯物主义，是一种同样粗俗的唯心主义，甚至是一种拜物教，它把社会

---

① ［英］克里斯多夫·约翰·阿瑟：《新辩证法与马克思的〈资本论〉》，高飞等译，北京师范大学出版社 2018 年版，第 65 页。

关系作为物的内在规定归之于物，从而使物神秘化"①。古典经济学以数学原则为基础，用数量关系来量化现实世界，所以商品、货币、资本都是作为不证自明的物的前提存在的。而马克思展开的价值形式的社会历史批判，实质上是对"物"的社会属性的揭露。马克思以"抽象力"的方法分析价值形式，将"商品"视作《资本论》抽象的逻辑起点，它的可感觉又超感觉的形而上学性质潜在地展现了资本主义社会关系的一切矛盾。随着商品交换范围的扩大，货币逐步作为商品世界的形式体现成为人与物社会实现的"代理者"，货币概念比商品概念包含的内容更复杂，是资本主义社会更具体的概念存在。进而到资本阶段，资本的形成依赖于劳动力这一关键商品形式，它是比货币包含的内容更丰富、复杂的具体概念，由此发展到资本积累这一更复杂和具体的概念。马克思从抽象经济范畴出发进展到对资本主义现实具体的科学叙述，正是对价值形式的社会历史批判的体现，商品—货币—资本内含着价值形式的逻辑演历过程，映射了资本主义社会关系的矛盾本质，马克思以价值形式的辩证法为逻辑中介，在思维中复制和再现了社会现实中人的生活世界。

马克思在《资本论》中关于价值形式辩证运动的分析，实质上是对资本主义社会客观具体事物的思想逻辑认识过程。从简单的价值形式—扩大价值形式——般价值形式—货币形式不仅是价值形式的逻辑演历过程，更是对资本主义社会体系形成历史发展的研究。"价值形式之上的拜物教现象并不是'误认'，而是资本主义生产方式必需的掩盖和欺骗"②，价值形式保证了资本主义社会关系的正常运作，尤其是其

---

① 《马克思恩格斯全集》第 31 卷，人民出版社 1998 年版，第 85 页。
② 李乾坤：《价值形式、国家形式与资本主义社会结构——基于德国新马克思阅读的探讨》，《国外社会科学前沿》2020 年第 3 期。

中拜物教现象掩盖的实际上是资本主义生产方式的矛盾本性。价值绝不是作为自然物的实体存在,而是包含人与人的相互生产活动结成的社会关系本身。价值增殖也绝不是资本作为物的自行增殖,而是对具体社会关系中活劳动剥削的结果。价值形式形成的社会历史根源在于,资本主义生产方式及其在这种生产方式基础上的生产关系,价值形式本质上是资本主义社会关系的反映。马克思对价值形式的社会历史分析是根植于资本主义社会现实生产的"历史与逻辑"的统一,他不仅看到了价值形式逻辑的体系性运动,更看到了资本主义社会现实的历史性。总之,马克思展开的价值形式的辩证分析是以政治经济学批判的方式对现实历史的逻辑把握。所以在面对拜物教的抽象统治时,马克思的解决办法也是釜底抽薪式的,即价值形式的社会历史批判,一方面体现为对商品、货币、资本拜物教物化关系背后人与人关系的澄清,另一方面又揭示了人与人关系中资本对雇用劳动的剥削现实。马克思正是通过诉诸价值形式的辩证批判去完成上述两个目标的,并且最终指向的是资本主义生产关系的矛盾本质,这构成了从政治经济学批判出发,对资本主义社会拜物教本质揭示的批判路径。

马克思政治经济学批判方法为深入剖析数字拜物教与数字资本主义生产方式提供了关键方法论支撑。马克思开创的价值形式的社会历史批判,不仅是对社会生活中"抽象力量"运作进行反省,更在对资本主义生产力与生产关系发展的矛盾本质揭示中,呈现了"物"掩盖下的真实社会关系,从而"使哲学与人们的现实社会生活建立了一种密不可分的内在关系,哲学成为一种内在于社会生活并推动社会生活运动的有机力量"[①]。在马克思政治经济学批判视域内,社会现实生活

---

① 贺来:《现代性学科建制的突破与马克思哲学的存在方式》,《天津社会科学》2017年第6期。

构成了哲学批判的起点与归宿，所以对数字拜物教机制的批判，首先应该回到数字资本主义具体的生产过程中，去说明"数字技术""数据商品""数字资本"如何被数字资本主义生产方式赋予了拜物教性质，在此基础上进一步揭示出价值生产、价值分配与流通、价值实现各环节数字拜物教机制掩盖下真实生产过程中的社会关系矛盾本质。只有在对数字资本主义生产过程的批判性分析中，我们才能真正实现对数字拜物教机制的前提性反思和批判，从而揭示数字资本主义生产方式的历史有限性和内在矛盾性，为人们走出数字拜物教幻象，实现自我超越和社会历史变革敞开新的空间。这一工作实际上是在马克思政治经济学批判方法基础上，对形成数字拜物教的数字资本主义社会关系本质的追问。接下来，本书将从价值生产、分配、流通、实现四个层面展开具体分析。

## 第二节　数字拜物教机制与劳动过程的剥削新形式

在数字信息技术广泛应用的数字资本时代，对"数据"商业价值的重视和挖掘已达到无以复加的地步。这首先表现为数字资本主义生产过程对数字平台用户的依赖性进一步增强，并形成了以用户为核心的经济增长新方式。数字资本和数字技术的联袂不仅使人们进入数字化生存的新时期，人与人、人与社会依靠数字平台建立了紧密联系，更试图将所有平台用户的一切行为纳入数字资本增殖逻辑，以推动数字资本的发展。被商品化的数字劳动在拜物教幻象中正遭受着数字资本逻辑的隐秘剥削，涉及的是价值生产阶段拜物教机制掩盖的劳动过程的社会现实。从价值生产的政治经济学批判出发，勘破数字资本时代劳动过程的深度剥削以及剩余价值的形成秘密，我们才能真正揭露数字拜物教机制掩盖的人们正在面临的劳动剥削与生存困境。

## 一 数字劳动：数字资本主义价值生产的源泉

数字劳动作为当代资本主义一种全新的劳动形式，无论是在价值形成的表现方式还是规模总量上都与以往的传统劳动有着根本区别。从数字资本主义发展的市场逻辑来看，数字资本主义新的生产模式"很大程度上依赖于互联网的网络化性质，它允许网络中的每个节点容易访问其他节点，无论它们是用户、服务器还是应用程序。灵活和交互式的应用程序允许用户轻松地修改和定制信息……这些特性还允许不同的节点聚集在一起，并在信息商品的生产中进行合作"①。在此独特的生产模式内，以"一般数据"为生产要素展开的数字劳动正在成为数字资本主义价值生产的新源泉，"数字工作和数字劳动是涉及数字媒体技术和内容生产的所有活动的广泛类别"②。按照马克思劳动价值论的内容，活劳动是剩余价值生产与增殖的唯一来源，所以在对数字资本主义生产过程的讨论中，数字劳动将是分析数字资本主义价值生产的关键点。

（一）数字劳动概念的源起

"数字劳动"概念最早是由传播政治经济学与意大利自治主义学者提出的。随着20世纪70年代以来计算机和信息技术的广泛应用，西方学者开始关注科技进步与劳动形式转变的关系问题。意大利自治主义学者以马克思机器论片段为理论出发点，强调了马克思所提出的一般智力对资本增殖的重要作用正在变为现实，他们将一般智力与劳动

---

① Olivier Frayssé, Mathieu O'Neil, *Digital Labour and Prosumer Capitalism*, London: Palgrave Macmillan, 2015, p. 125.

② Christian Fuchs, *Digital Labour and Karl Marx*, New York: Routledge, 2014, p. 351.

联系起来，提出与资本主义生产范式的转型相关的"非物质劳动"。莫里齐奥·拉扎拉托在《非物质劳动》一文中，从传播政治经济学角度提出"非物质劳动"这一概念。非物质劳动作为后工业时代社会网络生产的一种新的劳动形式，可以为艺术和审美等方面提供新的材料，激发社会再生产的创造力。从非物质劳动的形式上看，工人的自主性劳动增强，并在生产中被赋予一定的管理权；从内容上看，非物质劳动为审美和文化提供了新的素材，"非物质劳动的作用是为了在不同的沟通形式与状态下（工作与消费中）促进持续创新，它为需求、想象、顾客品位等提供了形式并且将其物质化，而反过来，这些产品又成为生产需求、想象与品位的强大来源……非物质劳动生产出一种'社会关系'（一种创新关系、生产关系和消费关系），只有这样的非物质劳动才具有经济价值。这种生产活动瞬间使物质产品被'遮蔽'的东西显现出来，即劳动不仅生产商品，同时也生产资本关系"①。在他们看来，非物质劳动与生命政治生产描述的都是20世纪六七十年代以来的西方发达资本主义国家进入后现代社会的劳动状况。非物质劳动主要指在生产和服务信息化背景下劳动形式的变化，"即生产一种非物质商品的劳动，如一种服务，一个文化产品、知识或交流"②；而生命政治生产的内涵更为丰富，它所强调的是资本主义开放社会关系和生命形式的生产，"生产观念、符码、图像、情感和社会关系等的生命政治生产被直接视为人类主体性的构成性要素：这个领域就是主体性得以生成并寄居的场所"③。可以看出，哈特和奈格里看到了生命政治生

---

① 姚建华：《传播政治经济学经典文献选读》，商务印书馆2019年版，第229页。
② ［美］麦克尔·哈特、［意］安东尼奥·奈格里：《帝国——全球化的政治秩序》，杨建国、范一亭译，江苏人民出版社2008年版，第284页。
③ ［美］迈克尔·哈特、［意］安东尼奥·奈格里：《大同世界》，王行坤译，中国人民大学出版社2016年版，第124页。

产和非物质劳动正在不断发展为当代主导劳动范式的现实变化，这一劳动范式打破了社会政治、经济、文化之间的界限。非物质劳动不仅意味着劳动产品和形式的"非物质"，而且在具体展开中同时具有社会政治文化内涵。它同时也是社会生活的共同生产，数字劳动可以看作哈特和奈格里强调的资本主义信息化生产中非物质劳动形式的当代演变。

除了意大利自治主义对劳动形式转变的关注外，西方传播政治经济学者还从劳动的具体内容出发，重点分析了资本主义信息化、网络化生产方式下的劳动内容变化。斯麦兹在《传播：西方马克思主义研究的盲点》从受众商品的观看劳动角度入手，详细阐明了资本主义商业传播体制内部媒介、广告商、受众的隐秘关系。他指出，广告商支持的传播媒介生产的商品形式是"受众"，"传输给受众的信息、娱乐、'教育性'素材，其本质都是刺激物（礼物、贿赂或'免费午餐'），其目的是获取潜在的受众成员，并维持其忠诚的关注度"，进而媒介把收集到的受众注意力以商品形式卖给广告商。"受众商品是生产商生产的不耐用的产品，广告商购买受众商品，并将其用于产品的营销。受众为其买主——广告商所从事的工作就是学会购买特定'品牌'的消费品，并相应地花费其收入，受众的这种劳动创造了对广告商品的需求，这正是垄断资本主义广告商的目的"[1]，这种受众形成的劳动被看作数字劳动的雏形。随着互联网信息技术的发展，数字时代的劳动形式变化成为西方学者关注的重点。意大利学者蒂兹纳·泰拉诺瓦认为，受众劳动从文化知识消费转化为生产性行为，数字劳动作为一种免费劳动，是晚期资本主义社会中的普遍存在。"免费劳动是对晚期资本主

---

[1] 姚建华：《传播政治经济学经典文献选读》，商务印书馆2019年版，第23—24页。

义的一种内在的劳动欲望,晚期资本主义是既维持免费劳动又耗尽免费劳动的领域。"① 以色列学者费舍尔从网络技术发展的技术话语与意识形态的构建角度,深入分析了网络精神的社会政治话语意义。首先,"网络精神是话语性的'便利壳'与'文化逻辑'或后福特社会的合法化话语。网络精神不仅是对当代技术资本主义的描述,而且也是构成新的生活方式、制度安排和社会权力关系的核心……它是过去四十年两个关键转变之间的结缔组织:向后现代社会的转变和网络技术的兴起。正是这种话语使这些转变合法化并成为可能"②。按照费舍尔的论述,数字劳动与这种网络精神话语体系建构密切相关,数字劳动是受网络精神话语权力影响的。后来,克里斯蒂安·福克斯尝试将马克思物质劳动理论运用于互联网及其社交媒体批判中,认为数字劳动是一种涉及数字媒体生产、流通等各环节的劳动。可以看出,从受众商品到受众劳动、数字劳动反映了当代资本主义生产方式下劳动形式的变化,对数字劳动概念源起的梳理,将为进一步界定数字劳动的内涵与揭示数字资本主义的剥削本质奠定理论基础。

(二) 数字劳动的特征与具体形式

数字劳动是与当代资本主义生产方式变化密切相关的劳动形式,资本主义生产方式的时代变化之迅速决定了不同时期学者对于这一概念的不同认识。至今,对数字劳动的准确定义还没有达成共识。但是,我们在分析数字劳动时,既不能像泰拉诺瓦那样简单地把数字劳动等同于免费劳动,同样也不应该由于数字劳动的分类呈现出的外在形式

---

① Tiziana Terranova, "Free Labor: Producing Culture for the Digital Economy", *SOCIAL TEXT*, 2000, pp. 33 – 58.

② Eran Fisher, *Media and New Capitalism in the Digital Age: The Spirit of Networks*, London: Palgrave Macmillan, 2010, p. 217.

变化而忽视其劳动力价值的内在本质。资本主义生产方式的转变和数字信息技术的变革改变了劳动形式，在数字劳动过程中，劳动资料与劳动对象的数字化意味着二者的界限变得模糊。从马克思政治经济学观点上看，"劳动过程的简单要素是：有目的的活动或劳动本身，劳动对象和劳动资料"①。据此，我们可以把数字劳动理解为"智力成果依靠数据信息构成的无形资产，以数据信息、数字技术和互联网为支撑，囊括工业、农业、经济、知识、信息，存在一定空间，消耗人们时间的数据化、网络化工作形式"②。数字信息技术、数字平台可被视为劳动资料，主体行为、思想意识、情感关系等是劳动对象，其本质都是数据，最终将形成数据产品。从数字劳动的外在表现来看，它体现的是文化、信息、数据生产与消费的非物质形式，但它本身又离不开人的具体脑力劳动和其他诸多物质基础，如网络基础设施等物质性的劳动资料。可以说，数字劳动兼具有物质性与非物质性，是二者的统一，它所生产的数据产品正是在当代生产力提高与生产组织形式更新基础上形成的商品新形式的载体。

数字劳动首先包含网络基础设施建设的有酬数字劳动，这里涉及的是从事互联网专业技术以及维护平台服务的人员，如网站维护员、程序员、数据管理员、客服等。这类人员付出的数字劳动属于雇用劳动范畴，互联网企业通过雇佣劳动者对数据资源进行收集、整理、挖掘、分析，使海量数据资源成为具有交换价值的数据商品并参与资本生产。广义的数字劳动还包括在社会工厂中数字平台用户的劳动，"当代资本主义的全球化已经把工人工厂的围墙分散到了全球。由于没有

---

① 《马克思恩格斯文集》第5卷，人民出版社2009年版，第208页。
② 吴欢、卢黎歌：《数字劳动与大数据社会条件下马克思劳动价值论的继承与创新》，《学术论坛》2016年第12期。

非工资劳动和利用所有人创造的公地,资本就不可能存在,社会已经成为一个工厂"①。后者是当下处于资本主义剥削性生产关系中普遍的数字劳动形式。今天,平台作为数据量化社会一切的关键载体,"可以从我们的生活中汲取自由的基础上构建整个经济的最广泛的尝试,从而使以前无法想象的无偿和低薪工作模式就可以合法化、规范化,并且长期规范化运行"②。从内容的丰富性来看,数字劳动可以具体分为以下三种形式:第一,平台用户使用者生成内容的数字劳动,如自我信息发布、资料分享。用户在使用平台过程中一方面满足了自己认知、情感、社会联系的需求,另一方面也为数字平台的内容生成与平台建构提供了数字劳动。以用户使用谷歌地图为例,用户可以通过"审查一个地方""评分一个地方""添加照片到一个地方"获取平台的优惠券,在满足用户使用需求的同时,用户同时也为平台贡献出丰富的位置信息以便于平台的内容完善,而他获取的仅是非常低廉的只能在绑定平台中使用的优惠,用户生成的内容获得的回报以优惠券的形式为下一环节的消费剥削提供便利。第二,平台用户在使用各种数字平台过程中留下的数字信息资源,这类由人的数字劳动形成的海量数据资源最容易被人忽略,却可以作为数据商品形成的原料,源源不断地为数字资本增殖服务,并且数字资本家可以利用大数据信息处理、云计算等技术对这些看似无用的数据痕迹进行分析,为数据商品买卖营造有利条件。第三,还存在一些以平台为中介,以算法管理为技术支持的数字劳动,其中数字劳工与平台算法之间建构的人与技术的关系,实现了平台经济体系对数字劳动的规训。比如,外卖、快车等众多平

---

① Christian Fuchs, *Digital Labour and Karl Marx*, New York: Routledge, 2014, p. 111.
② Nick Couldry, Ulises Mejias, *The Costs of Connection: How Data is Colonizing Human Life and Appropriating it for Capitalism*, Stanford, California: Stanford University Press, 2019, p. 58.

台中的劳动者，他们从肢体行为到时间、空间等都受到平台算法的精准化管理，众多的平台数字劳工不仅没有享受应有的劳动保障，而且难以抗衡智能算法技术理性的催逼，这反映的正是现代社会弹性劳资关系的内在矛盾。

可以看出，数字劳动涵括的内容十分丰富，不仅涉及专业的数字企业雇用劳动，而且还包括数字平台用户在更广阔的社会范围内进行的数字劳动。具体来看，它具有以下特征：首先，数字劳动与传统劳动形式相比，它在资本主义价值增殖过程突出人的情感性劳动、认知劳动的重要作用，数字劳动虽然依赖物质性基础，但无论是在质还是量上，其呈现出的非物质形式越来越占据主导地位；其次，数字劳动依靠数字平台技术的广泛应用普遍存在于社会的每个角落，"网络创造了一个空间，促进了工作和休闲、生产时间和空闲时间、办公空间和家庭空间、公共和私人活动的积极模糊。网络工作永远存在，可以在任何地方执行"[1]。工作与闲暇、生产与再生产的界限越来越模糊，数字资本以更彻底的方式扩大了资本主义社会的生产领域，形成了一种服务于资本增殖的新社会关系结构，如零工经济、众包形式下，数字劳动的范围已经扩展到没有实体边界的社会工厂。此外，数字劳动过程中数字劳工付出的具体劳动往往是低薪甚至是无酬，尤其是在数字平台的网络空间经济体系里，主体并不把具有娱乐性、情感性、休闲性的活动本身视作劳动，反而作为自己社会生活的一部分。但实际上，数字平台中的"分享""参与"都是诉诸数字资本主义意识形态的商业逻辑产物。数字信息技术与数字资本的联袂创造出一种全新的数字拜物教机制，不仅顺应了数字资本逻辑的扩张趋势，同时还形成了社

---

[1] Eran Fisher, *Media and New Capitalism in the Digital Age: The Spirit of Networks*, London: Palgrave Macmillan, 2010, p.214.

会大众共同参与数字平台内容生产的价值理念。一方面,数字资本主义利用数字技术重塑了劳动条件,互联网公司和数字企业中的雇佣劳动者在对数据的分析、挖掘、加工过程中生产出剩余价值被资本家无偿占有。"数字劳动者登录的数据平台是他人的数据平台,加工的数据原料是他人的数据原料,运用的数据工具是他人的数据工具,数字产品也表现为他人的数据原料、他人的数据工具和他人的数字劳动的结合,表现为他人的数字财产,即数字资本。"[①] 另一方面,社会工厂中的数字劳动不具有雇佣关系,在此数字劳动体现的正是当代低酬甚至无酬的新型劳动形式,数字劳动被视作分享、参与互联网活动的自主活动,人们自愿在网上付出时间,展开活动并不求回报。数字拜物教掩盖的数字资本主义剥削本性隐匿在这些看似自由的网络活动中,使人无法察觉,也正是因为数字拜物教机制的作用,主体才能沉迷于数字化幻象不间断地进行数字劳动,而且在劳动过程中,人们获得的不是压迫感,而是满足感。这两种类型的数字劳动都属于在数字资本主义价值生产过程中发挥作用的新型劳动形式,它们是数字资本实现价值增殖的关键。

## 二 拜物教机制掩盖的真实生产过程:数字劳动生产剩余价值

智能数字技术正在重塑人类社会,根基于大数据、人工智能、智能算法、区块链等新技术基础上的数字资本主义彻底颠覆了传统资本主义生产方式,形成了以"数据"为生产要素且通过多场景、全时段的数字劳动生产剩余价值的资本主义新生产方式。其中,主体自觉地借助数字智能技术对自我身体、生命的量化,成为"数据"生产的关

---

① 邓伯军:《论当代资本主义社会的数字劳动——基于马克思劳动价值论的分析》,《大连理工大学学报》(社会科学版)2023年第5期。

键。数字劳动作为数字资本主义虚拟化、信息化、数字化的全新主体性存在形态,无论在具体的价值生产环节还是社会整体性生产关系建构层面都与以往时代的劳动形式有着根本区别。数字劳动的历史出场直接推动了资本主义数据资料的商品化进程,同时也使人的主体性存在具备了数字化生存与发展的新时代内涵。要揭示拜物教机制掩盖的剩余价值生产与劳动过程的关系,需要在马克思政治经济学批判的基础上,分析数字劳动生产剩余价值的过程,这是阐明数字资本价值生产剥削本质的前提。

(一) 数字劳动的商品化

马克思在对价值增殖与资本主义劳动过程关系的探讨中指出,"只有为资本家生产剩余价值或者为资本的自行增殖服务的工人,才是生产工人"[①]。资本主义价值增殖同时是生产工人出卖自己劳动力的过程,自由生产工人出卖自己的劳动力换取工资,劳动过程服务于资本价值增殖是生产性劳动的关键。数字劳动同样是在资本主义生产关系内,服务于资本价值增殖的劳动形式,数字劳动在本质上也属于生产性劳动。

资本主义每向前一步,它不仅会促进生产方式的更新,同时还会加深其对社会历史主体的隐秘操控程度,使之成为适配新生产关系结构且"自由"服从和"臣服"于资本主义制度权威的数字劳动主体存在。在资本主义数据生产中,资本家通常会深入了解主体偏好,以"免费注册""自由体验""信息共享"等把自主选择权交给用户的方式来积累数据原材料。"平台主导的数字劳动是一种'自愿'出入、自由行为的'劳动',其产品就是数据。"[②] 数据是在平台生产组织形式

---

① 《马克思恩格斯文集》第 5 卷,人民出版社 2009 年版,第 582 页。
② 涂良川:《平台资本主义技术逻辑的政治叙事》,《南京社会科学》2022 年第 2 期。

更新基础上数据商品生产的重要原材料。在大数据技术迅猛发展的今天，以前那些看似无用分散的数据痕迹都可以被作为劳动原料在二次加工之后成为价值增殖的源泉，数字资本主义生产关系已经将绝大部分的数字劳动纳入自己的增殖体系。在马克思看来，价值增殖与劳动过程的统一指的是资本主义社会剩余价值的生产与增殖必须依赖于现实的劳动过程。其中，劳动力商品化是资本主义生产方式最重要的特征，生产要素中只有劳动力这种要素在生产中能够创造并增加新的价值。数字劳动的商品化及其生产出的数据商品同样是资本主义价值生产与增殖的前提。按照马克思对商品二重性的分析，作为资本主义社会财富元素形式的商品是使用价值与价值的统一体，每一种商品都可以从质和量两个角度来考察。从质的角度来看，商品的使用价值可以满足人们的多种需求；从量的角度来看，商品则是为了交换而生产的物，商品的二重性的根源是"劳动的二重性"，即具体劳动与抽象劳动。无论资本主义劳动形式如何变化，劳动首先是一般意义上使用价值的生产过程。在具体的数字劳动过程中，人们以数字平台为中介获取和传输信息知识的过程，不仅满足了自己的使用需求，同时在分享过程中将数据商品包含的使用价值传输给他人；而且数字平台在使用价值的生产过程中，通过对用户数据的监视、记录、收集、分析等操作描绘各不相同的"数据轮廓"，用户以平台为中介形成的认知、情感、交流的数据信息的使用价值，都被平台无偿使用。所以，数字劳动具有的使用价值不仅满足了自己与他人的使用需求，更重要的是作为数字资本生产过程需要的使用价值存在，它构成了价值增殖的前提。

从数字劳动生产的产品形式来看，资本主义生产表现为使用价值的生产与再生产，但实现价值才是资本主义商品生产的目的，资本主义商品生产表现为数字资本家将上述使用价值向价值转化,这一过程也就是数字劳动商品化的过程。主要包括用户信息采集的商品化,各大数字平台对用户基本信息的采集,根据年龄、性别、区域、消费数目等使用信息的拼接对用户消费的趋势和偏好进行数据分析,将用户留下的原始数据商品化,给不同的用户贴上身份标签;进而把这些数据商品售卖给商家,"社交媒体用户是商品化的双重对象:他们本身就是商品,通过这种商品化,他们的意识成为在线商品,以广告的形式永久地暴露在商品逻辑中。大多数在线时间都是广告时间。在企业社交媒体上,有针对性的广告利用用户的个人数据、兴趣、互动、信息行为以及与其他网站的互动"[1]。用户数字劳动形成的数据在互联网平台的提取和数据工程师的分析处理后成为数据商品,在整个过程中,用户的信息是被无偿收集且使用的。在数字平台制造的"分享""参与"式拜物教意识形态影响下,数字劳动者主动配合平台完成了信息传递分享的商品化,尤其是在社交媒体使用过程中,产消合一趋势体现得更为明显。在数字拜物教机制的全面作用下,人们之间的社会关系、情感关系都离不开数字平台中介,用户的属人性情感都有可能被平台技术商品化。其中,广告商又在信息传递中实现了对数字劳动形成的数据信息的二次商品化,即向用户精准投放广告。平台关系结构容纳的数字主体越多,生产出数据资料也就越多,而这些数据信息"既有价值又创造价值,它是新的生产系统与服务系统的核心"[2]。数字资本主义以高参与度和多样化的媒介传播渠道吸引目标用户,通过开放自定义机制,借助分享、点赞、关注等方式,鼓励用户作为数字

---

[1] Christian Fuchs, *Digital Labour and Karl Marx*, New York: Routledge, 2014, p. 101.
[2] Jathan Sadowski, *Too Smart: How Digital Capitalism Is Extracting Data, Controlling Our Lives, and Taking over the World*, Cambridge, Massachusetts: MIT Press, 2020, pp. 30–31.

主体参与数字平台内容的生产与传播过程,旨在构造出适应当代资本主义生产的虚拟化、数字化、智能化的全新生产场域。

从用户信息数字收集的商品化—信息传递分享的商品化—情感社会关系的商品化过程,数字劳动经历了由被动信息采集到用户主动参与并扩散数据商品化的转变,也正是在数据商品价值实现过程中,数字资本才得以自我增殖和进行再生产。所以说,数字劳动形成的使用价值是价值实现的前提,数字劳动商品化形成的价值是数字资本进一步增殖的关键。

(二) 剩余价值的生产:无酬数字劳动时间的延长与数字劳动强度的增加

资本价值生产的唯一目的就是不间断地获取剩余价值,数字劳动的商品化为实现资本增殖创造了前提条件。在数字资本家看来,平台收集的数据都是被人无视的零碎散乱信息,通过对数据信息的加工获取剩余价值仿佛是天经地义的事情。然而,在具体的生产过程批判中,我们不仅能够发现"自由"数字劳动背后的不公平,更能看到数字资本家的贪婪增殖欲望。本书讨论的剩余价值的生产主要是从数字雇员无酬数字劳动时间的延长与平台用户数字劳动强度的增加两个层面展开论述的。

在数字资本时代,资本家首先采取了剥削数字雇员无酬数字劳动创造的剩余价值这一方式来实现资本增殖,即在必要劳动时间不变的前提下,通过延长数字雇员的无酬劳动时间以此满足资本增殖需求。从平台公司和互联网企业数字雇员的价值生产过程来看,当前智能数字设备的普及使数字雇员的劳动不再局限于特定工作场所,他们随时随地都可以通过网络连接获取上级工作指令。以往仅在固定范围内的价值剥削被延伸到工作时间之外,随时待命是现代人的工作伦理。不限时间、不限空间的数字劳动一方面创造了自己的对立面——数字资本,同时数字资本还将劳动主体的全部社会生活纳入资本增殖逻辑。普通的数字雇员只能通过生命自我管理的方式使自己成为适配平台资本主义生产关系的劳动主体,生活与工作之间的界限正在消失。数字资本主义把"工作场所变成了工人可能碰巧在的任何地点,同时通过连续的数据收集和处理流进行普遍的测量和监测"①,工作时间不断延长至主体极限。尼克·库尔德利指出,当代资本主义为监督数字雇员工作进度所采取的众多手段,包括智能调度、数据驱动的工人微观管理、远程桌面监视、传送信息、监测工作互动、身体监视等。正是在这些数字信息技术控制模式下,数字雇员不得不时刻保持高度紧张状态,延长工作日时间以完成任务目标。在数字雇员付出的无酬数字劳动过程中,数字资本剩余价值的生产主要靠工作时间的延长来实现,尽可能地增加数字劳动生产剩余价值的时间,数字雇员在价值生产过程中,表面上拥有更多劳动自主性,实际上却被数字资本增殖逻辑和技术逻辑共同控制。智能数字设备作为生产资料成为吮吸他人活劳动的手段,"只要我们从价值增殖过程的观点来考察生产过程……生产资料立即转化为吮吸他人劳动的手段。不再是工人使用生产资料,而是生产资料使用工人了。不是工人把生产资料当做自己生产活动的物质要素来消费,而是生产资料把工人当做自己的生活过程的酵母来消费,并且资本的生活过程只是资本作为自行增殖的价值的运动"②。数字雇员不仅为剩余价值的生产贡献了大量无酬的数字劳动时间,同时也为生活或者生命本身的进一步资本化创造了条件。

---

① Nick Couldry, Ulises Mejias, *The Costs of Connection: How Data is Colonizing Human Life and Appropriating it for Capitalism*, Stanford, California: Stanford University Press, 2019, p.64.
② 《马克思恩格斯文集》第5卷,人民出版社2009年版,第359—360页。

## 第三章 数字拜物教的秘密与数字资本主义生产过程批判

资本主义剩余价值的生产除了延长数字雇员无酬数字劳动时间这一方式外，还通过对平台用户劳动的剥削实现了更大规模的价值生产与积累。从数字资本主义生产组织更新来看，数字资本主义带来的数字信息技术变革在相同的时间内可以创造出更多的产品，所以资本增殖是推动科学技术发展的首要动力，数字信息技术的智能化应用正在成为众多企业和商家生产剩余价值的关键支撑，剩余价值在体量上大大超过了以前。数字信息技术的应用推动了社会生产力的提高，但并没有缩短人们的劳动时间，反而进一步侵占自由时间，使其成为服务于资本增殖的剩余劳动时间。"资本的趋势始终是：一方面创造可以自由支配的时间，另一方面把这些可以自由支配的时间变为剩余劳动。"① 从普通的平台用户投入的数字劳动时间来看，劳动时间长度实际上增加了。平台作为数据的吸纳、处理、分析器，"可以在从我们的生活中榨取自由的基础上构建出一个完整的经济模式，从而使以前无法想象的无偿和低薪工作模式合法化、规范化并且长期规范化运行"②。尤其是在社交媒体中，数字资本家采取了一系列手段培养用户平台黏性，"社交媒体的出现是时间与资本主义矛盾的表现。社交媒体是在资本主义条件下剥削剩余劳动的新形式。它们同时是一个社会的胚芽形式，在这个社会中，必要的劳动时间被最小化，剩余的劳动时间被废除"③，用户在全天 24 小时都有可能为平台付出数字劳动。数字劳动与生活闲暇、生产时间与空闲时间、公共生活与私人生活的界限越来越模糊，数字资本主义以更彻底的方式有效地拓展了资本主义社会的生产

---

① 《马克思恩格斯全集》第 31 卷，人民出版社年 1998 年版，第 103—104 页。
② Nick Couldry, Ulises Mejias, *The Costs of Connection: How Data is Colonizing Human Life and Appropriating it for Capitalism*, Stanford, California: Stanford University Press, 2019, p. 58.
③ Eran Fisher, Christian Fuchs, *Reconsidering Value and Labour in the Digital Age*, London: Palgrave Macmillan, 2015, p. 27.

场域，在重新定义"主体性自由"的基础上形成了一种服务于资本增殖的社会关系结构。平台用户并不会把自己在平台的驻足时间看作劳动时间，反而是一种休闲娱乐的自由活动。"短视频"已经成为现阶段用户"杀"时间的利器，截至 2023 年，短视频以人均单日 114 分钟的使用时长超过即时通信。以社交网站、智能手机和搜索引擎为代表的平台参与式文化和数字平台经济的快速增长极大地促进了人类社会向数字化社会的转型发展，主体性存在由现实生活世界拓展至虚拟的平台网络世界，主体也因此获得了更多样丰富的数字化生存体验。

更重要的是，数字主体作为平台资本主义对主体数字化形塑的产物，将为巩固资本主义数据生产，以及推动数据商品化与资本化供给海量数据原材料。"用户执行的每一项操作，无论多微小，对于重新配置算法和优化流程都是有用的，这就是数据的重要性"[1]，生命体的思想、情感、行动将会被平台资本主义的技术逻辑捕获并且编码为数据材料，用于资本增殖与积累。"当数据成为资本时，我们最终会得到过剩的智能系统和平台，这些系统和平台被建立起来用来跟踪每个人、地点和事物，并将所有这些数据直接传输给公司。"[2] 与此同时，主体付出的数字劳动并不会得到工资，资本家也很少对其付出的数字劳动进行合理补偿，平台的商业化和用户的商品化过程都体现出剩余价值的生产目的早已被嵌入平台设计。在数字化生存方式的冲击下，绝大部分人都需要通过数字信息技术的连接展开社会生活，自我展示与自我呈现过程中的数据生产被无缝对接到生活的每一处空闲时间。越来越多关于主体的信息，做什么事、去哪里、想什么、说什么、感受如

---

[1] [加] 尼克·斯尔尼塞克：《平台资本主义》，程水英译，广州人民出版社 2018 年版，第 110 页。

[2] Jathan Sadowski, *Too Smart: How Digital Capitalism Is Extracting Data, Controlling Our Lives, and Taking over the World*, Cambridge, Massachusetts: MIT Press, 2020, pp. 18 – 19.

何，都作为数据被平台捕捉和记录，然后被分类、存储并进行数据处理。无论是主体的自我追求、个性展示，还是人们各种细枝末节的生活碎片，都将在被数字平台吞噬和吸纳后，同一化为均质的数据信息。量化自我拜物教行为与数字全景监狱的形成，反映出便携的智能设备可以随时随地将主体生成的数据传输到平台，数字信息技术的资本主义应用形成的全球网络使每一个连接进入的人都随时处于自由"工作"状态，这意味着必要劳动时间的缩短并没有带来自由时间的增加，反而使自由时间向剩余劳动时间转变，数字劳动时间与生活融为一体。数字平台可以将自己插入任何空间，尤其是以前没有货币化、资本化的空间，其任务是利用智能算法建立"以用户为中心"的商业营销模式，以实现对主体思维、注意力的引导和控制，并且从每一个广告服务、帖子分享或出售商品中获取经济价值。从这一层面来看，数字资本剩余价值的生产使平台用户的劳动强度增强了，除了每天的睡眠休息时间，剩下的任何刹那间都有可能成为被数字资本捕捉的剩余劳动时间，资本会利用各种各样的手段来同化意识、吸纳生命，营造一种全社会共同参与平台内容生产的氛围，让用户主动把自由时间转换为服务于资本增殖的剩余劳动时间，以实现剩余价值的生产与积累。

无论是有酬数字劳动还是平台用户无偿提供的数字劳动，它们本质上都是被数字资本主义生产隐秘控制和数字平台技术深层嵌入的对象性活动，这种徒有"自由"外观的对象性活动意味着主体通过数字劳动获取的"自由"是由资本主义管理和定义的"虚假自由"，它们作为数字资本主义生产所必需的"客观要素"而存在。一方面，数字劳动被共享经济、平台经济复杂的层级嵌套结构伪装成促进主体性价值实现的自由活动，甚至催生出"996"为代表的极端劳动模式，无眠工作、永不停歇的工作状态才是真正适应数字资本主义生产的主体存在形式，它将持续为资本的"永动"增殖机制供给原料。另一方面，资本主义还把用户的无偿数字劳动新形态粉饰成一种自我分享、自由参与的主体活动，在此层面上，数字劳动体现出的主体性自由本质上是"资本化"的主体性自由。"庞大的人群通过网络提供了惊人的价值。但是财富的绝大部分流向了数据的集合者和分流者，而不是'原始数据'的提供者。"① 主体通过数字劳动过程并未确证其合理占有和使用数据的自由性，自由仅属于作为平台规则制定、程序设计的大资产阶级。

所以，数字信息技术的资本主义应用并没有真正解放人，在数字资本剩余价值的生产中，人们数字劳动的强度反而增加了，并且在"工作自由化"观念的隐蔽下，价值生产几乎占领了人们生活的全部时间与空间范围。尤其在加速的时间生存体验中，"科技加速对社会现实的影响无疑是巨大的。尤其是，这完全改变了社会的'时空体制'，改变了社会生活的空间和时间的知觉与组织"②。数字资本对空间和时间的入侵使人沉迷于拜物社会的幻象中，拜物教幻象通过对人意识的引导，把属人的自由时间置换为生活的"加速"时间体验。其中，"时间的'沉默之声'显然很有效地满足了现代社会巨大的管制需求。因为它无声无息、毫不引人注意地造就了一种意识形态，让人觉得时间是个人的事情，是自然而然的事情。正因为如此，时间规范在我们今天这个时代具有一种几近极权主义的性质"③。在时间加速的体验中，每个人都处于奔赴下一个"工作"的状态的途中，生活即工作，生命即

---

① [美]杰伦·拉尼尔：《互联网冲击：互联网思维与我们的未来》，李龙泉、祝朝伟译，中信出版社2014年版，第5页。
② [德]哈特穆特·罗萨：《新异化的诞生：社会加速批判理论大纲》，郑作彧译，上海人民出版社2018年版，第14页。
③ [德]哈特穆特·罗萨：《新异化的诞生：社会加速批判理论大纲》，郑作彧译，上海人民出版社2018年版，第105页。

劳动，成为现代社会的常态，时间的加速化带来的紧迫感无不在催逼着每一个生命主体投身于资本增殖过程，使数字劳动成为生活的一部分，推动低薪甚至无酬的数字劳动"合理化"。在剩余价值的生产中，数字资本主义的核心策略就是要通过数字信息技术实现资本增殖的生产关系与人们日常生活体验的糅合，这使得数字资本的增殖成为超越时空界限的持续性过程。

## 三 数字拜物教机制与数字劳动剥削逻辑的延伸

数字劳动创造剩余价值的过程，同时也是数字劳动遭受剥削的过程。在数字拜物教机制的掩盖下，数字资本剩余价值的生产成为一种通过数字劳动完成的"自由"生产，数字资本主义价值生产的剥削性隐匿不见，"现在，通过引诱和引导而不是强制的方式，往往易于达到对规则的服从（对非常有灵活性的规则之可适应性的、近乎完美的可调整性的服从）——而且这看起来是在自由意志实施的伪装下，而非将自己展现为一个外界强制力量"①。对无酬数字劳动的追求始终是数字资本主义生产过程的典型特征，"资本主义生产过程并不单纯是商品生产。它是一个吸收无酬劳动的过程，是一个使生产资料（材料和劳动资料）变为吸收无酬劳动的手段的过程"②。其中，数字拜物教机制的重要作用就体现为对资本主义无偿占有数字雇员和用户数字劳动生产的剩余价值的掩盖。数字拜物教机制遮蔽了数字资本时代劳动剥削逻辑延伸的社会现实，对数字劳动的剥削就隐藏在拜物教机制"物"的外观下，劳动创造一切价值的力量在此表现为资本的自我增殖力量。

---

① ［英］齐格蒙特·鲍曼：《流动的现代性》，欧阳景根译，中国人民大学出版社2017年版，第152页。
② 《马克思恩格斯文集》第8卷，人民出版社2009年版，第406页。

在马克思看来，劳动是人本质力量的实现，是诗意的创造性活动，是人的存在方式，也是人的自我价值实现过程。但是在资本主义社会，劳动成为一种异化的活动。"劳动能力不仅生产了他人的财富和自身的贫穷，而且还生产了这种作为自我发生关系的财富的财富同作为贫穷的劳动能力之间的关系，而财富在消费这种贫穷时则会获得新的生命力并重新增殖。"① 尤其是在机器化工厂的生产过程中，属人的自由劳动被当作活的附属物并入死机构，不是工人使用生产资料，而是生产资料使用工人，"生产过程的智力同体力劳动相分离，智力转化为资本支配劳动的权力，是在以机器为基础的大工业中完成的……科学、巨大的自然力、社会的群众性劳动都体现在机器体系中，并同机器体系一道构成'主人'的权力"②。现在，数字资本对劳动剥削逻辑的延伸表现为，资本逻辑借助数字信息技术的发展对整个人类生活的全面渗透，在价值生产环节，数字劳动的主体性能力被劳动生产资料也就是数字信息技术背后的资本权力吞噬，劳动的异己性在数字资本主义社会有增无减。

首先，数字信息技术的变革意味着资本剩余价值的生产获得了新的技术手段。劳动生产剩余价值外在表现为资本利用数字信息技术（劳动资料）自我增殖的过程。尽管数字劳动表面上呈现出一种自由自主的状态，但实际上数字劳动对资本逻辑从属性增强了，资本对剩余价值生产的追求决定着生产过程的一切。在数字资本时代商品化的进程中，劳动产品的一切要素都是为了实现数字资本剩余价值生产这一目的。而且在当下人工智能技术的快速发展背景下，人类更应警惕资本逻辑对主体意识的控制。资本主义利用智能数字技术构造了以平台

---

① 《马克思恩格斯文集》第8卷，人民出版社2009年版，第101页。
② 《马克思恩格斯文集》第5卷，人民出版社2009年版，第487页。

为中介的数据生产结构与虚拟社会关系形式，在为价值生产环节注入新发展动力的同时，还从智能算法的技术治理、数字全景监狱的社会规训、自由生命个体的数字化消费意识塑造三方面入手，重新定义和架构了现时代人之为人的主体性存在叙事，使主体自由成为置身于平台数据生产关系且不间断进行"自我量化"行为的"生产性自由"。资本逻辑借助大数据技术重塑了社会的拜物教认知体系和主体思维方式。具体来说，数字拜物教机制一方面遮蔽了资本逻辑向社会主体扩张和渗透的实质，把生命主体与资本逻辑的矛盾转移到人与技术关系上，另一方面又竭尽所能压缩个人主体性自由的时间空间使其为资本价值生产服务。由资本主义管理和规范的数字劳动生产所实现的"自由"，本质上是一种脱离主体真实生命存在且忽视生命个体的社会生活意义的"虚假自由"。"资本的自由通过个体自由得以实现。自由的个体因此降级，成为资本的生殖（升值）工具。个体自由赋予资本一种主动增殖的'自动'主体化能力……今天，已经表现出泛滥迹象的个体自由，最终将无异于过剩的资本。"[①] 数字资本通过数据网络建立信息的自由传播路径，这种数据信息的"资本化"使数字劳动形成的数据信息在加工之后变成服务资本增殖的"一般数据"，自由、责任与尊严等内在性价值都可以被大数据操控和计算，对脑力劳动的利用已经不够了，现在资本逻辑已经迫切需要对人的高级智能、精神意志进行更深度的开发和利用。所以在人工智能技术不断进步的同时，也意味着数字劳动对资本逻辑的从属性更强，资本逻辑对主体的精神控制和行为塑造更隐蔽和难以察觉。

其次，数字资本逻辑的剥削不仅涉及对数字劳动生产过程的控制，

---

① ［德］韩炳哲：《精神政治学》，关玉红译，中信出版社2019年版，第5页。

而且涉及对社会关系的整体剥削。主体性存在的丰富数字化体验与生命意义迷失、社会关系数字化建构与整体社会关系的资本主义剥削之间的矛盾将持续激化。哈特和奈格里在《大同世界》里指出，现阶段资本的剥夺不是发生在个体工人身上，"而是发生在社会劳动身上，以信息流动、交往网络、社会符码、语言创新以及情感和激情的形式表现出来。生命政治剥削涉及对共同性的占有，在这里，以社会生产和社会实践的形式表现出来"①。社会关系层面由数字劳动创造的价值本应属于社会成员制造的共同性财富，现在却被大平台资本家剥夺占有。实际上劳动者的知识与技能、社会智力整体的进步才是数字资本剩余价值生产的关键，它们作为生产要素由资本逻辑吸纳和利用。资本逻辑依赖社会整体智力水平和技术发展水平的提高形成了新的增殖关系形式，即以数字劳动为基础的社会关系形式。在此社会关系里，数字资本主义利用意识形态、法律条例等手段，重新定义了隐私和财产的概念，这一切的目的在于建立一种适配于资本价值生产的社会关系形式，使数据被合法合理占有。所以，这种有利于数字资本价殖生产社会关系的形成，意味着资本逻辑已经不再局限在传统雇佣关系内部，而是在数字信息技术应用的基础上向整个社会关系扩展。对于数字平台的用户来说，数字劳动形成的数据被加工成数据信息商品的生产过程构成了剩余价值生产的关键，用户被鼓励生产更多的内容，低酬甚至无酬地为数字资本剩余价值的生产付出劳动。资本主义价值生产对数字劳动及整体社会关系的吸收越充分，资本逻辑对主体生命的技术控制和社会规训也就越彻底和越深刻，存在论层面的主体性自由屈从于数字资本主义生产关系已经成为现阶段主体普遍经验到的社会现实，

---

① [美] 迈克尔·哈特、[意] 安东尼奥·奈格里：《大同世界》，王行坤译，中国人民大学出版社2016年版，第104页。

资本的利润与剩余价值将会增加，资本剥削逻辑也因此深化。

最后，数字资本逻辑对劳动剥削的强化需要数字拜物教机制在意识形态层面的助力。资本逻辑在拜物教机制的掩盖下，不仅完成了对经济生活的剥削，更通过社交媒体向在线用户不间断地传输资本主义的意识形态，剥削的社会关系被隐藏在虚假的意识形态背后，从而使价值生产与意识形态传输齐头并进。福克斯在《数字劳动与卡尔马克思》一书中分析了社交数字媒体与资本主义意识形态相辅相成的关系。资本主义意识形态主要以两种方式存在于数字媒体中，一是将社交媒体作为参与性文化和新民主的一种形式；二是隐藏剥削行为。数字平台的兴起提供了一种每个人都可以自由参与经济民主的方式，用户生成的内容进一步促进了平台参与性经济和数字文化的发展。福克斯指出，社交媒体的参与性民主方式实际上是资本主义意识形态的要求，数字平台的自由使用和自主分享形成了符合数字劳动生产的社会体系，以便参与性文化和参与性经济服务于资本的增殖。另外，这种参与性民主的社交媒体意识形态，"不仅表现为对'社交媒体'的民主含义的过度要求，它也存在于媒体生产过程本身，其中作为社会关系的剥削往往隐藏在游戏结构中。社交媒体公司资本积累战略的劳动力方面是数字玩劳动"[1]。玩劳动广泛存在于数字平台用户使用各类程序的过程中，用户可以在休闲娱乐氛围内形成海量数据，当数据被加工后以产品形式进入资本主义商品化轨道时，处于剩余价值生产体系内的玩劳动本身就会受到平台资本剥削。人们原本休闲娱乐的自由时间转变为无偿为平台资本家生产剩余价值的劳动时间，"玩基本上是商品化的，没有被资本利用的空间和自由时间今天几乎不存在。它们很难创造和

---

[1] Christian Fuchs, *Digital Labour and Karl Marx*, New York: Routledge, 2014, p.124.

捍卫。今天，玩是生产性的、创造剩余价值的劳动，被资本剥削"①。数字劳动的"玩"与剥削密不可分，拜物教机制使数字玩劳动披上了自由、民主的外衣，也正是因为"玩"的表象，才使数字劳动的生产性与社会性被遮蔽，实际上用户在使用平台过程中受到资本主义拜物教的意识形态控制而不自知，主体的日常生活早已被卷入剩余价值生产的旋涡。

按照卡斯特的说法，"劳动过程是社会结构的核心。在逐渐浮现的网络企业内部与周边，劳动与生产关系在技术面和管理面的转化是信息化范式与全球化过程影响整个社会的主要动力"②，劳动过程始终是影响社会结构变迁的关键。在上一部分，我们对数字资本主义社会劳动过程的分析，目的就在于揭示数字拜物教机制遮蔽下劳动过程与资本主义社会关系结构的真实关系：数字劳动作为剩余价值生产的源泉，在剩余价值生产关系中必须依附于数字平台，不仅数字雇员的工作时间被延长，而且普通平台用户的数字劳动强度也相应增加，数字劳动并不是表面看起来的自由、灵活、自主的生命活动，而是始终服务于剩余价值生产这一最高目的从属性劳动。正如安德里亚·富马加利在其《劳动对资本的消费观念：生物认知资本主义的生命消费》一文中，强调的资本主义正在走向吸纳生命的途中，"生命成为劳动力时，工作时间不以标准计量单位（小时、天）计量。工作日没有限制……当生命因为大脑变成机器而成为劳动力，或者'固定资本和可变资本同时发生'时，劳动绩效的强化就达到了最大限度"③。

---

① Christian Fuchs, *Digital Labour and Karl Marx*, New York: Routledge, 2014, p. 126.
② ［美］曼纽尔·卡斯特：《网络社会的崛起》，夏铸九等译，社会科学文献出版社2006年版，第246页。
③ Eran Fisher, Christian Fuchs, *Reconsidering Value and Labour in the Digital Age*, London: Palgrave Macmillan, 2015, p. 233.

其中，生产性的数字劳动构成了数字资本不断增殖且实现积累的唯一源泉。数字资本逻辑在拜物教机制的掩护下，把其对劳动的剥削修饰成充满休闲娱乐性的生活方式，实现了对数字劳动者生命结构和社会关系的全部占有。这一切在根本上并没有逃离马克思所揭示的资本增殖逻辑本质：资本主义劳动过程与价值增殖的内在统一，价值生产的增殖目的决定着资本逻辑必须采取种种手段控制、管理劳动的具体过程，以实现剩余价值生产与增殖的最大化。所以，在数字资本时代，资本逻辑的发展相应产生了更高级的数字拜物教，以更迷惑的幻象吸纳数字劳动，使其为实现资本增殖扩张的最高目的服务。数字劳动创造的共同性财富在拜物教机制的运作下表现为数字信息技术具有的推动数字资本增殖的"神力"，仿佛财富的生产与劳动主体无关一样。当代资本主义社会正在进入"将劳动力吸收到资本的新阶段，与此同时，正式的吸收与实际的吸收趋于融合并相互补充"[1]的数字资本主义新时期。

## 四 劳动与自由的深层矛盾：数字资本主义的价值生产与主体性存在的悖论

劳动与自由的深层矛盾在数字资本主义新阶段集中地体现为价值生产与主体性存在的悖论。资本主义价值生产的唯一目的是不间断地获取剩余价值，数字劳动的自由生产为资本增殖创造了前提条件。主体通过数字劳动使自由生命存在拓展至虚拟数字领域，智能数字技术也因此介入了主体性存在的自我构建过程。这只是问题的一方面，更根本的是，数字资本主义对主体的隐秘形塑使主体存在陷入了更极致

---

[1] Eran Fisher, Christian Fuchs, *Reconsidering Value and Labour in the Digital Age*, London: Palgrave Macmillan, 2015, p. 230.

的"自由危机",即主体在自由数字劳动过程中被深度控制和隐秘剥削。数字资本主义凭借大数据、云计算等技术将主体性自由存在置身于资本主义生产结构,使之在算法治理—社会规训—拜物教意识塑造三重架构下成为自觉为资本主义生产数据原材料的数字劳动主体,自由的数字劳动本质上是被资本主义管控的生产性活动,通过这种生产性活动所能实现的"自由"是一种脱离人之主体性真实生命存在且忽视生命个体的社会生活意义的"虚假自由",数字劳动与主体性自由存在之间的矛盾在数字资本时代将持续激化。

数字资本主义通过价值生产过程创造大量社会物质财富,推动人类社会数字化转型的同时,也把主体性存在带入了更抽象、更复杂的资本生产结构。与资本主义传统生产方式相比,身处平台生产结构内部的主体数字劳动具有更多的自主性和自由性,主体获得了多重身份,也正是在平台技术赋能与自我身份建构过程中,主体的社会满足感和自我成就感得以极大提升。但智能数字平台的资本主义应用并没有真正使人获得自由,在数字资本主义生产结构中,人们面临着数字劳动时间延长与数字劳动强度增加的主体性生存困境。由此可见,资本主义的价值生产与主体数字劳动剥削逻辑的延伸是同一个过程,价值生产逻辑决定着资本主义必须采取更高级的手段控制、管理、引导数字劳动的具体过程,以更迷惑的自由幻象吸纳数字劳动使其为资本增殖的最高目的服务。

数字资本主义以智能技术的更新重构了主体存在的社会生活场景,并且在算法治理—社会规训—拜物教意识塑造三方面共同发力,将价值生产环节包装成主体通过数字劳动完成的"自由"实现过程,数字劳动所实现的"自由"是被数字资本主义内在控制和规训的"虚假自由",这种"虚假自由"通过以下双重矛盾具体表现出来。

## 第三章 数字拜物教的秘密与数字资本主义生产过程批判

第一，主体性存在的丰富数字化体验与生命意义迷失之间的矛盾。现阶段资本主义通过智能技术创设了数字主体始终在场的全新存在情境，智能算法的精准计算和预测功能满足了平台用户千人千面的多样需求，进而在平台数据库和大数据监视系统深度整合的基础上，数字资本主义实现了对主体意识的塑造和培养。最重要的是，主体生命也通过丰富多样的数字化体验获得了沉浸式、交互式的全新数字化体验。尤其是近年来集区块链技术、交互技术、电子游戏技术、人工智能技术、网络及运算技术等各种数字技术之大成的元宇宙，进一步实现了现实世界和虚拟世界连接革命，它作为融合现在和未来数字技术的数字媒介，将为主体性自由存在描绘和构造未来数字化社会的理想形态。

但与数字资本时代用户交互式、沉浸式数字化体验的自由感受并存的还有主体由现实空间向虚拟空间转换导致的生命意义迷失现状。正如前文所讨论的，当代资本主义对主体性自由的平台重释，其目的是把"个体自由"替换成数字劳动的"生产性自由"，"资本榨取个体的自由，用以实现自我增殖……自由的个体因此降级，成为资本的生殖（升值）工具。个体自由赋予资本一种主动增殖的'自动'主体化能力"①。在此过程中，数字设备"不仅可以显示复制信息，还能'激活'这些信息，将生命的气息注入字节和算法中"②。这些具体举措显示出数字资本主义最核心的内容并不是外部强制的经济生产，而是以开放协同、强调主体参与的智能数字技术吸引鲜活生命，使其自由地投入"生产"，且无意识地认同和遵守它所设置的所有规则，隐藏在数

---

① ［德］韩炳哲：《精神政治学》，关玉红译，中信出版社2019年版，第5页。
② ［英］汤姆·查特菲尔德：《如何在数字时代如鱼得水》，石世豪译，山东文艺出版社2014年版，第18页。

字生产系统背后的资本逻辑实际上掌握着制约、改造、管理主体自由生命的支配权力。

第二，社会关系数字化建构与整体社会关系的资本主义剥削之间的矛盾。"人的本质不是单个人所固有的抽象物，在其现实性上，它是一切社会关系的总和。"① 每个人的现实生活状态与生存方式必然受特定的社会关系结构深刻影响，主体的自由程度与社会关系是否合乎主体性发展目标内在相关。在以数字平台为中介的资本主义社会关系中，资本逻辑的剥削不仅涉及对主体数字劳动生产过程的控制，同时还包括对社会关系的整体剥削。作为在虚拟界面中形成的新型社会关系形式，资本主义建构的数字化社会关系一方面拓展了资本主义价值生产的空间范围，另一方面把主体间真实的社会关系转换成由平台数据库记录、管理、操纵的抽象数据关系。"数字抽象空间使用元数据来衡量社会关系的价值，它将社会关系映射为一组价值化的社会关系；数字代码超越语言的地位，成为一种将意义和信息付诸行动的机器。因此，数字抽象空间创造了一个权力关系的领域，在这个领域中，数字管理方法可以作为对劳动过程的大部分阶段以及对主体的算法控制和度量。"② 这意味着，真实的社会关系在由平台资本逻辑规定的数字抽象空间内部将被算法控制和计算，社会关系的生产和再生产成为资本权力渗透和支配的对象，"社会已完全被纳入这种权力之中……权力表现为一种控制，它伸展到民众的意识和肉体的最深处，同时也跨越社会关系的全部"③。

---

① 《马克思恩格斯文集》第 1 卷，人民出版社 2009 年版，第 505 页。
② Marco Briziarelli, Emiliana Armano, "The Social Production of Radical Space: Machinic Labour Struggles against Digital Spatial Abstractions", *Capital & Class*, Vol. 44, No. 2, 2020.
③ ［美］麦克尔·哈特、［意］安东尼奥·奈格里：《帝国——全球化的政治秩序》，杨建国、范一亭译，江苏人民出版社 2008 年版，第 26 页。

历史和实践表明，由数字资本主义规定和设置的"自由"数字劳动，并非禀赋自由意志的主体通过劳动实践确证其独立人格的"真实自由"活动，而是一种受数字资本主义全方位控制和深层次影响的虚假自由行为。数字资本主义在大数据、云计算、人工智能等技术加持下，建构了以平台为中介的数字化社会关系，并且将自由主体的生命活动转化为数字劳动的"社会生产"。为了更好地塑造主体使之适配于价值生产过程，数字资本主义通过智能算法的技术治理——数字全景监狱的社会规训——数字拜物教意识形态塑造等多种手段，重新架构了现时代人之为人的主体性存在叙事，并且将价值生产环节包装成主体通过数字劳动完成的"自由"实现过程。在此框架下，无酬数字劳动被粉饰为主体数字生命形态演进与生命结构改变的全新存在方式，资本主义的剥削本质隐匿不见。主体性存在的丰富数字化体验与生命意义迷失、社会关系数字化建构与整体社会关系的资本主义剥削之间的矛盾将不断激化。

## 第三节 数字拜物教机制遮蔽分配关系的不平等实质

数字资本价值分配始终是以剩余价值生产为基础的分配。"分配的结构完全决定于生产的结构。分配本身是生产的产物。"[①] 资本主义社会的分配关系是在其具有特殊历史规定性的生产方式的基础上形成的。数字资本主义生产方式决定了数字拜物教机制掩盖的资本主义分配关系的不平等实质。在这一部分，本书将进一步分析数字拜物教机制掩盖下的资本主义的不平等分配关系。

---

① 《马克思恩格斯全集》第30卷，人民出版社1995年版，第36页。

## 一　平台层面：数字资本处于价值分配关系的核心

按照马克思的分析，分配主要包括生产要素的分配，涉及生产资料和生产条件的分配；产品的分配，它指的是"对产品中归个人消费的部分的各种索取权"①。在数字资本时代，数字平台与互联网技术的发展使参与剩余价值分配的主体，转变为操纵平台的数字资本家。"数字平台和政治文化在21世纪初的迅速增长大大改变了我们的社会。平台被称为数字中介，它们影响了人们的日常活动。在全球化时代，平台对资本积累尤为重要，使平台成为数字经济和数字文化中最重要的技术之一。"②在平台技术广泛应用的基础上，数字拜物教机制掩盖的不平等分配关系首先表现为平台层面数字资本在传统产业资本、金融资本分配关系中占比增大，数字资本位于资本主义价值分配关系的核心。这是从整体上对数字资本主义社会生产要素、生产条件不平等分配关系的说明。

从数字信息技术的现实发展来看，数字平台作为人类数字化生产以及再生产过程中的基础性设施，对收集处理并传输生产、分配、交换、消费过程中的数据信息具有重要作用。数字平台经济的发展，不仅改变了生产的整体面貌，同时也为生产要素的普惠便捷性分配创造了条件。一方面，网络化、智能化的数字平台使人们在互联网模式中实现了"生产要素的使用权与所有权的分离，在这一条件下，劳动者及各类企业不必享有对平台、数据、生产设备的所有权，就能够完成生产和再生产过程"③。以当下最火的"共享模式"为例，它的核心理

---

① 《马克思恩格斯文集》第7卷，人民出版社2009年版，第995页。
② Dal Yong Jin, *Digital Platforms, Imperialism and Political Culture*, New York: Routledge, 2015, p. 178.
③ 徐宏潇：《后危机时代数字资本主义的演化特征及其双重效应》，《马克思主义与现实》2020年第2期。

念就在于对平台共享数据信息的使用权再分配，共享模式已经成为一种被普遍接受的数字化生活方式，这一模式在数字资本时代表面看起来实现了数据资源的共同占有，实际上则是对生产要素的再分配过程，人们虽不拥有数字平台，却可以通过使用平台分享和传递自己所需要的信息。在此背景下，数字平台生产组织形式为信息资源尤其是数据共享提供了契机，这种"共享"正是普惠便捷性分配关系的重要特征，人们可以自由便捷地接入和使用数字平台，选择自己需要的产品和服务，这些都构成了数字信息技术发展的积极影响。

但是，"今天庞大的（数字）联系基础设施，就像所有形式的权力一样，建立在现有的不平等基础上。但它们也通过各种手段创造了新的不平等形式：数据资本的不平等"[1]。数字平台在一定范围内实现的普惠便捷式分配并没有摆脱数字资本逻辑的操纵，而且在数据商品化进程中，数字资本相较于传统产业资本和金融资本在价值分配关系里所占的比重持续增大，甚至作为主导性受益者占据核心地位。

首先，控制数字平台的数字资本处于价值分配的顶端。具体到经济现实中，如谷歌、脸书、微软、YouTube这一类的超大型数字平台企业，依靠用户形成的海量数据为数字资本的原始积累提供了充足原料，平台对用户形成的数据资源的无偿占有是数字资本生产的关键，这种生产关系决定了在分配关系内部，平台企业可以通过各种互联网服务条款的设定成为收益的最大赢家。与此同时，传统的产业资本与金融资本在数字资本主义时代也越来越依靠数字平台实现自身的生产与增殖，产业资本、金融资本与数字资本的联系更加紧密。一方面，数字资本赋能传统产业，运用互联网平台实现了制造服务与用户消费的精

---

[1] Nick Couldry, Ulises Mejias, *The Costs of Connection: How Data is Colonizing Human Life and Appropriating it for Capitalism*, Stanford, California: Stanford University Press, 2019, p.24.

准对接，推动了一系列基础性实体产业从规模化生产向个性化定制的转变；另一方面，数字资本为传统金融资本的发展提供了更为便捷的智能化、数字化平台组织，克服了金融资本运作的时间和空间障碍，加快了资本循环和周转速度。可以看出，正是在数字资本的助力下，传统产业资本和金融资本获得了更广阔的生产与积累空间，而且它们对数字资本主导的商品链条依赖性将进一步增强。按照马克思对生产关系与分配关系的分析"一定的分配形式是以生产条件的一定的社会性质和生产当事人之间的一定的社会关系为前提的。因此，一定的分配关系只是历史地规定的生产关系的表现"①。所以，数字资本在现代经济生产关系中的核心地位直接决定了它占据了分配关系的中心，这是数字资本主义生产方式调整的结果。

其次，这些数字平台背后的数字资本往往和数字帝国主义扩张密切相关。一些发达国家拥有全球数字信息技术研发、创新的强大经济实力，它们以数字平台为中介，不仅掌握和控制着众多发展中国家的数字信息技术发展的核心，而且通过数字平台的使用收集到了最为广泛的数据信息以此为数字资本增殖创造现实条件。"目前的平台发展状况部分以不平等的技术交流和资本流动为特征，意味着美国公司在技术上占主导地位，对大多数人和国家产生了很大影响……在平台帝国主义中，支配外国的手段是不同的，因为知识产权和商业价值嵌入在平台中，其方式对资本积累和权力扩张更为重要"②。这预示着掌握数字信息技术、知识产权的资本主义国家在价值生产与积累过程中处于主导地位。现在，尽管发展中国家已经认识到数字信息技术的重要作用，

---

① 《马克思恩格斯文集》第 7 卷，人民出版社 2009 年版，第 998 页。
② Dal Yong Jin, *Digital Platforms, Imperialism and Political Culture*, New York: Routledge, 2015, p. 12.

并奋起追赶发达国家技术水平,但想短时间改变发达资本主义国家处于价值分配关系的顶端这一局面是不切实际的。资本主义国家借助数字技术使资本主义生产方式向全球推广,在以平台为核心的资本主义生产关系里,他们决定着平台的设计理念和运作方式,通过占有以平台为中心的网站、操作系统等生产资料,就可以远程控制全球平台的网络生产关系,获得巨额利润。目前来看,美国的数字平台企业包括谷歌、Facebook、iPhone 在聚集多项服务方面发挥了重要作用,成为主要的数字媒体中介。Facebook、谷歌等核心数字平台企业的主导地位被认为是平台帝国主义的明显例子。尽管这些网络平台可以为参与者提供娱乐和社交新方式,在其中形成的"平等自由"的数据关系,却把数字时代资本主义真实的经济生产与分配关系掩盖了。它们不仅从用户那里收集信息,而且还将用户信息商业化,为这些平台的所有者以及背后的国家带来了巨大的资本积累。金达永指出:"传统上以军事力量、资本和后来的文化产品控制非西方国家的美国,现在似乎以平台主宰世界,从这些平台中获益于资本积累和传播象征性意识形态和文化。"[1] 美国不仅依靠文化产品、军事施压来保证资本剩余价值的生产,更重要的是它还通过数字平台组织的延展,保证其在经济生产与分配关系内部的中心地位,这本质上属于一种数字帝国主义的经济垄断。"新构建的平台帝国主义需要被理解为以知识产权为后盾的国家之间的不平等权力关系,这强烈地有利于美国政府和跨国公司,因为商业价值嵌入在平台中"[2],国际性的数字资本经济垄断正是在此基础上不平等分配关系的极端发展形式。

---

[1] Dal Yong Jin, *Digital Platforms, Imperialism and Political Culture*, New York: Routledge, 2015, p.7.
[2] Dal Yong Jin, *Digital Platforms, Imperialism and Political Culture*, New York: Routledge, 2015, p.67.

最后，数字资本在与传统产业资本和金融资本的分配关系中占比增大，以及数字帝国主义的经济垄断和资本扩张，直接导致了数字鸿沟，这种不平等的分配关系是掌握核心数字信息技术的发达国家对发展中国家进行压榨和剥削的产物。数字鸿沟不仅包括接入和使用网络权力的不平等，在更深层次上意味着依托于数字平台形成的共同性财富向社会整体分配的不平等。这是因为，数字平台的形成本身就是由发达国家数字资本控制设计的不对称生产组织形式，价值分配关系的不平等作为形成数字鸿沟的关键因素之一，在平台技术发展之初就已经包含在不对称关系的平台设计理念之中，这直接决定了数字鸿沟在未来仍将存在。更重要的是，数字鸿沟尽管保证了短期内以美国为首的发达资本主义国家的收益分配，但从全球经济长远发展来看，不平等的分配关系将会导致全球性的数字化衰退。这种数字化衰退是以数字信息技术变革为支撑点的数字资本主义时代的危机形式，具体表现为"资本延长使用雇佣劳动，资本寻找商品化的新场所并时常遭遇挑战，变化无常的资本危机，以及甚嚣尘上的金融投机行为催生了经济萧条与衰退"①。数字信息技术产业在对当代数字资本主义发展做出突出贡献的同时，也被资本主义整合于当前的政治经济结构中，最终导致了数字化衰退的经济危机。资本主义的基本矛盾——生产社会化与资本主义生产资料私有制之间的矛盾在数字鸿沟局面下，呈现出更为复杂的形式，而且在这种不平等分配关系内部，"数字资本主义的几乎每一个部门不仅延续了资本对共享资源的（通常是不公正的）占有功能，更同时引发反向的社会运动与抗议行为"②，关于数字信息核心技

---

① [美]丹·席勒：《数字化衰退：信息技术与经济危机》，吴畅畅译，中国传媒大学出版社2017年版，导言第9页。
② [美]丹·席勒：《数字化衰退：信息技术与经济危机》，吴畅畅译，中国传媒大学出版社2017年版，第251—252页。

术使用权分配的争端将不可避免，这在根本上是不利于全球经济整体平稳运行的。

当代以平台为中介的不平等分配关系的形成，在根本上是为数字资本的价值生产与增殖扩张服务的，这是资本主义生产关系在数字信息技术生产力发展基础上的现代调整。资本主义生产方式的历史特殊规定性决定着与它相适应的分配关系，"资本主义生产方式以生产条件的这种一定的社会形式为前提……它不仅生产出物质的产品，而且不断地再生产出产品在其中生产出来的那种生产关系，因而也不断地再生产出相应的分配关系"[①]。只有从资本主义生产关系的特殊性出发，我们才能理解分配关系的不平等本质。这种分配关系尽管在数字拜物教虚假颠倒的意识形态遮蔽和美化后，被表达为一种自由、平等的分配关系，从而增强了数字资本的生产与分配的连续性；但从根本上看，并不能解决资本主义的基本矛盾，甚至会导致更为严重和持久的数字鸿沟与数字化衰退。

## 二 社会层面：处于分配关系边缘的主体低酬或无酬劳动

在上一部分中，本书从整体上考察了数字资本在生产要素、生产条件分配关系中的主体地位，数字资本的生产关系决定着这种不平等的分配关系的形成，这是从宏观上对数字资本主义生产关系范围内分配关系的说明。那么具体到产品中归个人消费部分的各种索取权的分配关系则在微观层面再现了资本主义生产关系基础上分配关系的不平等。这里主要指资本主义制度内不同的群体在社会共同财富分配层面的巨大不平等，资本家与工人在分配关系中所能享受的社会生产力发展成果与必须承担的社会风险是完全不同的。当代资本主义分配关系

---

[①] 《马克思恩格斯文集》第7卷，人民出版社2009年版，第995页。

"普遍存在一种趋势：扩大社会不平等，并使社会中最不幸的成员越来越受边缘化的悲惨命运……社会光谱另一端的结果却是难以置信的财富和力量如今都聚集到资产阶级上层队伍里"①。

按照马克思的思路，他将产品分配具体分为劳动力所有者也就是工人以工资的形式参与价值分配、产业资本、商业资本和借贷资本以各自的形式参与利润分配、地主以地租的形式索取剩余价值三个不同的过程。其中，在马克思所处的时代，工人以"工资"形式参与价值分配最充分地体现了资本主义分配关系的不平等实质。所以在这一部分，我们将以工人（劳动主体）参与数字资本主义社会产品分配价值为切入点，去说明主体低酬或无酬劳动在数字资本主义社会不平等分配关系处于边缘地位，主体的自由状态是假象，而在不平等的分配关系内部被剥削才是事实。

"工资"形式作为保障资本主义生产秩序平稳运行的基础，是资本家对劳动力支配的体现。在具体的交换过程中，一无所有的工人通过出卖自己的劳动力换取工资，以满足自己的生存所需，而资本家换来的却是创造剩余价值的劳动力。马克思指出，"劳动力的价值和劳动力在劳动过程中的价值增殖，是两个完全不同的量。资本家购买劳动力时，正是看中了这个价值差额"②。在资本主义生产过程中，工资是劳动者参与价值分配获得回报的唯一合法途径，但劳动力本身创造的价值远远大于资本家所支付的工资，资本家正是通过对工人剩余劳动创造价值的差额的占有，实现了资本的自我增殖。剩余价值并不来自工资—劳动的"等价交换"过程，相反，来自资本主义生产过程本身。

---

① ［美］大卫·哈维：《新自由主义简史》，王钦译，上海译文出版社2016年版，第123页。
② 《马克思恩格斯文集》第5卷，人民出版社2009年版，第225页。

工资以等价交换的形式掩盖了工人在剩余劳动时间生产剩余价值的本质。从分配关系来看，资本家无非想用更少的货币换更多的劳动，工资形式消灭了工作日必要劳动与剩余劳动的界限，仿佛工人的所有劳动都是有酬劳动一样，而剩余价值也是在这一过程中被资本家占有的。"'劳动—工资'，这种形式完全掩盖了工人为资本家生产剩余价值的真相，掩盖了这种不平等分配的实质，对工人产生了极大的迷惑作用"①，这种分配关系表征的正是资本主义分配制度不平等的实质。

到了数字资本主义时代，资本对劳动者的控制和管理更为隐蔽。由于数字劳动内涵的丰富性，我们将区分处于价值分配关系边缘的低酬劳动与无酬劳动两种不同类型，这是"劳动—工资"资本主义分配方式发展到现阶段的当代变式。就第一种形式而言，劳动者的薪酬在弹性劳资关系内被进一步压低，且在数字资本算法逻辑操纵的平台中，数字劳工正遭受着数字资本的隐秘剥削。以当前迅速兴起的零工经济为例，数字经济范围内的零工经济，是在数字平台技术支持基础上形成的弹性劳资关系的一种经济形式，具体指"数量众多的劳动者作为'独立承包商'，通过数字平台企业的中介和组织自主提供计件工作的经济形式"②。数字劳工可以在平台上在线选择适合自己的工作，自主接单并自主完成工作，从而获得报酬，这一现实变化让人们产生了每个人都是"微型企业家"的幻想，而且这种以平台为基础形成的新劳动形式通过对社会存在的闲置劳动力和生产资料的再利用，不仅增加了社会经济的财富总量和提升了整体经济活力，而且新形成的自我雇用关系可以提高特定人群的收入，使更多的劳动者参与社会财富的分

---

① 孙乐强：《马克思再生产理论及其哲学效应研究》，江苏人民出版社2016年版，第236页。
② 谢富胜等：《平台经济全球化的政治经济学分析》，《中国社会科学》2019年第12期。

配关系，这是以数字资本为支撑的零工经济形态益于经济发展的体现。但实际上，随着零工经济平台数字劳工总量的增加，他们在具体的分配关系中仅仅获得了工资收入，甚至工资在算法逻辑的计算规治下还存在进一步降低的可能，这种不平等的分配关系远比马克思所处时代的资本家与劳动者对立的分配关系更精致和细微。一方面，零工经济大大降低了工作的门槛，使数字劳动的时间、空间弹性发挥到最大，占据数字平台主导权的数字资本家可以在零工经济中获得更多的利润分配权，数字资本家以平台为中介提供灵活的用工服务，他们通常"借助'独立承包商'认定来规避雇主的法定责任……零工经济平台通常要求劳动者承认自己为独立承包商，从而拒绝保障劳动者的最低工资、提供各类保险、对劳动者的劳动资料进行补偿"①。平台作为第三方的中介，依靠平台组织的中介服务不仅从用户支出的费用中抽取服务费，而且不需要向普通劳工支付费用，甚至还会拒绝为其提供合法工作保险保障，他们占据着分配关系的主导位置，并利用规则制定话语权逃避企业应承担的相应责任。另一方面，广大的数字劳工在零工经济中获得的工资收入不仅没有实际法律保障，而且只能"自愿"延长工作时间，以换取更多的工资收入，与社会整体财富增长形成鲜明对比的是处于价值分配边缘的数字劳工，他们拥有所谓的工作自主权以及P2P（个人对个人）模式只具有外在形式的灵活，这种灵活只限于"自我剥削"时间和空间的自由，并没有改变他们被数字资本家控制和剥削的实质。平台背后的数字资本通过算法治理模式对零工的劳动任务进行分配，又在消费者付给劳动者的报酬中抽成。可见，数字资本不仅拥有对零工劳动的分配权，还可以直接占有劳动者所创造的

---

① 谢富胜、吴越：《零工经济是一种劳资双赢的新型用工关系吗》，《经济学家》2019年第6期。

剩余价值，零工劳动者对数字资本的依赖实际上增强了。

如果说零工经济的数字劳工在价值分配关系中获得的是低酬的工资，那么普通人的日常生活为平台内容生产付出的数字劳动绝大部分是没有任何工资报酬可言的，这是数字资本主义价值分配关系发展的极端形式。价值分配关系中的无酬劳动在拜物教机制意识形态作用下，大多隐藏在"玩劳动"形式背后。"玩劳动"的形成预示着绝大部分付出大量时间、精力的数字劳动者都没有被纳入价值分配关系，他们是比零工劳动者更边缘却数量更多的劳动群体。在数字劳动的游戏化形式也就是玩劳动所处的分配关系内部，"劳动—工资"形式消失不见了。玩劳动族群在数字资本搭建形成的平台中，通过用户生产内容为平台的运作贡献了丰富的数字信息资料，玩劳动虽然具有"玩"的形式，但实际上却是与数字资本主义经济发展紧密结合的生产性劳动，而且这种生产性劳动以用户玩乐式参与的途径，掩盖了数字资本对其形成的剩余价值的侵占实质。福克斯指出："在企业社交媒体上，游戏和劳动融合成被剥削为资本积累的劳动，因此，企业互联网代表了时间的完全商品化和剥削——所有的人类时间都倾向于成为资本利用的剩余价值产生时间。"① 尤其是在"玩劳动"成为一种维持社会关系网络的纽带之际，会有源源不断的人被吸纳进数字资本主义生产过程，成千上万的用户通过社交媒体平台保持自己与他人和社会的联系，这种自发性的玩劳动让人很难察觉到资本主义的经济逻辑。数字资本累积的利润是依靠剥夺用户和使用者数字劳动实现的，用户、平台使用者却被排除在数字平台的所有权和累积利润分配关系之外。可以看到，在数字资本主义生产关系中，"玩劳动"意味着一种更精巧剥削机制的

---

① Christian Fuchs, *Digital Labour and Karl Marx*, New York: Routledge, 2014, pp. 126–127.

形成，在这里，原有"劳动—工资"的平等假象在"玩"中不见了，这种形式完全掩盖了"玩劳动"为资本家生产剩余价值的真相，遮蔽了资本主义分配关系的不平等实质，具有极强的迷惑性。处在"玩劳动"状态里的每个人不仅不会为了自己付出的数字劳动被无偿占有而斗争反抗，反而还会在一种自由、平等的数字拜物教幻象中，积极投入平台内容的生产。现在的"玩劳动"更是以各种调侃之词遮蔽资本逻辑的剥削。反观数字劳动的游戏化形式——玩劳动，价值分配关系遵循的平等原则仿佛失效了，由于玩劳动的"无酬"属性，数字平台背后的数字资本攫取占有的剩余价值，比在低酬数字劳动价值分配关系里更多。

　　通过对数字资本在平台价值分配关系的核心地位以及处于价值分配边缘的低酬或无酬劳动的批判性分析可知，数字拜物教掩盖了数字资本主义价值分配关系的不平等实质，这种不平等的分配关系由数字资本主义生产关系决定，数字拜物教的平等、自由幻象遮蔽的是数字资本增殖与数字劳动的根本矛盾。虽然现在处于价值分配关系中的主体早已区别于马克思生活时代的工人、资本家、土地所有者、企业主等，但马克思对资本主义生产关系和分配关系的理解和对资本主义生产方式及其生产关系内在矛盾的分析仍然有效，分配的价值始终都是来源于活劳动本身，对分配关系的说明始终要在生产关系的基础上展开。同时，也要结合当代资本主义生产过程的最新变化，揭露数字拜物教遮蔽的价值分配关系背后的真实不平等——数字劳动仍然是受资本家支配的异化劳动，数字资本逻辑操纵的数字平台的垄断性地位可以通过定价方式获得垄断性财富，社会总体财富的分配不均是数字资本主义社会的常态。

## 第四节  数字拜物教机制掩盖"流通生产价值"的假象

价值流通主要是从资本的流通层面出发对生产过程与流通过程关系的考察。按照马克思对广义生产过程的分析,生产与流通是密不可分的,生产是流通的基础,流通与分配一样都是在生产基础上进行的,流通是生产商品价值实现的途径,生产的商品顺利流通是再生产的前提条件。以平台为核心的数字资本主义生产、分配的过程实际上具有剥削性,内嵌在平台层级结构中的数字资本流通过程同样具有剥削数字劳动的性质,但是在拜物教机制的掩盖下产生了"流通生产价值"的假象。只有击破此假象,才能全面理解资本主义流通过程的地位和性质,进而洞悉数字劳动是生产剩余价值唯一途径的真理。

### 一  数字资本借助数字平台技术加速资本流通

资本主义生产过程与流通过程是内在统一的,马克思在《资本论》中通过对生产资本、商品资本、货币资本三种形式的讨论,具体分析了广义的资本流通循环过程的三个阶段。一是生产过程之前的流通,货币资本作为第一推动力通过购买劳动力商品和生产资料转化为生产资本,为剩余价值的生产奠定基础;二是在具体的生产过程中,生产资料和劳动力按比例结合在一起生产物质财富,并且使生产资本得以增殖;三是生产过程完成后通过商品的售卖获得利润完成增殖,商品资本转化为货币资本。这三个不同的阶段在具体的资本生产总过程中并不存在严格的界限,它们往往是相互贯通和彼此影响的。

在数字资本时代,数字平台技术的发展使数字资本在更大的时空范围内扩展，数字平台技术介入价值流通后，社会原有的经济交换和流通越来越依靠数字平台来完成，基于数字平台中介的社会生产和再生产过程正在形成。"一种新的数字经济流通形式出现了，流通的是思想、知识、劳动力、限制资产使用权、发生于地理分散、但联结且互动的网上各社区之间，这种流通贯穿于社交媒体、网上市场、众包、众筹等所谓共享经济的各类数字经济生态圈。"① 数字资本在流通过程中不仅为剩余价值的生产和实现占有了更广阔的市场，而且使得原有的企业通过数字平台购买原材料和销售产品，不同企业在流通中的联系日益紧密，商品流通的效率得以提升。按照马克思的分析，剩余价值的总量除了受价值生产的总额影响以外，同时还会受到资本周转时间长短的影响。资本为了实现增殖必然会寻求更好更快的流通方式以获得利润，资本的周转时间越短，相同量资本可以重复生产的次数越多，也就能获得更多剩余价值。在数字平台中介支持下，互联网的广泛连接和个人智能设备的普及，使全球范围内跨地区与全天候的数据商品流通交换成为现实，这在根本上依赖于虚拟化、数字化的数据商品的极强复制能力，一切都可以转化为二进制数字码，数字编码使平台成为数据超强复制的场所。这反映出，数据商品的平台流通很少受到外在物质条件的约束，在资本周转的一定时间范围内，资本借助于数字平台技术实现了多次且高速的流通，资本的价值总额必然会呈现出指数级的增长态势。

与以往不同的是，数字资本通过平台技术对时空障碍的克服形成了一个更适合资本流通的社会秩序，将广大的数字劳动者吸纳其中，并使其成为活跃的用户在数字资本流通环节发挥重要作用。借助于平

---

① ［英］保罗·兰利：《平台资本主义：数字经济流通的中介化和资本化》，《汕头大学学报》（人文社会科学版）2017年第11期。

台投送定向广告这一方式，数字资本家以平台为中介，完成了对用户注意力的吸纳和抓取工作，"广告商的兴趣不在于散乱的数据，而更多的关注让他们洞察到消费者的需求信息，或帮他们匹配合适消费者的数据"①。定向广告将数字信息技术整合到广大用户的意识管理内部，这是一种更为普遍的、对社会整体生产能力的资本主义动员。福克斯曾指出，许多社交媒体平台在对个人用户数据和行为分析基础上，利用定向广告的投放，实现资本积累，"有针对性的广告让互联网公司不仅在一个时间点向用户呈现一个广告，而是大量的广告，这样就产生了更多的总广告时间，向用户呈现商品……针对性的在线广告比非针对性的在线广告更有效率，因为它允许在同一时间段内呈现更多的广告。这些广告比非目标广告（即非目标广告）包含更多的剩余价值"②。福克斯在这里强调的正是定向广告对于资本流通和积累过程的重要作用，流通过程中的定向广告对用户大量空闲时间的高效利用，不仅吸纳了大量的用户，同时又通过平台效应，促使用户参与消费和平台内容的生产环节，进一步促进了资本的自由流通。数字资本不仅可以在更短的时间内实现资本增殖目的，同时还为剩余价值进一步的生产积累了海量的用户数据资源。

毋庸置疑，数字平台技术的资本主义应用，极大地提高了资本流通的效率，加速了资本的循环过程，也产生了资本主义社会"流通生产价值"的假象。数字平台技术的应用大大缩短了资本流通时间又扩大了资本流通的范围，"似乎证明了资本有一个神秘的自行增殖的源泉，它来源于流通领域，与资本的生产过程，从而与劳动的剥削无

---

① ［加］尼克·斯尔尼塞克：《平台资本主义》，程水英译，广东人民出版社 2018 年版，第 64 页。
② Christian Fuchs, *Digital Labour and Karl Marx*, New York: Routledge, 2014, p.101.

关"①，而且这种确信资本仅依靠数字技术力量，促进资本价值的生产与流通的"假象"最为直接地体现在数字拜物教的社会现象中，对数字技术、数字资本"神力"的盲目崇拜使人们产生了误认，即资本积累规模的扩大是由数字技术的应用缩减了资本流通时间决定的，流通的消极限制被人们抛在脑后。在数字拜物教的作用下，流通成为一种决定资本主义生产的积极性因素，而且绝大部分人对此毫不怀疑。从马克思政治经济学批判出发，回答资本流通究竟如何形成了价值生产的假象以及揭露流通假象与真实生产过程的关系构成了下一部分的主要内容。

## 二 平台加速流通与在线的数字劳动：流通生产价值的假象

在一定时间、空间的范围内，数字平台技术作为中介载体加速了资本的流通效率，依托于数字化的整体进程，所有混杂零散的数据信息在平台处理后变成统一的数据商品，"数字化之后，只有机器能够识别金融交易和文本信息之间的差异。这让价值、资本和数字代码可以通过机械和计算的形式被虚拟地成倍增加，而完全不管实际人类生活和自然世界中的物质限制"②。数字平台不仅是一个加速资本流通的中介，而且作为数字化的系统在具体流通过程里发挥着行使数字资本逻辑抽象同一性权力的重要作用。利用数字平台中介加速资本流通的现象，使"流通生产价值"假象变得更为"合理"且让人信服。但从马克思劳动价值论出发可知，数字劳动尤其是无酬的数字劳动是数字资本价值生产的决定性因素，流通并不能生产价值，数字平台只能作为加速

---

① 《马克思恩格斯文集》第6卷，人民出版社2009年版，第142页。
② ［德］克里斯蒂安·福克斯、［加］文森特·莫斯可主编：《马克思归来》，"传播驿站"工作坊译，华东师范大学出版社2017年版，第242页。

流通的技术手段存在。在流通过程中，它虽加速了数字资本主义全球扩张，扩大了资本增殖的规模，但并不能因此认为数字平台就是价值生产的决定性因素，这是一种由资本主义生产方式制造的拜物教假象。

按照马克思对资本主义生产过程的分析，"资本的总生产过程既包括本来意义的流通过程，也包括本来意义的生产过程……一方面是劳动时间，另一方面是流通时间。整个运动表现为劳动时间和流通时间的统一，表现为生产和流通的统一"①。其中，资本价值生产和增殖是通过对工人剩余劳动时间创造剩余价值的无偿占有实现的，流通时间无论长短都不会形成剩余价值，"流通生产价值"纯粹是资本主义社会制造的"假象"。也就是说，流通时间并不是促进价值生产的积极性因素，相反流通时间"实际上是对剩余劳动时间的一种扣除，也就是必要劳动时间的一种增加……流通时间表现为劳动生产率的限制＝必要劳动时间的增加＝剩余劳动时间的减少＝剩余价值的减少＝资本价值自行增殖过程的障碍或限制"②。资本主义流通过程不能生产价值，并且会通过对劳动时间的扣除，间接影响价值的生产过程。对此马克思说道："流通本身不包含自我更新的原理。流通的要素先于流通而存在，而不是由流通本身创造出来的……流通这个表现为直接存在于资产阶级社会表面上的东西，只有不断通过中介才能存在……流通的直接存在是纯粹的假象。流通是在流通背后进行的一种过程的表面现象。"③

资本主义社会"流通生产价值"的假象，正是抓住了流通时间的长短对一定时间内资本运动速度的影响，而夸大了流通在总生产过程

---

① 《马克思恩格斯全集》第31卷，人民出版社1998年版，第6页。
② 《马克思恩格斯全集》第30卷，人民出版社1995年版，第538页。
③ 《马克思恩格斯全集》第30卷，人民出版社1995年版，第210—211页。

中的作用导致的。马克思强调:"流通并不造成价值规定本身的任何要素,因为这种要素完全由劳动决定,但流通的速度却决定生产过程重复的速度,决定创造价值的速度……虽然不决定价值,但在某种程度上却决定价值的数量。"① 这是从价值生产层面出发对资本流通的真实性质的揭示。尽管流通不生产价值,但资本创造的剩余价值总量,会受生产过程一定时间内重复次数的影响,资本一次周转的完成等于生产时间加上流通时间,流通本身就是生产的要素。如果从价值实现的角度来看,流通对剩余价值生产与积累的影响作用,很可能被夸大为决定性的因素,在日常的经济生活中,形成资本主义生产过程的特有假象,"流通时间对于劳动时间,对于价值创造来说,成为一个决定的要素。这样一来,劳动时间的独立性被否定了,生产过程本身表现为由交换决定,于是社会联系和对这种联系的依赖性,在直接生产中不仅表现为物质要素,而且表现为经济要素,表现为形式规定"②。

在数字资本主义生产总过程中,马克思对"流通生产价值"假象的批判对于认清数字资本主义流通过程的本质具有重要作用。数字资本主义生产仍然是围绕资本增殖逻辑展开的生产过程,这决定了人们还会形成对流通生产价值的错误认识,并且这种错认在数字技术的资本主义应用下得到了升华和巩固。数字平台技术的应用使资本流通空间极大扩展,且流通时间缩短,这一变化虽然加速了资本流通速度并促进了剩余价值的实现,但无法改变数字平台作为流通过程的中介对价值生产总过程的消极限制。在现实生产中,数字平台技术是作为一种资本流通中介存在的,平台通过对原始数据的编码、算法处理、使用脚本协议等方式积极引导用户的生产,形成了一种始终在线的数字劳

---

① 《马克思恩格斯全集》第 30 卷,人民出版社 1995 年版,第 537 页。
② 《马克思恩格斯全集》第 31 卷,人民出版社 1998 年版,第 15—16 页。

动形式，这使大数据、智能算法等最新技术在此成为与资本逻辑合谋的异己力量。始终在线的数字劳动在为资本的价值生产贡献力量的同时，还会形成数字技术才是价值生产与流通过程中决定性因素的观念错认。尤其是在数字拜物教机制对主体意识控制越来越隐秘细微的今天，数字技术在生产总过程中的重要作用，被赋予了"超越"劳动主体本身的无穷神力。但与数字技术的资本主义应用并存的是数字劳动主体的物化生存困境。资本"采用技艺和科学的一切手段，来增加群众的剩余劳动时间，因为它的财富直接在于占有剩余劳动时间；因为它的直接目的是价值，而不是使用价值"①，数字资本对数字平台的应用的目的就在于，在具体的生产与流通过程中，增加数字劳动的剩余劳动时间，这即是说，数字技术在资本主义的生产流通过程中构成了对数字劳动公开或隐蔽的宰治，人正在沦为高速旋转的数字资本主义生产过程的"附庸"。从数字平台中介的资本流通过程来看，价值增殖的真正源泉"数字劳动"的生产性被遮蔽了。在资本主义生产关系中，社会普遍形成了不仅流通可以生产价值，而且技术的变革也可以直接生产价值的误判，人们对数字技术、数字资本的崇拜更加深化了这一错误的认知。

"流通生产价值"的假象是资本主义矛盾性的生产过程平稳运作所必需的"遮布"，平台加速流通与在线数字劳动的悖论性关系，恰恰说明了资本主义生产关系的矛盾性，数字劳动通过平台的中介不仅生产出资本，而且还生产出劳动与资本之间的关系。在数字资本主义的生产过程中，由于数字资本家掌握着平台技术等资本生产流通的客观条件，所以普通的劳动主体为了获得自我对象化的客观条件就必须依赖

---

① 《马克思恩格斯全集》第31卷，人民出版社1998年版，第103页。

数字资本，由此形成了数字资本主义特定的生产模式，这一生产模式决定了资本流通最终是为价值生产服务的。其中，"劳动的产品表现为他人的财产，表现为独立地同活劳动相对立的存在方式，也表现为自为存在的价值；劳动的产品，对象化劳动，由于活劳动本身的赋予而具有自己的灵魂，并且使自己成为与活劳动相对立的他人的权力"[1]。从劳动主体角度来看，资本主义生产总过程与主体异化、拜物教化的过程是统一的，尤其在数字资本流通过程内，数字资本实现了对数据商品包含的剩余价值的无偿占有，表面自由自主的数字劳动实际上是被纳入流通过程中参与资本循环的关键因素。资本主义生产关系与社会关系通过平台加速的资本流通实现了更大范围的扩张，"这种社会关系，生产关系，实际上是这个过程的比其物质结果更为重要的结果……每一方都由于再生产对方，再生产自己的否定而再生产自己本身。资本家生产的劳动是他人的劳动；劳动生产的产品是他人的产品"[2]。其中，资本在流通领域对数字劳动的支配性得到加强，所以数字资本在价值流通的过程中对劳动的支配表现为对数字平台的控制，从而控制管理数字劳动的具体形式，这是由资本主义价值生产关系决定的。在数字资本的生产与流通环节，数字拜物教成了无法避免的社会现实，劳动的真实生产力量被物化的社会生产、流通关系掩盖。

## 第五节  数字拜物教机制与消费需要的虚假满足

从数字资本主义生产总过程的不同环节入手，对数字拜物教掩盖的资本主义真实生产关系与社会关系内在矛盾的揭示，是勘破数字拜

---

[1] 《马克思恩格斯全集》第 30 卷，人民出版社 1995 年版，第 445 页。
[2] 《马克思恩格斯全集》第 30 卷，人民出版社 1995 年版，第 450—451 页。

物教平等、自由假象的前提。数字资本的价值增殖作为最高的目的始终贯穿在生产总过程的不同环节,"生产剩余价值或赚钱,是这个生产方式的绝对规律"①,消费层面也不例外。生产出的商品只有经过交换买卖,也就是被人消费,资本才能最终完成价值增殖和积累。因此,从消费层面对资本价值实现的考察批判是极其必要的。对于现代人来说,消费过程是与人的现实生活联系最紧密的环节,也正是在消费过程中,数字资本对劳动主体的塑造更加隐秘和彻底,人们也最容易受到数字拜物教颠倒意识的控制。

## 一 数字化消费与数字资本的价值实现

现在,"消费使资本能够获得非物质劳动主观的、交际的、情感的和文化的成分,这些成分被整合到生产过程中。一方面,这些成分是高度个人化和主观的;它们包含快乐和个人表达。另一方面,它们被商品化,融入经济"②。在这一过程中,社交媒体、移动技术的资本主义应用,使数字资本家对用户形成数据价值的深度挖掘成为现实,传统消费正在向数字化的消费形式转变,数字化消费是数字资本主义生产总过程最重要的环节之一。

与传统消费方式相比,当代资本主义利用数字化的信息和知识的驱动作用,推动了包含生存需要在内的其他多种需要的满足,数字化消费向生活全部领域的纵深推进已经实现。从空间范围来看,消费的数字化模式使消费者可以在全球范围内通过平台搜索功能享受更多产品,而且在共享经济模式内,新的商品租赁方式意味着消费者以较低

---

① 《马克思恩格斯文集》第 5 卷,人民出版社 2009 年版,第 714 页。
② Olivier Frayssé, Mathieu O'Neil, *Digital Labour and Prosumer Capitalism*, London: Palgrave Macmillan, 2015, p. 138.

的价格就可以获得商家提供产品的使用价值，即时性的数字化消费在更大范围内满足了消费者的需求，提升了消费体验的满足感。从时间角度来看，在线交易与电子商务的发展，使人们可以通过智能设备轻松完成消费，不受时间限制，全天候的消费成为可能。具体来看，数字化消费具有以下特征。

第一，平台生产与消费体验的互动，推动了数字消费文化的形成。具有强大数据存储和分析功能的数字平台，成为人们日常生活中最不可或缺的消费中介，人们可以通过数字平台的即时搜索与便捷支付功能，跨越时空界限随时随地进行消费。而且现在的数字化消费在平台技术作用下，往往与社交媒介相关联，人们在消费过程中，不仅获得了消费产品，同时又间接地与他人建立了社会联系，参与平台内容的生产。平台消费内容的生产与消费者意义上的数据流动是同一个过程，平台会通过各种具有趣味性、诱惑性的手段，引导消费者参与、创造和分享他们的消费内容，社交媒介的传播效应进一步扩大了潮流性的数字消费规模。尤其是受互联网参与式体验文化的感染熏陶，越来越多的消费者都会在消费活动中加入平台内容的生产与创造过程，通过分享、点赞、评论、点评等方式传递数据信息，为使用平台消费的他人选择提供参考，在此过程中消费者内容的分享、生产形成了海量的数据信息，这些数据又被平台加工之后卖给广告商，使数字精准营销技术日渐成熟。

第二，消费的内容不仅包括传统物质性产品，而且还包括非物质形式的数据商品，非物质形式的数据商品具有超可复制性的特征。物质性消费向平台中介内转移，数据分析处理技术的成熟使游戏、在线教育、网络视频等非物质性形式数据商品消费，在与社交媒介的关联下呈现出增长态势。数据信息产品成为数字资本家最重视的消费商品，其超可复制性意味着系列化复制生产成为可能,"超可复制性是数字化科技的普遍化所造成的结果,它同时也构成了一种文化的超工业化,也即以程序工业为核心的、旨在促进各种'服务'的所有形式的人类活动的一种工业化聚合……这种投机性资本的目的在于,通过一种大量生产,也即使制作工艺和制作方法的可复制性得以实现的系列化生产,去寻求最佳的经济收益,最快的资金回笼,并从中获取剩余价值"①。数据信息的超可复制性,进一步推动了以数据信息为核心、旨在促进生产总过程的人类一切活动的数字化进程。斯蒂格勒指出:"今天,这种可复制性已大为强化,并且借助数字化这一现实,达到了一个极高的自动化层次。"② 凝聚着数字技术强大力量的平台正是数字化消费活动得以完成的中介机制。

可以看出,消费的数字化不仅表征了消费方式的当代转变,更蕴含着人类数字化生存的丰富内涵,其历史根据在于资本逻辑自身增殖的需要,消费过程构成了数字资本主义生产总过程的重要环节。但无论消费的外在形式如何变化,又或者为资本的价值增殖贡献了多么大的力量,这些都无法改变"消费是由生产决定"的现实,"生产是实际的起点,因而也是起支配作用的要素。消费,作为必需,作为需要,本身就是生产活动的一个内在要素"③。随着生活性消费规模的扩大,最大限度地培养适合资本价值生产和增殖的消费行为,激发消费需求成为资本主义价值实现的关键。数字资本的增殖积累逻辑,通过生产出多种形式的消费品,采取数字化的手段吸引人们参与消费过程的目

---

① [法]贝尔纳·斯蒂格勒:《技术与时间》第3卷,方尔平译,译林出版社2012年版,第286—287页。
② [法]贝尔纳·斯蒂格勒:《技术与时间》第3卷,方尔平译,译林出版社2012年版,第287页。
③ 《马克思恩格斯全集》第30卷,人民出版社1995年版,第35页。

的就在于实现价值的增殖积累，也就是说资本主义的生产方式，决定了数字化消费作为数字资本主义价值实现的重要环节存在，它对实现资本的增殖和积累具有重要作用。在数字化消费过程中，人们不仅消费了数据商品，同时还会形成新的关于个人消费活动的数据信息，消费行为产生的数据越多，这些数据信息在被相关平台分析处理之后，对于进一步商品生产的预测、商品供求关系的判断、市场投入资本数目等具体经济行为的引导指示作用越大。尤其在人工智能技术迅猛发展的今天，精准的消费成为数字资本主义制定消费策略的核心，数字技术的发展使消费内容的千人千面成为可能。数字拜物教机制对主体意识结构的内化，最终都是为了让每个人成为资本主义所需要的消费者，且是被平台监测、分类、归档的消费者，数字平台"根据它们的监测结果为广告发布者编制模型，对信息接收群体进行极为细致的分类细化，同时使信息接受者觉得系统是在一对一地对他们进行回复"[①]，受这种平台精准设计的消费一对一错觉干扰，人们更是被深深嵌套进数字平台构筑的消费大网，定向广告、私家定制等带有迷惑性的环节设计也在消费活动中发挥着催化剂的作用。这一切都指向了数字化消费对于数字资本价值实现的重要作用：数字化消费不仅形成了数字化生活方式，更为重要的是它还加快了生产过程中资本周转和流通的速度，在有限的时间内实现了价值增殖与积累规模的扩大。

## 二 数字化消费与拜物欲望的生产、膨胀

对于资本家来说，消费是资本家安排生产、再生产活动最为关注的焦点，数字化消费作为数字资本主义生产总过程的重要环节，显示

---

[①] [法]贝尔纳·斯蒂格勒：《技术与时间》第3卷，方尔平译，译林出版社2012年版，第5页。

出消费对于价值增殖积累的关键作用。但就消费者而言，消费的数字化进程就不仅是主体购物欲的满足这么简单的事情了，一方面，身处数字资本主义社会，消费方式的便捷和商品内容的丰富让人目不暇接地参与消费，数字化消费已经成为人们生活的一部分；另一方面，消费的数字化进程，同时也是当代社会整体拜物欲望不断生产与膨胀的过程，这种矛盾是由资本主义生产方式导致的。

在数字资本主义社会，消费的数字化进程对数字平台技术的依赖进一步增强，尤其受分享参与式的消费体验渲染，人们对数字信息技术、数据信息的崇拜达到顶点。数字信息技术的资本主义运用，使人们错误地认为仅依靠技术就能完美独立地实现价值的生产与增殖目标。而且由于数据信息商品形式的特殊性，它本身作为数字劳动的产物，现在成为商品生产者争相抢夺的对象，掌握着优质数据信息的企业和具备数据意识的头脑更容易在现代社会获得成功。在这两方面社会因素的影响下，原来的商品、货币拜物教、资本拜物教形式转变为数字拜物教，数字拜物教社会现象盛行，拜物欲望的生产与膨胀，进一步使人之内在自由意志维度被过度消费的物欲性满足所遮蔽。

首先，就拜物欲望的生产来看，数字拜物欲望是在数字算法编码下被生产出来的，精神意志层面的消费自由被物欲所纠缠。数字化消费不仅是对丰盛的物质性、非物质性产品的在线消费，更是一种可被数字算法编码预测的行为。福克斯指出，真实消费需要在数字算法的精确操纵下变得过度超量，主体在消费过程中的拜物欲望生产是不间断且无法被满足的。现在，数字算法比任何人都了解主体的"真实需要"，人们的消费很大程度上会受到定向算法推荐产品的影响，错误地认为推荐品就是必需品，原因在于资本家通过算法可以描绘出每个消费者不同的数据轮廓，利用定向广告推荐，让主体从一个商品走向另一个商品，沉迷他者的欲望。消费形式变化体现出，数字化消费被纳入资本主义算法计算、预测的环节，消费习惯、水平、内容都可以被精确地计算，"我们处在作为日常生活的整个组织、完全一致的消费场所。在这里，一切都容易捕获和超越"①，资本逻辑从无处不在的电子监控与数据分析中向消费者施力，消费行为最初体现的意志选择自由已被剥夺殆尽。

其次，拜物欲望的生产在集体"共时化"的数字消费模式里，不断膨胀为社会整体无止境消费欲望的膨胀，这一过程永无休止，不眠不休。对于资本家而言，通过对拜物欲望的激发、引导是形成适合资本主义消费模式的必要手段，"消费者行为的精髓不再是一组可测量的具有明显特征的需要，而是欲望这一比需要短暂多变、难以捉摸、变幻莫测得多，而且重要的是比需要更无所指的实体，一个不需要其他证明和理由的自我遗忘、自我驱动的动机"②。欲望的自我驱动本身就是无法满足的，这正是资本主义生产秩序需要的社会消费结构。消费欲望膨胀不仅形成了资本主义社会特有的数字消费文化，同时还在这种消费文化中制造了社会等级、身份的区分和界定。在数字化的消费模式中，由于数字符码结构的特殊性，人们对社会等级、身份差异性的认知更为敏感，消费人群会被贴上不同数字标签，加之连接越来越紧密的全球网络平台消费氛围的烘托，数据计算能力的提高与智能预测能力的提升，使定向营销人类生活本身成为可能。"定向在线广告是许多社交媒体公司的核心资本积累策略。它是一种相对剩余价值生产的方法：不仅一个广告同时呈现给所有用户，而且许多不同的广告同

---

① ［法］让·鲍德里亚：《消费社会》，刘成富、全志钢译，南京大学出版社2014年版，第6页。
② ［英］齐格蒙特·鲍曼：《流动的现代性》，欧阳景根译，中国人民大学出版社2017年版，第135页。

时呈现给不同的用户。个人定位和分割屏幕呈现多个广告允许在一个时间点呈现和销售许多广告。在按点击付费模式下,点击一个广告就是价值实现过程。"① 在此过程中,数字资本家通过对消费者生产的数据信息的分析预测,以数据商品的广告投放激发消费者的购物欲望,人们在消费中对数据、数字信息技术的无意识认同、崇拜心理在深度和广度上加深,资本控制逻辑已经渗透到主体无意识领域。

消费的数字化进程不仅是资本逻辑利用数字技术手段对主体精神、意识拜物欲望的生产、引导过程,更重要的是它本身根植于资本主义生产方式的数字化转变,生产的数字化决定着消费的数字化变革,直至人们的生命结构被塑造成资本主义消费社会所需要的"物"的存在。现在,资本主义经济体系还通过信贷体系培养消费者提前消费的习惯,把一些未来的非必需消费需要转化为提前的消费需要,种类繁多的数字借贷产品,使人们在负债的状态中不断膨胀消费欲望,以此在消费规模和总量上满足资本的增殖欲。"每一种需求都是被当作支点来运用的,凭借此支点,个体进一步融入到了体系里头……需求变得不再是主体性趋向其在客体性中之创造的主导力量;需求不再是走向自然的、社会的世界个体性与创造性的表达;需求也不再跟人的创造性和自由紧密相关,而变成了一种由人为操纵产生欲求的计算性机制"②,结果就是,整个生活被赋予一种"大买特买,没有上限"的自由,数字化的消费成为人们内在于生活的"上瘾"行为。在数字技术应用基础上,产消合一的消费模式为数字资本生产、积累形成了新的盈利方式,"网络允许个人接触产品,作为生产者(其活动是规定的,涉及到产品生

---

① Eran Fisher, Christian Fuchs, *Reconsidering Value and Labour in the Digital Age*, London: Palgrave Macmillan, 2015, p. 27.
② [美]乔治·麦卡锡:《马克思与古人》,王文扬译,华东师范大学出版社 2011 年版,第 232 页。

产的一部分），不仅作为被动消费者，而是作为生产者，这一角色需要控制和深入参与生产和消费，体现在互动性概念和技术，如大规模定制和社会生产中"①，这是基于互联网技术的推广而出现的非物质形式的产消合一。在数字平台使用中，用户不仅消费而且还生产出平台的丰富内容，不仅是简单地体验别人分享的内容、材料，还可以自主地参与、表达自己的观点，生产者与消费者的界限消失，二者融合成为产消合一者。托夫勒在《第三次浪潮》中提到当代资本主义社会，"不论是自助运动还是新生产技术，我们都会发现同一种转变——消费者逐步参与生产活动。在这种情势下，生产者和消费者传统的界限消失了……一旦消费者和生产者之间的差距缩小，市场的整个功能、角色和力量就都会出现问题。产消合一的制度因而开始改变市场在我们生活中所扮演的角色"②，消费者越来越多地参与生产过程。互联网、数字平台形成的新的生产型消费模式，淡化了数字资本家对消费者的控制，把一种基于消费者自身生产的内容定义为"创意""定制"生产与消费，让人们很难觉察甚至相信自己作为产消者同样受到剥削，产消合一的资本主义生产过程越来越呈现为一个丰盛、自足的消费世界。在这里，人们往往乐于为数字资本的生产过程提供无偿的数字劳动，从而在对数字化幻象、符号的消费中，被资本主义的生产方式塑造和影响。

数字化消费正在发生且规模日渐扩大，这一进程带来了便捷化、智能化的消费体验和无与伦比的消费满足感，同时在积极调动社会整体生产活力和促进社会经济繁荣两方面发挥了巨大作用，但是与之相

---

① Eran Fisher, *Media and New Capitalism in the Digital Age: The Spirit of Networks*, London: Palgrave Macmillan, 2010, p. 214.
② ［美］阿尔文·托夫勒：《第三次浪潮》，黄明坚译，中信出版社2018年版，第284—285页。

随的还有拜物欲望的生产与膨胀带来的精神物化。主体在数字化的消费过程中，更容易受到数字资本逻辑运作的隐秘操纵，如经常爆出的平台大数据"杀熟"（人们通过平台购买同一产品的价格会根据算法的计算来定价，那些某一平台花费更多的老客户在购买同一产品的价格反而会比新用户高很多），还有各种定向广告对人生活的全面占领等，并没有带给人真正的消费满足感，而在很大程度上反而会干扰、限制人的自由选择。资本主义营造的消费自由是与定向广告算法推荐、信贷体系提前预支等具体的控制机制相关联的，这并不是真正的消费自由。

### 三 自由的假象：虚假拜物消费需要的满足与剩余价值的实现

资本主义生产总过程的根本目的就是实现剩余价值的增殖、积累、扩张。生产、分配、交换所有的一切活动最终指向都是价值实现。在资本主义生产过程中，主体拜物消费需要的满足与剩余价值的实现是同一过程，但在本质上，主体消费需要服务于资本增殖，其中呈现出的消费自由只是一种资本主义社会秩序营造的"自由假象"。

一般来看，消费是主体满足自身需要的过程，马克思将"需要"分为"自然的需要"和"历史形成的需要"。自然的需要是维持工人劳动力生产与再生产正常运转的基本需要，历史形成的需要则受资本主义社会的意识形态影响，属于被制造出的需要。随着生产力的发展，绝大部分人的自然需要都可以得到满足，而虚假的拜物需要往往都是被资本主义的生产关系塑造的"历史形成的需要"，服务于资本价值生产与增殖的最高目的。在数字化的消费模式中，由数字资本主义生产主导的"历史形成的需要"，其核心就在于激发膨胀人的购物欲望。数字资本主义利用数字化媒介和传播技术制造了大量的差异性数据商品、文化工业景观，人们自由消费的往往是虚拟的商品符号价值与数字景观的象征性意义，而不是商品真实的使用价值。资本主义正是通过这些技术手段，重新赋予数据商品新的形象和内涵，从而通过引导人们的消费需要以此实现剩余价值的积累这一目的。这种被资本主义制造出的"历史形成的需要"被人们奉为圭臬，一些消费能力不足的人们受数字消费文化的影响，转而崇尚那些被制造出的高消费生活方式，人们在数字化媒介宣扬的高品质消费中趋于同化。自由的消费活动成为虚假拜物欲望不断膨胀的过程，委身于数字化媒介及其景观背后的资本逻辑将对消费者的挖掘延伸到生活的每一个角落。在这里，虚拟的符号价值与包含象征性意义的数据商品，作为资本逻辑精心制造的"幻象需要"供大众自由消费，这本身就是资本主义消费过程的自由假象。结果就是，人们在虚假的拜物需求满足中形成了基于物化生命存在的"抽象人格"，这是当代人消费思维与行为模式的畸形生存状态的体现。

数字化消费模式的自由假象不仅与人的虚假拜物需要满足相关，在剩余价值实现的层面上，更是关乎资本主义生产过程如何顺利完成的重要问题。按照马克思对生产与消费关系的分析，工人的消费与资本主义生产与再生产过程密不可分，这里主要指的是主体对消费品的消费，消费表现为生产的要素和生产总过程的重要环节。"资本同［资本主义前的］统治关系的区别恰恰在于：工人是作为消费者和交换价值实现者与资本相对立，是作为货币所有者，作为货币，作为简单的流通中心——他是无限多的流通中心之一，在其中作为工人的规定性便消失了。"① 马克思强调，在资本主义生产关系内，工人不仅通过劳动力商品的买卖参与资本的价值生产，同时又以消费者的身份投入价

---

① 《马克思恩格斯全集》第 30 卷，人民出版社 1995 年版，第 404 页。

值实现过程。对资本家来说，工人通过付出劳动力换取工资，工人成为持有一定量货币的消费者，这让资本家无比希望工人可以用工资消费自己的商品，而资本主义消费过程为工人营造了一种作为"主人公"的身份错觉，仿佛脱离了生产过程的繁重任务，工人就是"自由"的消费者，消费成为工人日常生活的重要部分。进而"从社会的观点来看，工人本身通过他的个人消费进行的再生产，也属于社会资本的再生产过程"①，工人在生产过程之外的消费过程中生产出资本价值增殖所需要的劳动力。消费成为资本主义维系自身生产秩序所必需的条件。因为通过消费，资本家一方面实现了剩余价值的增殖和积累的最高目标，同时还生产出活的劳动能力本身，以便投入下一次资本的生产与循环。

在这里，资本家与工人的对立矛盾关系转变为消费过程中商品买卖的平等关系，生活在资本主义意识形态统治状态下的工人无法看清消费的本质，反而自主地沉浸在"消费"自由的假象之中。数字化消费，尽管以更便捷化的方式、丰富的商品种类满足了人们日常生活消费需要，但在根本上却受到数字资本价值生产与增殖的隐秘控制，资本主义价值生产的剥削性，决定了主体数字化消费的自由在现实生活中只是一种幻想。这也再次说明，数字资本家通过拜物欲望的生产与膨胀不断地迷惑和麻痹人的精神意识，使其无意识地认同了资本主义消费社会的意识形态，资本家做的所有都是为了形成让人无止境消费的资本主义社会生产秩序，一切都是为了价值生产。

拜物消费需要的虚假满足以及剩余价值的实现，不仅受到生产力发展的影响，更重要的是它由资本主义生产关系所处的社会历史过程决定。资本家一方面想要通过压低工资，减少劳动力的价值降低生产

---

① 《马克思恩格斯文集》第6卷，人民出版社2009年版，第231页。

成本，又想凭借和指望工人的有效消费需求实现剩余价值。在资本价值生产支配下的社会关系中，绝大部分的普通人不可能作为资本家妄想的具有充足支付能力的消费者存在，消费能力的不足仍是当前阶段普遍存在的现象。马克思指出："商品的出售，商品资本的实现，从而剩余价值的实现，不是受一般社会的消费需求的限制，而是受大多数人总是处于贫困状态，而且必然总是处于贫困状态的那种社会的消费需求的限制。"① 剩余价值无法得到全部实现是由资本主义生产关系的内在矛盾导致的，生产的相对过剩同样也是数字资本主义生产面临的问题。尽管资本家已经竭尽所能地激发人们的购物欲以促进价值实现，但大众的收入却无法真正承担起这些购买欲望，从而诱发经济危机，"一切现实的危机的最终原因，总是群众的贫穷和他们的消费受到限制"②。所以，消费能力不足将成为资本价值实现的消极界限。

资本家通过制造消费的自由平等假象，遮蔽的是其生产方式必然带来经济危机的矛盾本质。其中，人们自以为通过数字化消费活动可以充分体现自己的个性，实则助长了"物"本身的抽象力量，数字拜物教的神秘程度更加难以被主体识破。而且由于数字资本主义生产方式采取的一系列技术手段，商品化、资本化被灌注到社会生活关系的方方面面，沉浸其中的社会大众不仅不会对数字拜物教保持基本的认识，相反，在很大程度上会虔诚地相信数字技术、数据信息具有直接转化为资本、商品的神力，并按照数字资本价值生产总过程的要求，合适地嵌入每一环节，自愿做出拜物的行为。归根结底，数字化的消费方式向社会各个层面的蔓延和渗透，是数字资本主义剩余价值实现的必然要求，但大众消费能力的相对不足与资本主义生产过剩之间的

---

① 《马克思恩格斯文集》第 6 卷，人民出版社 2009 年版，第 350 页注释。
② 《马克思恩格斯文集》第 7 卷，人民出版社 2009 年版，第 548 页。

内在矛盾，将会加剧社会经济关系的不平等，阻碍资本价值的实现，这既是资本主义生产关系的内在矛盾，又是引发资本主义生产过程间歇性紊乱和资本周期性贬值的直接原因。

通过对数字拜物教机制掩盖的数字资本主义生产过程不同环节的分析，可以得出以下结论。

第一，数字资本主义生产过程的平稳有序运行，需要数字拜物教机制的合理化掩护。数字资本主义生产过程中"生产的自主""合理的分配关系""流通生产价值""消费需要的满足"等资本主义平等自由假象背后，是"无酬数字劳动的被剥削""不平等的分配关系""流通时间是价值实现的障碍""真实需要被拜物需要遮蔽"的现实，而也正是因为资本主义生产总过程的假象丛生，才导致了数字拜物教的社会现实。数字拜物教不仅是在意识形态层面操控主体，使之无意识地认同资本主义的意识形态，更是根植于客观性的资本主义生产过程本身，为资本价值生产、分配、流通、实现不同环节保驾护航的重要机制。只有在这两方面的共同理解下，我们才能真正洞悉数字资本主义生产过程所凸显出的内在矛盾本质，这也是进一步消解数字拜物教的现实前提。

第二，要完成对数字资本主义生产总过程的分析批判，需要在马克思政治经济学批判的方法论基础上展开，但这并不是把马克思的方法论套用到当代资本主义生产过程批判中，而是结合了数字资本主义生产过程的具体变化，对马克思政治经济学批判方法历史性意义和价值的重新理解。正如唐正东教授强调的，"马克思唯物史观视域下的政治经济学批判，是一种社会历史过程的批判，而不是简单的物的批判或笼统的社会关系的批判。它所揭示的'批判'本身，是一种源自于内在矛盾运动的历史过程本身的自我扬弃，而不是一种外在的、抽象的否定"①。马克思政治经济学批判并不是抽象的方法,而是基于社会历史过程发展变化以及矛盾本质不断彰显其理论意义的批判理论。尽管数字资本主义生产过程采取了更迷惑、高级的手段,但其本质上仍是资本主义,对数字拜物教遮蔽下的资本主义生产过程内在矛盾的分析,目的在于揭露数字拜物教形成的社会历史根源,通过对资本主义生产过程表征的颠倒假象世界的批判,破解数字拜物教存在的秘密,这是批判和超越数字拜物教最为根本的途径。

第三,通过对数字资本主义生产总过程的生产、分配、流通、消费不同环节的批判性分析可知,四个环节虽单独讨论,但在现实的生产过程中,它们统一于价值生产这一最高目的,生产决定分配、流通、消费;同时它们之间的界限并非十分明显,而是相互融合在一起的复杂生产过程。从数字拜物教机制遮蔽的资本主义生产过程的运动来看,普通大众并没有真正自由地拥有对自己意识、生命的主导权,而是被委身于数字拜物教背后的资本价值生产与增殖关系支配的物的存在。在资本主义生产过程的不同环节中,资本逻辑根据自己的生产增殖欲求,利用数字拜物教机制营造的多重假象,吸纳了大量的无酬数字劳工,并以数据商品为中介输出资本主义的意识形态,试图把拜物需要内化为普通大众的真实生活需求。资本主义采取了各种不同的策略治理、控制、引导每一个人,根本目的是塑造出适合价值增殖且认同资本主义社会生产秩序的生命主体,但也正是因为生命主体不仅仅是生物性存在,更是在时代遽变中主体意识不断被激发和创造的生命存在,所以在现实诸多矛盾性力量的作用下,劳动者的生命实践活动才有颠覆数字拜物教与数字资本主义生产方式的可能性。

---

① 唐正东:《政治经济学批判的唯物史观基础》,《哲学研究》2019年第7期。

# 第四章　数字拜物教的消解与人类解放

消解数字拜物教，实现人类解放是在人类文明新形态现实建构过程中不断推进的历史进程。与马克思所处时代相比，现在的资本主义，是数字技术和数据信息成为支配性力量的时代。资本与劳动的对立矛盾、拜物教意识与资本主义物化社会关系等问题在今天并未过时，反而呈现出更为迷幻复杂的外在形式。如何消解数字拜物教，推动建构数字文明新形态成为摆在全人类面前的重要问题。现在数字资本的蓬勃发展，势必会巩固资本主义市场在全球经济中的统治地位并深化数字资本逻辑全球扩张的强权力量；而马克思政治经济学批判正是以批判性地反思和解构资本主义生产方式及其社会关系内在矛盾为核心逻辑，从而影响社会发展且改变世界的哲学理论，它在数字资本时代仍然"在场"。"批判旧世界"与"发现新世界"是同一条道路的不同侧面，"'在批判旧世界中发现新世界'的哲学活动是一种指向社会生活的前提性追问，通过追问，进而揭示现实社会生活赖以存在的基础的有限性和内在矛盾，克服抽象意识形态对于现实生活的遮蔽和扭曲，提升人们对于社会生活及其未来发展的自觉意识"①。回归马克思政治

---

① 贺来：《马克思哲学与现代哲学变革》，中央编译出版社2018年版，第11页。

经济学批判方法，激发其内在包含的人类解放价值意蕴将为消解数字拜物教奠定理论基础。与此同时，以人的社会性生存方式取代物化的片面存在，激发人的社会性生产与生活的共同感，共同推动人类文明新形态的建构进程。人类文明新形态是扬弃资本主义"以物的依赖性为基础的人的独立性"阶段后，人的自由个性充分实现与社会整体充分发展的历史形态，它所要确立的最高价值目标就是"人的自由全面发展"。在此阶段，不仅数字拜物教被消解，任何由资本主义生产方式导致的抽象统治都将得到全面祛除，人与人之间的对立、压迫、矛盾关系都将被彻底超越，普遍性意义的人类解放将会成为现实。

## 第一节  马克思对资本逻辑内在矛盾的揭示：消解数字拜物教的理论基础

随着资本主义全球危机新形式的出现，我们似乎进入了新的马克思时代。尤其是2008年金融危机以来，在全球兴起了重新阅读马克思的热潮，马克思哲学尤其是政治经济学批判理论在当代社会再次显示出强大的生命力。马克思在《资本论》及其手稿中向世人说明了，资本逻辑的真正限制是根植于资本主义生产关系中的资本的内在矛盾。"资本的创造文明的'积极本质'与价值增殖的'消极片面性'之间，即资本追求全面发展生产力的趋势与资本自身限制生产力全面发展的局限性、狭隘性与对抗性这二者之间的矛盾冲突"[①]。虽然数字资本主义在运行条件和方式上呈现出一些新变化，在一定程度上缓解了资本主义的社会经济矛盾，但其并未超出"资本主义"这一范畴，它追求剩余价值生产

---

① 郗戈：《超越资本主义现代性：马克思现代性思想与当代社会发展》，中国人民大学出版社2013年版，第155页。

与增殖的本性并未改变。"数字资本主义的特殊性必须置于持久的结构性趋势与历史危机趋势中加以审视,而不能假定与后者相脱离,或推断数字资本主义脱胎于后者。"① 政治经济学批判对资本逻辑矛盾的揭示不仅是19世纪马克思研究当时资本主义生产过程的理论结晶,更是当下社会透视数字资本主义社会矛盾实质以及消解数字拜物教的理论基础。

马克思对资本逻辑矛盾本质的揭示是建立在对资本自我增殖性质理解基础上的,无止境地追求剩余价值的生产与积累是资本生产关系的本性,"资本及其自行增殖,表现为生产的起点和终点,表现为生产的动机和目的;生产只是为资本而生产"②。资本自我增殖的本性决定着资本逻辑在深度和广度上的纵深与扩张。资本家用一定数额的"死劳动"(工资)换取工人创造价值的"活劳动",资本逻辑在生产过程中完成对他人无酬劳动的吸收和占有,构成了资本主义社会颠倒生产方式存续的现实基础,"资本是按照它在劳动过程中所具有的一定关系出现的。正是在这里,资本不仅仅是劳动所归属的、把劳动并入自身的劳动材料和劳动资料;资本还把劳动的社会结合以及与这些社会结合相适应的劳动资料的发展程度,连同劳动一起并入它自身"③。马克思在此强调的是,资本本质上作为一种社会关系将活劳动能力以及与之相关的劳动资料一同并入自身的发展。对于资本家而言,竭尽所能地榨取雇佣工人剩余劳动生产的剩余价值是满足其致富欲望的根本途径,而且资本家依靠过去占有的剩余价值无限地占有现在和未来的活劳动,不断满足其剩余价值生产和增殖的最高目的。资本自我增殖的本性作为"幽灵"般的形而上学存在,将社会生活中真实存在的"活

---

① [美]丹·席勒:《数字化衰退:信息技术与经济危机》,吴畅畅译,中国传媒大学出版社2017年版,导言第9页。
② 《马克思恩格斯文集》第7卷,人民出版社2009年版,第278页。
③ 《马克思恩格斯文集》第8卷,人民出版社2009年版,第539页。

劳动"转化为抽象存在物，而把自身（价值）转化为"存在"，"人"的现实转化为"物"的现实。资本价值增殖的本性决定着劳动的具体过程与形式变化，具体的劳动过程始终围绕剩余价值生产与增殖而展开，资本逻辑内涵的价值增殖扩张与劳动过程是内在统一的，正是在价值增殖扩张与现实劳动过程的资本现代性建构中，资本逻辑本身矛盾与生产过程危机表现出来。

马克思政治经济学批判不仅将资本逻辑理解为具有总体性意义的建构原则，同时还在资本主义生产方式尤其是生产关系层面揭示了资本逻辑的内在矛盾。资本逻辑的矛盾表现为资本对现代社会发展的二重性作用：一方面，资产阶级在生产方式与理性意识形态层面完成了对近现代社会的重构。"资产阶级在它的不到一百年的阶级统治中所创造的生产力，比过去一切世代创造的全部生产力还要多，还要大。"[①]资本逻辑的发展在提高社会生产力发展水平基础上，确立了理性至上、平等自由的资产阶级意识形态，创造了以往时代都无法企及的物质财富，推动了社会整体面貌的资本主义转变。另一方面，由于人类社会受到资本无止境自我增殖本性的催逼，社会生产力的进步表现为资本生产力的进步，社会整体发展的不平衡与人类生存状况的异化状态成为资本主义社会的常态。在马克思看来，资本逻辑之所以内在地包含矛盾，是因为资本主义生产方式的基本矛盾，即生产的社会化与生产资料的资本主义私有制之间的矛盾。资本主义生产的趋势本质上与社会生产力的发展水平处于矛盾关系。无止境的自我增殖、自我扩张构成了资本逻辑的根本目的，要想达到这一目的，资本必须诉诸社会生产力的全面发展，但社会生产力的全面发展与资本主义狭隘的生产方

---

① 《马克思恩格斯文集》第2卷，人民出版社2009年版，第36页。

式相矛盾。科学技术的进步使劳动生产资料日益呈现出发展壮大的生产社会化趋势，现代生产的社会化要求生产过程的社会共同参与，生产资料的社会公共占有与利用，但这与资本主义私有制垄断式生产之间存在不可调和的矛盾，垄断生产方式下劳资对立的矛盾在日益壮大的生产社会化趋势内不断被激化，资本主义生产方式的垄断性在具体生产中不断暴露出其矛盾性和暂时性。

在资本主义私有制的垄断式生产方式中，无论是固定资本还是一般智力的发展，都表现为社会生产技术水平的提高，而生产力发展反映到资本构成上就是不变资本的增加，资本有机构成不断提高，而利润率趋于下降，"在劳动剥削程度不变甚至提高的情况下，剩余价值率会表现为一个不断下降的一般利润率"①，这与资本增殖本性是相矛盾的。由于利润率下降，导致可供剥削的劳动人口相对过剩，随着社会生产力水平的提高，可变资本相对减少而总资本量却越来越大。因此造成的生产过剩、资本过剩、相对过剩人口将会直接威胁到资本主义生产过程本身，加剧资本逻辑的内在矛盾。在利润率趋于下降的规律中，"劳动的社会生产力的发展与资本增殖过程之间发生着最深刻的矛盾"②。这一内在矛盾具体地表现为价值生产与价值实现之间的脱节，生产总过程的不同环节均会受到影响，盲目生产与社会真实需要的供需失衡，处于贫苦状态中的过剩人口根本无力消费资本主义生产的大量产品；而且商品生产规模的扩大与社会有效需求之间的差距会随着资本主义生产关系的发展不断扩大，资本主义市场的盲目性很难解决过度生产导致的危机冲突，生产与消费之间的矛盾将会持续激化，进

---

① 《马克思恩格斯文集》第 7 卷，人民出版社 2009 年版，第 237 页。
② 郗戈：《资本论的哲学主线：资本逻辑及其扬弃》，《华中科技大学学报》（社会科学版）2017 年第 3 期。

而资本主义的基本矛盾不可避免地导致全社会范围内的周期性经济危机。"现有资本的周期贬值，这个为资本主义生产方式所固有的、阻碍利润率下降并通过新资本的形成来加速资本价值的积累的手段，会扰乱资本流通过程和再生产过程借以进行的现有关系，从而引起生产过程的突然停滞和危机。"①

到了数字资本时代，数字资本逻辑在新技术革新背景下，利用数字拜物教机制及其意识形态功效，营造出一种数字技术可以解决资本主义经济危机和社会矛盾的假象。事实上数字资本逻辑妄图通过技术手段解决资本主义生产方式固有的危机矛盾是不可能的，它只是暂时缓解了资本主义生产过剩的危机，以资本增殖为目的，追求无止境剩余价值的生产与积累的资本本性并未改变。现在数字资本逻辑为实现资本增殖最高目的采取了更为彻底和隐蔽的技术手段，以零工经济形式吸纳剩余劳动力，利用娱乐化社交平台内容的生产占有用户在线时间，以及对海量数据信息的商品化处理等多种手段，保障数字资本逻辑的增殖扩张。而且随着数字化市场经济的蓬勃发展，数据作为最重要生产要素带来了巨大的经济收益，加之数字拜物教烘托的社会氛围，数据、数字技术本身被赋予了拜物教性质，这使得数字资本主义生产对数据这一生产要素的追崇趋势正在不断强化，人类付出相应时间精力形成的海量数据信息被少数资本家无偿占有，直至互联网平台经济垄断局面的形成。

然而，数字信息技术带动的生产力的社会化发展，极为迫切地需要数据信息的共享，但数字资本的增殖本性，决定了现实生产中以数字平台为中介的互联网企业占据经济发展的垄断性地位。数字平台资本家掌握了绝大多数的生产资料，控制网络平台生产资料以及核心数

---

① 《马克思恩格斯文集》第7卷，人民出版社2009年版，第278页。

据资源的精英阶层占据价值生产总过程的核心位置，普通的数字劳工则处于边缘地位。数字生产力的社会化发展同时伴随着群体隔离与社会阶层分化的风险，这体现出数字资本主义的基本矛盾仍是社会化大生产和生产资料的资本主义私有制之间的矛盾。"手段——社会生产力的无条件的发展——不断地和现有资本的增殖这个有限的目的发生冲突"①，数字资本时代先进生产力发展与资本主义生产关系之间的矛盾将会持续激化，数字资本主义只是资本主义为了缓解经济危机，从而更彻底地攫取剩余价值采取的权宜之策，甚至由于资本逻辑内在矛盾性还有可能进一步加剧二者的对立局面，精神异化、贫富差距、阶层固化等社会矛盾将进一步发展为社会对抗。

在数字信息技术的资本主义应用以及数字拜物教机制展开的基础上，资本逻辑不再像过去采取强制手段管理和监督劳动者，而是营造出一种轻松愉悦的氛围，使全球范围内的人们共同为数字资本逻辑增殖"主动生产"数据。数字资本还依靠弹性劳资关系的网络化，转移资本家与普通劳动者的矛盾，仿佛在弹性化劳资关系里，资本逻辑的强制力消失不见。同时，人工智能技术的蓬勃发展促进了数字资本主义生产方式的智能化、数字化转变，大大提高了社会生产效率，这一技术发展现状更是强化了技术决定论的错误认知。我们无法否认技术变革对生产力发展的积极作用，但在资本主义生产过程中，形成了数字技术的资本主义应用可以解决资本主义生产过程中一切问题的错认，并且这种拜物教观念还会进一步形成"一切皆可量化"的数据思维方式，人们对数据信息的算法计算处理结果的客观性和科学性深信不疑。其中，人类一般智力的整体进步被数字信息技术进步遮蔽，导致了社

---

① 《马克思恩格斯文集》第7卷，人民出版社2009年版，第279页。

会整体对数字信息技术过度崇拜,活生生的人成为技术的"附属物",数字拜物教意识盛行。从马克思对资本逻辑内在矛盾本质的揭示出发,我们可以发现,数字资本主义所采取的上述措施,目的在于强化其资本的价值生产与增殖的核心本质,且以更隐蔽和柔和的方式让人们接受资本主义的社会生产秩序,保障数字资本主义生产过程的稳定有序。但现实情况是,全球范围内的"数字鸿沟""数字垄断""数字化衰退"所表征的资本主义生产过程中不均衡分配关系等问题日益突出。在弹性劳资关系的网络化模式下,劳动者与生产资料、生活资料的分离情况依然存在,零工劳动者只占有最基础的数字平台设备以便于接收资本家的工作指令,最重要的是对消费者进行指向性的数据匹配、分析都是由平台资本家所控制的生产过程,自由的劳动只是假象,劳动对资本的从属关系在本质上并未弱化,数字资本家获取的剩余价值仍然是靠无偿占有广大数字劳工的剩余劳动生产的剩余价值实现的。而且数字资本对数字信息技术发展的重视和扶持,也并不是真正为了推动人类整体技术水平的提高,相反,他们将人类智慧的最新成果结晶"数字信息技术"广泛应用到资本主义生产过程的各个环节,以更彻底和更迅速地实现价值增殖,人们对智能技术的"崇拜"实际是由特定的资本主义生产方式下塑造出的数字技术拜物教。"以社会劳动为基础的所有这些对科学、自然力和大量劳动产品的应用本身,只表现为劳动的剥削手段,表现为占有剩余劳动的手段,因而,表现为属于资本而同劳动对立的力量。资本使用这一切手段,当然只是为了剥削劳动。"① 数字资本主义社会之所以形成数字拜物教的精神现象与社会现实绝不仅仅是意识结构、生命主体的错认误认,更是在资本主义

---

① 《马克思恩格斯文集》第8卷,人民出版社2009年版,第395页。

复杂的历史、社会生产关系中数字资本强权逻辑隐秘布展的时代产物。

总之,按照马克思对资本逻辑内在矛盾揭示的方法路径,对数字拜物教的批判与超越这一重大问题需要放置在数字资本主义一定的社会、经济、文化空间中才能被理解,即从资本逻辑内涵的生产方式矛盾出发,对其导致的资本主义不合理的生产关系和社会关系予以说明,从而在数字资本主义生产方式及其生产关系呈现的内在矛盾揭示中,寻找人类解放的真实可能性。资本逻辑的内在矛盾本质:"以广大生产者群众的被剥夺和贫穷化为基础的资本价值的保存和增殖,只能在一定的限制以内运动,这些限制不断与资本为它自身的目的而必须使用的并旨在无限制地增加生产,为生产而生产,无条件地发展劳动社会生产力的生产方法相矛盾。"① 无论资本逻辑采取什么样的外在形式,它的内在矛盾本质决定了资本价值的保存与增殖只能在一定限制内运动,而且这一运动过程将推动着资本逻辑的自我克服和自我扬弃。所以,马克思对资本逻辑内在矛盾的揭示,是消解数字拜物教的理论前提,只有以此为出发点,我们才能清醒地认识到数字资本主义是资本主义生产方式的当代变形,本质上仍属于资本主义范畴,无止境地追求剩余价值生产与积累的核心本质并未改变。

## 第二节 资本的限度与资本逻辑的自我否定: 消解数字拜物教的现实根据

资本逻辑的内在矛盾决定了它在历史运动趋势中必然走向自我否定、自我扬弃。尽管资本逻辑具有追求无止境自我增殖的最高目的,

---

① 《马克思恩格斯文集》第 7 卷,人民出版社 2009 年版,第 278—279 页。

但生产力社会化发展与资本主义生产资料私有制之间的矛盾，决定了资本关系发展在其本身的性质上必然遭遇到限制，"资本的生产是在矛盾中运动的，这些矛盾不断地被克服，但又不断地产生出来。不仅如此，资本不可遏止地追求的普遍性，在资本本身的性质上遇到了限制，这些限制在资本发展到一定阶段时，会使人们认识到资本本身就是这种趋势的最大限制，因而驱使人们利用资本本身来消灭资本"①。追逐无止境剩余价值积累的资本关系本身蕴含着一切冲突的萌芽，这实际上是从马克思辩证法出发对资本限度的揭示。只有立足于批判性、革命性的辩证法，我们才能认识到资本关系自身构成了资本自我限制、自我否定的原因，这是在根本意义上消解数字拜物教，实现人类解放的现实根据。

## 一 资本的限度：资本逻辑内在矛盾运动的必然结果

作为现代社会深刻的反省与批判者，马克思以资本逻辑为切入点，展开了对资本主义社会现代性问题的剖析。在马克思看来，资本逻辑就是现实生活中"形而上学现实运作"最直接的表现形式。资本逻辑作为形而上学与资本的"联姻"，是形而上学的资本本质与资本的形而上学本质的内在统一。在现实生产中，以资本增殖为目的的生产的扩大，使人摆脱共同体的束缚而进入市场关系。"资本主义生产不仅是商品的生产，它实质上就是剩余价值的生产。"② 资本的增殖目的要求雇用劳动源源不断地投入生产过程。在这里，人不仅受到观念的统治，同时还受到资本的统治。"资产阶级以资本增殖为目的的社会生产和交换体系，将一切时空领域中的东西连为一体，形成了总体化的社会进

---

① 《马克思恩格斯全集》第30卷，人民出版社1995年版，第390—391页。
② 《马克思恩格斯文集》第5卷，人民出版社2009年版，第582页。

程，这实质上是资本逻辑的总体性建构。"① 资本的形而上学运作表征着资本逻辑的总体性建构力量，资本如同"普照的光"统治着人们生活的方方面面，使资本的关系成为统治社会生活绝对且唯一的关系，主体生命存在的丰富性内涵都被抽象化为"交换价值"。在资本逻辑的总体性控制下，必然导致个人受抽象统治的现代性困境。物对人的统治的确立，使主体成为一种失去生命丰富性、全面性、自由性的"现成存在物"，人的生命活动的自我超越性和自我创造性被窒息。资本逻辑的总体性建构与形而上学的同一性、绝对性、非历史性的理论原则内在一致，资本逻辑的统治实际上就是形而上学的现实运作。

马克思通过对形而上学形成的现实生活基础，也就是对资本逻辑统治的批判，去除了资本总体性逻辑对现实生活的遮蔽，从而破解了抽象对人统治的秘密。马克思认识到，资本逻辑自我扩张本性一开始就构成了一个自己反对自己且无法解决的矛盾体系。在资本逻辑统治下，"资本一方面确立它所特有的界限，另一方面又驱使生产超出任何界限，所以资本是一个活生生的矛盾"②。资本的矛盾本性决定了资本"必然自己排斥自己"。"一切发展都是对立地进行的，生产力，一般财富等等，知识等等的创造，表现为从事劳动的个人本身的外化；他不是把他自己创造出来的东西当作他自己的财富的条件，而是当作他人财富和自身贫穷的条件。但是这种对立的形式本身是暂时的，它产生出消灭它自身的现实条件。"③ 正因为如此，马克思强调，资本逻辑不可遏止的同一性力量在创造以往时代无法企及财富的同时，也在为自我的扬弃准备条件，资本逻辑必然趋向"自我否定"。马克思的伟大之

---

① 贺来：《"主体性"的当代哲学视域》，北京师范大学出版社2013年版，第102页。
② 《马克思恩格斯全集》第30卷，人民出版社1995年版，第405页。
③ 《马克思恩格斯全集》第30卷，人民出版社1995年版，第540—541页。

处就在于,他始终坚持辩证法"自我否定"的原则,准确揭示了资本逻辑的内在矛盾性和自反性。"马克思并不是简单地对资产阶级社会进行外在的否定,而是要进入到资产阶级社会之中,意识到这个社会存在的历史性界限,并从内部解构这个社会的存在方式。"① 这是马克思批判性和革命性的辩证法留给后世最重要的方法论启示。

今天,人类社会仍然处于资本逻辑占据主导地位并且数字资本逻辑的统治更为隐秘和彻底的世界中,数字资本逻辑以一种更广泛和更深刻的方式,试图将人类生活的全部纳入资本增殖过程。数字资本时代拜物教新形式,同样是资本逻辑总体性建构的产物。尤其是在人工智能技术、数字信息技术的助推下,资本逻辑向主体生命、意识的渗透显示出资本力图克服一切外在界限的强大力量。数字拜物教代表的社会整体对数据、数字技术经济价值的推崇和膜拜,数字拜物教机制为数字—生命政治、数字帝国主义意识形态提供的合法性辩护,本质上都是为了确证绝对化、永恒化的资本逻辑统治。资本逻辑妄图超越一切界限的野心昭然若揭。资本关系限度的真正克服或者超越指向的是资本逻辑的自我扬弃。尽管资本关系采取了众多措施克服限制,却从未获得根本性的成果,最终社会总是会陷入更大范围的经济和社会危机,"资本主义生产总是竭力克服它所固有的这些限制,但是它用来克服这些限制的手段,只是使这些限制以更大的规模重新出现在它面前"②。只有在资本主义生产关系或者生产方式自我扬弃、自我毁灭之际,社会主义和共产主义运动才能最终超越与消灭资本关系;也只有在消灭形成拜物教产生的资本主义社会现实基础上,数字拜物教才能最终被消解。

---

① 贺来:《"主体性"的当代哲学视域》,北京师范大学出版社2013年版,第111页。
② 《马克思恩格斯文集》第7卷,人民出版社2009年版,第278页。

资本逻辑的内在矛盾呈现出的自我增殖、自我限制与自我扬弃的运动趋势决定了资本的限度，"资本推动的现代性发展到一定'过渡点'之后，自我扬弃的潜能和趋势就会集中爆发出来，并粉碎现代性的既有实现方式和存在形态，从内部创造出适应现代性继续发展的新方式、新形态"①。资本逻辑的内在矛盾是基于价值增殖与具体劳动过程的内在统一而形成的资本主义生产方式本身固有的矛盾——生产的社会化与生产资料的资本主义私有制之间的矛盾。这一内在矛盾导致的劳动与资本的对立关系、价值生产与价值实现过程的脱节造成的生产—消费的失衡局面、相对过剩人口的增加等社会问题都指向了资本关系的发展限度。随着资本主义生产方式的变革，利润率的下降会使资本有机构成越来越高，生产过剩、资本过剩等问题最终将导致更大规模的经济危机，资本的限度必然在资本逻辑自我否定和自我扬弃的过程中显现出来。马克思在《资本论》里关于资本逻辑运行及其发展限度的理论自觉，是在对资本逻辑自我否定与扬弃的必然趋势理解基础上达成的，对资本关系限度的自觉也体现了马克思政治经济学批判的辩证法本身具有的问题意识。

从资本关系的内在限度来看，资本逻辑蕴含的生产的社会化与资本主义生产资料私有制之间的矛盾是资本关系发展的内在界限。在资本主义生产中，随着科学技术的进步以及资本规模的扩大，生产劳动向社会化劳动转变，生产的社会化与资本主义垄断性的私有制生产方式之间的巨大矛盾，将是资本关系无法真正超越的界限，这一界限内在于资本主义私有制的生产关系之中，是资本关系通过自身生产方式变革无法超越的内在界限。资本主义生产扩大化与劳动社会生产力之

---

① 郗戈：《超越资本主义现代性：马克思现代性思想与当代社会发展》，中国人民大学出版社 2013 年版，第 177 页。

间的矛盾，具体表现为生产社会化程度的提高和不变资本比例的提高，可变资本相对减少而资本总量越来越大。受生产社会化趋势的推动，全社会劳动生产率提高，将使社会必要劳动时间减少。一方面，这代表了社会生产技术的进步，在劳动的剥削程度不变时，资本有机构成的提高会使利润率趋于下降；另一方面，利润率下降但利润量会随着所使用的资本量的增加而增加，社会总产品中作为资本起作用的部分将会增加，从而导致了劳动人口相对过剩、生产过剩，最终致使价值丧失，"利润率的下降会延缓新的独立资本的形成，从而表现为对资本主义生产过程发展的威胁；利润率的下降在促进人口过剩的同时，还促进生产过剩、投机、危机和资本过剩"①。可以看出，"资本主义生产方式包含着绝对发展生产力的趋势，而不管价值及其中包含的剩余价值如何，也不管资本主义生产借以进行的社会关系如何"②，尽管它采取了降低利润率使现有资本贬值，或靠牺牲已经生产出来的生产力来提高劳动生产力等手段来保证价值增殖，但这些措施本身会扰乱资本主义生产总过程的运行，从而导致更大的危机，资本力图克服一切限制的方式最终都会趋向于自我限制。

除了上述基于资本主义生产社会化和生产资料资本主义私人占有之间的深刻矛盾表现出的资本发展的内在限度外，资本关系还会遭遇到社会、自然层面的外在限制，这里主要讨论资本逻辑对数字技术合理化发展限度的超越给人类社会带来的危机。就社会现实层面来看，资本增殖逻辑的全球扩张本性决定了资本生产向社会各个层面深入渗透的总体性趋势。数字资本规模的扩大，一方面为推进人工智能技术研究提供了前期的经费支持，另一方面又将最新的智能技术广泛应用

---

① 《马克思恩格斯文集》第7卷，人民出版社2009年版，第270页。
② 《马克思恩格斯文集》第7卷，人民出版社2009年版，第278页。

于资本主义生产过程的各个环节，使科学技术成为资本逻辑的附庸，并与资本一道成为支配人的物的力量。同时，无止境价值增殖目的会催逼科学技术突破科技发展、社会伦理的界限，成为单独为资本逻辑服务的技术手段。无论是大数据技术的"杀熟"，还是科学技术对人类伦理底线的突破，背后无不是受资本逻辑操纵的经济行为，资本逻辑对智能技术的过度渗透使其获得了生产与占有剩余价值更便捷的手段，尤其是在生产、分配、交换、消费的不同环节中，数字信息技术不仅为资本逻辑控制整个经济关系的生产与再生产提供了最新技术保障，更为进一步传输资本主义的意识形态，同化大众意识，形成适合资本主义生产的政治、文化关系创造了条件。科学技术尤其是数字信息技术的发展本身是存在合理限度的，科学技术尤其是人工智能技术的发展本质上是人的智力水平与创造力的提升，它是人类社会政治、经济、文化历史进步与共同发展的结果。但资本逻辑在智能技术的应用基础上，对主体意识、生命结构的内化反映出资本逻辑全面渗透与超越界限的增殖本性。受数字技术驱动的资本增殖过程对自然界的开发和利用同样也是无限度的、无止境的，这将在根本上干扰和威胁到整个人类社会自然生态环境的稳定。现在，资本逻辑利用数字技术对人类社会生活以及自然环境的全面深入开发，不断触碰到人类生存的底线，提示我们，如何区分数字智能技术对社会整体进步与其资本化倾向之间的界限是当代社会发展必须进一步思考的关键问题，尤其是智能技术的资本主义应用与人类社会、自然之间的合理界限，是关切到科学技术未来发展方向与人的生存与发展的重要时代课题。

无论是由生产社会化与资本主义私有制之间的矛盾形成的资本关系的内在限度，还是受社会层面的智能技术发展程度影响的外在限度，它们最终都指向了以剩余价值生产与积累为最高目的的资本主义生产关系。在这种生产关系中，资本追求剩余价值最大化的生产活动，使资本忘记和不顾"（1）必要劳动是活劳动能力的交换价值的界限；（2）剩余价值是剩余劳动和生产力发展的界限；（3）货币是生产的界限；（4）使用价值的生产受交换价值的限制"①。资本关系不仅受到外在界限的影响，同时还会受到其自身包含的内在界限的根本限制，并推动资本关系的自我扬弃和自我超越。"资本主义生产的真正限制是资本自身"②，资本主义私有制决定了增殖是资本主义生产的目的和动机，资本家占有生产资料只是达到这一目的的手段。其中，资本价值的增殖与积累，是以广大生产者和群众的被剥夺和贫困化为基础的，这些矛盾的不断激化将会限制资本的运动，并与社会生产力的发展相冲突，最终将指向资本逻辑的自我扬弃。资本主义生产力与生产关系的矛盾，以及由此形成的资本的限度，体现出资本主义生产方式或者说资本主义的生产只是一种历史的和物质生产条件下与某个有限的发展时期相适应的生产方式。资本主义生产方式的历史地位就在于，"发展社会劳动的生产力，是资本的历史任务和存在理由。资本正是以此不自觉地创造着一种更高级的生产形式的物质条件"③。资本主义生产与再生产的具体过程中表现出的资本主义生产方式内在的矛盾本性，最终决定了资本的限度以及必然被扬弃的历史命运。

当代资本主义采取了多种技术手段尝试解决生产过程中遇到的障碍——通过时空修复来调整资本自身积累的策略，以此保障资本主义生产过程的有序运行。从时间修复上看，哈维认为，将流动资本转化为固定资本是资本缓解危机的时间修复方式，这种方法可以保障资本

---

① 《马克思恩格斯全集》第30卷，人民出版社1995年版，第397页。
② 《马克思恩格斯文集》第7卷，人民出版社2009年版，第278页。
③ 《马克思恩格斯文集》第7卷，人民出版社2009年版，第288页。

在较长时间内都可以生产价值;除此之外,资本关系对空间限度的突破,使全球范围内的每一寸土地都无法幸免于资本的光顾,复杂的地缘关系及其全球经济局势使资本关系自身采取了一系列的措施以缓解和转移矛盾,突破资本固有的界限。"空间的生产、全新的区域性的劳动分工组织、更便宜的新资源综合体的开发、作为资本积累动态空间的新地域的开拓,以及资本主义的社会关系和制度安排对先前存在的社会结构的渗透,都为吸收资本剩余和劳动剩余提供了重要的途径。"① 但正如哈维在《资本的限度》一书中,强调的地理环境在危机过程中,对不平衡的地理发展、地理上的集中与分散、阶级斗争和派系斗争的区域化、等级安排和资本的国际化等方面所起作用的分析中,最终指向的是价值丧失,并向全球危机发展,"资本主义的问题无法在一瞬间通过某种'空间修复'的魔术来解决"②。资本的增殖与积累会随着全球范围内的经济体变化而变化,尽管资本力图超越空间界限,以资本地缘扩张的方式带动资本整体的积累,但过度积累和价值丧失却是普遍存在于一切区域内的,每个区域都被迫要周期性地试图使自己与外部的关系发生某种转化,以减轻自身内部价值丧失的不安。资本主义为缓解生产危机,不仅通过贸易寻找外在的解脱,还为了生产输出资本,在新的区域内建立资本主义生产关系,以便于在新的区域内以不断加速的方式创造生产力。"资本主义在新的区域内不受约束的增长对于资本主义的存活是一种绝对的必要性……正是在这些场所,过多的、过度积累的资本才可以最为轻易地得到吸收,并由此创造进一步的市场机遇和进一步的盈利性的投资机会。"③ 哈维指出,尽管资本在全球

---

① [美]戴维·哈维:《新帝国主义》,付克新译,中国人民大学出版社2019年版,第67页。
② [英]大卫·哈维:《资本的限度》,张寅译,中信出版社2017年版,第658页。
③ [英]大卫·哈维:《资本的限度》,张寅译,中信出版社2017年版,第663—664页。

迁移的自由让资本家有机会通过地理扩张来获得即时的"空间修复"，但可以长期对资本主义矛盾加以抑制的"空间修复"并不存在，甚至地理因素还会加剧价值危机。所谓的空间修复，通过在别处开发市场，以新的生产能力和劳动可能性进行空间转移，实际上会加剧资本空间剥削程度。按照马克思辩证法的思路，新的生产力的应用必须建立在雇佣劳动的制度之上，生产力的扩张意味着无产阶级的不断壮大，甚至在信用体系作用下，一些资本家被迫加入无产阶级的队伍，最终的结果就是价值丧失。

资本关系通过延迟时间和地理扩张来化解资本主义危机的时间—空间修复方案并不能真正跨越资本的界限，数字资本的生产同样也是资本主义为了应对价值丧失危机的权宜之计；它们本身都无法超越资本的限度解决资本主义生产危机，更无法改变资本逻辑的自我否定和毁灭的必然趋势。资本的限度是资本逻辑的内在矛盾性运动的结果，具体表现为生产的社会化与资本主义生产资料私有制间的内在限度与科学技术发展的外在限度，这些是资本关系在具体生产过程中遭遇的必然限制。数字资本只是资本逻辑的当代变式，它本身的发展处于资本逻辑的动态结构之中。资本越是采取牺牲现有资本、生产力的手段来突破限制，实现增殖，就越会造成生产力的巨大浪费和资本主义生产秩序的混乱。"资本逻辑通过自我扬弃来克服自身内在的界限，然而，由此发展起来的社会生产力必然成为资本统治的终结者，资本逻辑的自我扬弃过程终究会走到克服资本形式本身这一阶段。"[①] 所以，数字拜物教消解的现实根据就在于资本逻辑的自我否定，资本逻辑的自我毁灭之际，数字拜物教及任何形式的抽象统治都将被最终超越。

---

① 郗戈：《超越资本主义现代性：马克思现代性思想与当代社会发展》，中国人民大学出版社2013年版，第161页。

## 二 警惕数字拜物教的渗透：形成数字技术的社会应用与主体性存在的边界意识自觉

资本逻辑的强大力量决定了现时代扬弃资本主义生产方式，建立真正属人的自由人联合体还有很长的路要走。消解数字拜物教，还应从社会意识层面形成一种数字技术的社会应用与主体性存在的"边界意识"，以减少资本现代性可能带来的诸多社会问题。警惕数字拜物教的渗透，一方面要划定资本存在与内在性生命价值间的"界限"，同时还需要在树立数字技术的社会应用与主体性存在"边界意识"基础上，寻求超越对束缚人的思想观念与生存实情的"抽象物"统治的现实可能性。

福柯在《什么是启蒙》一文中指出，现代性是一种"界限态度"，"界限态度"体现的并非一种静态的非此即彼的选择，它关注的是"界限"本身。福柯认为我们可以在某些事件内在限制的历史批判中逾越界限，"问题是把在必要限度的形式中实施的批判转化为一种实践的批判，它采取一种可能越界的形式"①。界限态度不仅是指一种界限或者边界意识的自觉，同时还指向逾越界限的可能性。福柯的对现代性界限态度的批判性认识"将从我们是其所是的偶然性中分离出不再是我所是、作我所作、想我所想的可能性"②，这提示我们形成当下数字技术的社会应用与主体性价值之间的"边界意识"的自觉，一方面要在社会存在层面呈现二者的矛盾关系，另一方面也应强调"界限"的哲学前提批判本身具有的"越界"可能性。福柯这种批判路径是"一种溯

---

① [法] 米歇尔·福柯：《什么是启蒙》，参见汪晖、陈燕谷主编《文化与公共性》，生活·读书·新知三联书店 2005 年版，第 437 页。
② [法] 米歇尔·福柯：《什么是启蒙》，参见汪晖、陈燕谷主编《文化与公共性》，生活·读书·新知三联书店 2005 年版，第 437 页。

源式的前提性批判,在这一批判当中,任何作为事件的现实(如现代性)都不仅仅是已经呈现出的样子,并似乎成为不可克服的,而是在对其前提性的考察中,会发现这一事件的暂时性,以及其生成与发展的基本条件"[1]。按照福柯的思路,如果可以澄清现代性的生成与发展的前提条件,就意味着现代性有被超越的可能性。具体到数字资本主义现代性批判中,发现或者揭示现代性事件存在的前提,将是超越资本现代性的必要路径。

马克思对资本逻辑内在矛盾的政治经济学批判同样也是一种根本意义上的"现代性批判"。对于马克思而言,资本现代性批判是"进行一种内在的批判——一种从内部进行的批判,就是说,把他正在试图进行的研究作为前提,并通过指明它的矛盾性而摧毁这个前提"[2]。现在,资本逻辑依靠数字拜物教机制突破自身界限向社会生活全领域的渗透,最典型地体现为智能数字技术的资本主义应用对主体性价值的抽象控制和同化过程,数字技术的资本主义应用带来的现代性风险反映出资本逻辑对技术的不合理或者说越界使用,这是一种不成熟的现代性的体现。智能数字技术作为人类一般智力发展和生产力进步的结晶,却在资本主义生产关系中成为资本控制生命主体的技术手段,一旦智能数字技术被资本逻辑所掌控,技术的文明面很有可能呈现出"反文明"的一面,数字资本逻辑与数字技术的联合将制造出更抽象的治理体系控制生命主体,重新定义主体性存在的价值和意义。所以,在智能技术助力资本现代性全球扩张的时代,警惕数字拜物教的渗透,关键是在智能数字技术带来的"社会历史进步"与人"主体性价值实现"的交互关系中,确立科学技术发展与人之主体性价值的"界限",

---

[1] 夏莹:《现代性的极限化演进及其拯救》,《社会科学战线》2019年第3期。
[2] 贺来:《辩证法与实践理性》,中国社会科学出版社2011年版,第312页。

自觉形成二者之间"边界意识";而"对'界限'的澄清和反思,就是要从根本上解构一切以真理化身的面目出现的话语权力的虚假性,暴露其僭用真理之名所具有的虚妄性和独断性"①。通过这种方式,在"划界"与"越界"两种内在贯通的边界意识引领下,重新确认智能数字技术的"属人性"与"社会性",以理性的自觉限制资本现代性向技术渗透的限度,从而达到二者关系的动态平衡。

当社会对资本关系与人之主体性存在形成普遍的"边界"或"界限"意识之际,也正是把人类主体性价值真正实现作为根本旨趣的新型现代性、新型社会文明形态成熟的时刻。以智能数字技术应用范围和程度的"有限性"为具体切入点,从"划界"与"越界"层面出发,澄清资本关系内智能数字技术现代性应用的有限性与主体性价值实现之间的界限是极其必要的。

"划界"指的是人类理性运用自身特有的"边界意识"对现实社会生活中技术知识与精神价值等不同领域的划分能力。"资本逻辑"企图超越一切界限,建立资本至上的社会秩序,导致了"个人为抽象献祭"的现实,人之生命存在论的主体性价值陷入了"技术主义"的资本幻象与危机。在今天数字资本主义带来的"技术主义"思潮与资本至上时代"欲望主义"相互影响的现代性状况中,"界限分析"的方式首先要澄清和划定资本逻辑包含的科学技术发展与存在论层面主体性价值的"边界",自觉承认"主体性价值"的内在性空间,从而为消解"技术主义"思潮对人生命内在性价值的控制创造现实条件。在划界活动中确立的"边界意识",自觉地承认智能革命代表的科学技术应用范围的"有限性"。

---

① 贺来:《站到"界限"之上:哲学前提批判的真实意蕴》,《学术月刊》2017年第1期。

"有限性"是政治经济学批判内涵的历史唯物主义思想的具体体现，具体表现为以下两点。第一，"智能革命"带来的技术进步是在特定的社会历史背景下形成的，这种技术革命具有"历史性"。无论是大数据技术的发展还是数字资本的扩张，都是资本主义社会生产力整体提升的表现，它们并不是超越历史现实存在的"终极目标"，而是内在于社会历史过程的人类实践的"历史产物"。数字资本逻辑利用网络信息与数据扩张实现了人之生存方式的变革与社会财富的持续积累。在现象层面，资本的增殖不再取决于人的"活劳动"，而是依赖数据技术的发展。但从历史演进的本质层面来看，"技术主义"思潮试图通过科技革命掩盖资本占有活劳动生产剩余价值的本质，事实上"劳动过程所用的实际的技术是由历史过程和社会过程塑造的，而且必然反映了人们在根本性的生产任务中相互联合、彼此协作时的社会关系。劳动生产力是无法脱离这些社会关系来测定的"[①]。因此，只有从划界活动的"有限性"角度出发思考资本主义应用智能数字技术的合理界限，才能在历史唯物主义的根基上，抓住资本主义之根本——智能数字技术是劳动过程的物质形式，其表达了生产力与生产关系矛盾运动的社会历史本质，它无法逾越社会生产力及其社会生产关系而成为资本增殖的决定性因素。第二，既然智能数字技术具有历史"有限性"，那么其所处领域及在现实社会发展过程中的存在样态与运动过程遵循的规则都应是有限和相对的。数字拜物教机制的运作实质上体现了资本逻辑利用技术对人生命内在价值的僭越，由此导致了个人在量化的数字空间内主体性价值维度缺失的现状。现在讨论的人工智能发展与人文主义、社会伦理等关系问题，即寻找智能技术与人的主体性维度间的

---

① ［英］大卫·哈维：《资本的限度》，张寅译，中信出版社2017年版，第187页。

合理界限。人类在享受数字智能技术蓬勃发展带来便利的同时,也要清晰地认识到"人的生活世界的每一个领域的产生、运动和演进都有着属于自己的、特殊的'本己的'目的、功能或需要,这些目的、功能或需要是每一个领域所特有的,它构成了此一领域的'中轴原理'"①;任何在生活世界企图僭越不同领域之间界限的行为,都将对整个人类生活的有序性产生负面影响,尤其是资本主义利用智能数字技术对人的理性智能甚至价值选择产生干扰和限制,实质上是资本逻辑控制欲望与特殊利益的现实体现。所以,"划界"即在智能数字技术社会化应用的历史发展进程里,利用法律条例、行业规则等明确科学技术、智能技术的应用与存在论层面人之内在价值不同领域的"边界",寻求合理使用智能技术推动社会生产力发展的"界限"所在,上述工作不仅是对技术应用与主体性存在动态平衡关系的追求,更是捍卫人之为人主体性价值的必要前提,这构成了人类理性能力"划界"的重要功能。

"越界"是在"边界意识"自觉基础上,对束缚人的思想观念与社会实践的"抽象物"统治克服与超越的可能性。西方激进思潮的哲学家关于当代资本主义发展新动态的批判,表面上看是对资本主义的"越界"批判,但究其实质仍处于经验论解读层面。无论是对后工业社会、晚期资本主义社会的界定,从文化范式与意识形态批判层面对拜物教统治的内在超越,抑或是对劳资关系新形式的批判,都未放置在资本主义生产过程的矛盾与现实危机中加以批判考察。当代西方激进思潮的批判理论缺失了马克思政治经济学批判对资本主义生产关系的历史唯物主义分析,忽视了历史唯物主义的

---

① 贺来:《有尊严的幸福生活何以可能》,中国社会科学出版社2013年版,第63—64页。

"超越性"内涵。"越界"正是历史唯物主义"超越性"追求的现实表现:以马克思政治经济学批判为基点,超越单纯地从技术领域分析技术与资本形而上学关系问题的经验论批判方式,而从技术发展之特定社会形态生产力与生产关系的矛盾运动中寻求实践变革、思想解放的现实方式,以此恢复人对其主体性价值的自我理解。马克思始终是在劳动价值论基础上思考科学技术进步与人的主体性发展关系问题的。他在论述机器体系巨大生产力时,明确强调了机器体系的技术进步并不能代替活劳动,机器创造价值从属于资本自我增殖的目的。智能机器体系的技术进步本应是人在自然界的"智能器官",但在资本主义社会形态中却成为强化、统治活劳动的工具。"科学通过机器的构造驱使那些没有生命的机器肢体有目的地作为自动机来运转,这种科学并不存在于工人的意识中,而是作为异己的力量,作为机器本身的力量,通过机器对工人发生作用。"① 所以,智能数字技术所处的资本主义社会形态并不是实现"智能革命"巨大生产力的合理历史条件。只有在对智能数字技术所处社会形态生产关系内在矛盾的历史唯物主义批判中,我们才能越出技术决定论的狭隘视野,在人类生产力与生产关系历史演进过程里重新思考"智能革命"带来的技术进步与社会发展的关系问题,这是马克思政治经济学批判或者说历史唯物主义给予我们最重要的方法论启示。"历史唯物主义独特的方法论视角所具有的学术意义,就在于告诉我们应该从历史发展过程的角度去研究当下社会的内在矛盾,并致力于找到解决这种矛盾的路径。"② "越界"体现的正是历史唯物主义方法论在生

---

① 《马克思恩格斯全集》第 31 卷,人民出版社 1998 年版,第 91 页。
② 唐正东:《历史唯物主义的方法论视角及学术意义——从对西方学界的几种社会批判理论的批判入手》,《中国社会科学》2013 年第 5 期。

产力与生产关系矛盾运动批判中所具有的"超越性"意义，即必须从资本主义社会"技术主义"的抽象迷梦中觉醒，代之以理性"边界意识"内在的自我协调与控制，重塑科学技术发展观应有的价值内涵与社会意义，防止资本逻辑为实现价值增殖超越其固有界限向科学技术的过度渗透，最大限度地减少资本逻辑以此技术手段越界操纵主体性价值的负面影响。这是面向数字时代的社会发展意识与关系到人类未来文明形态变革前景的时代重任，同时也是马克思政治经济学批判与历史唯物主义时代化的使命所在。

在"划界"与"越界"活动中确立的"边界意识"自觉，不仅是对福柯所说的"界限态度"的现代性省思，更是在现实层面运用哲学批判方式对资本逻辑利用智能数字技术对人之主体性价值抽象控制的解构。需要注意的是，二者之间的"边界"并非僵硬的非此即彼的机械规则，而是渗透在现实具体历史发展过程里的流动性存在。数字资本逻辑的渗透导致的一系列社会问题，原因就在于不同领域间的"边界意识"并未真正确立。警惕数字拜物教的渗透具体到社会现实层面，就需要在法律、规则等层面划定智能数字技术应用与人主体性价值之间的界限关系，"边界意识"自觉是从哲学批判层面对这一问题的回答。今天我们思考人工智能、大数据网络等最新技术发展，不能单纯地从经验层面考察"智能技术"带来的生产力进步，也不能悲观地陷入"智能技术"发展的恐慌，而是要在人类历史变革与社会发展的演进中，确认以科学技术生产力进步为依托的资本发展与人之主体性价值维度互动关系里的"边界意识"。只有将科学技术进步放置在社会历史的现实处境中，才能在法律、文化、道德等层面形成合理的社会制度，以凸显科学技术发展的"属人性"，进而推动人类文明新形态的历史变革。

## 第三节　新型社会关系的重构：消解数字拜物教的现实道路

资本逻辑的内在矛盾本性决定了它必然在自我增殖的过程中走向自我否定，这是从资本逻辑本身固有的自反性出发对消解数字拜物教现实依据的揭示。除此之外，按照马克思政治经济学批判的思路，超越资本文明，建构一种新文明的现实路径就是重构新型社会关系，这是以共产主义运动为基础的生产方式和社会形态全面变革的结果。资本主义建构的物化社会关系是资本逻辑稳序运行的现实前提，它的存在就是为了实现资本的价值增殖。而"新型社会关系"将是人的社会性充分实现的"人类化的社会"的本质体现。在那里，数字资本主义的物化社会关系形式被彻底扬弃，人的自由与全面发展将会成为现实。

### 一　共产主义运动：新型社会关系重构的途径

消解数字拜物教，必须在超越资本主义现代性的共产主义运动中，寻求建构一种新型社会关系的现实可能性。共产主义运动其实质就是要克服资本逻辑总体性建构导致的现代性矛盾，并为在更高的历史阶段形成益于社会整体发展的新型社会关系积蓄力量。共产主义运动是根植于资本自我否定趋势的现代社会发展的逻辑必然，资本不断超越固有界限使自己增殖最终的结果是自我排斥与自我否定。资本主义私有制在生产过程中扭曲和异化大众的同时，也在现实条件层面生产出消灭它自身的物质基础，正是在资本主义的拜物教发展到极端化的对抗形式时，共产主义运动将会顺应生产力社会化发展趋势，通过社会各个层面的革命运动消灭拜物教形成的历史根源即资本主义私有制。

"共产主义对我们来说不是应当确立的状况,不是现实应当与之相适应的理想。我们所称为共产主义的是那种消灭现存状况的现实的运动。这个运动的条件是由现有的前提产生的。"① 共产主义运动是在资本现代性或者说资本主义生产关系基础上形成的向更高阶段人类文明形态变革的现实途径,其实质就是要扬弃"以物的依赖性为基础人的独立性"为基本特征的资本主义社会关系形式,使人从拜物教的颠倒生存状态中站立起来,真正实现自由与发展。这一运动旨在建构的共产主义社会,必然是资本关系矛盾得以真正解决的新文明形态:"这种共产主义……它是人和自然界之间、人和人之间的矛盾的真正解决,是存在和本质、对象化和自我确证、自由和必然、个体和类之间的斗争的真正解决。"②

数字拜物教是资本主义拜物教极端抽象化发展的新形式,表征了数字资本时代个人受(数字力量)抽象统治的生存困境。数字技术、数字经济的发展在促进生产方式全面变革的同时,也使人们陷入数字拜物教无法自拔。一方面经济现实层面数字资本逻辑对人劳动的压迫和剥削从未停止,社会存在的一切都必须在"资本逻辑"面前证明自己的价值;另一方面数字拜物教掩盖了资本主义社会自由、平等民主制度的虚假性。数字拜物教力图遮蔽的资本主义社会抽象对人的统治最为直接地体现在上述两方面。共产主义运动无论是对资本主义社会经济现实的批判与否定还是其民主制度虚假性的揭示,都在根本上指向人的自由与解放这一最高目的,从而为击破数字拜物教,形成一种新的人类文明形态创造了现实条件。

共产主义作为克服资本现代性诸多矛盾的现实运动,最根本和最

---

① 《马克思恩格斯文集》第1卷,人民出版社2009年版,第539页。
② 《马克思恩格斯文集》第1卷,人民出版社2009年版,第185页。

重要的任务就是要消灭资本主义私有制,这是对数字拜物教形成的社会历史根源的彻底否定。随着资本主义社会分工和协作能力的提升,以及劳动社会化趋势的深化,资本主义生产的社会化与生产资料的私人占有之间的矛盾将凸显出来。共产主义是通过经济、政治等各个层面的彻底变革来消灭资本主义私有制,从根本上推翻和克服资本主义拜物教存在根基的现实运动。共产主义运动在这里表现为"对私有财产的积极的扬弃"①,也就是对物的抽象统治的扬弃,从而使人重新获得主体性价值。消灭资本主义私有制,破除支配人的抽象力量,意味着共产主义运动"是通过人并且为了人而对人的本质的真正占有;因此,它是人向自身、也就是向社会的即合乎人性的人的复归,这种复归是完全的复归,是自觉实现并在以往发展的全部财富的范围内实现的复归"②。进一步,共产主义运动对资本主义私有制的克服,不仅是从社会经济现实层面破除资本逻辑"物"的抽象统治,更是对资本主义私有制所代表的生产方式以及社会关系形式的扬弃与超越,是对资本与雇用劳动对立矛盾与压迫剥削社会关系形式的消灭,从而是对整个资本现代性生产关系与社会关系的否定式超越。只有在共产主义消灭资本主义私有制的基础上,人的生命存在摆脱被"抽象化"的命运,恢复其"具体性"和"丰富性"才有可能。

共产主义对资本主义私有制与个人受抽象统治的消灭与破除,不仅具有经济现实层面的意义,同时还在消灭阶级差别和不平等的基础上,为形成现代社会自由与平等的社会民主制度奠定基础。资本主义拜物教形式被消解的社会一定是内涵自由、平等制度的新文明社会。在那里,资本主义高扬的启蒙理性将被真实的自由平等制度取代,"随

---

① 《马克思恩格斯文集》第1卷,人民出版社2009年版,第186页。
② 《马克思恩格斯文集》第1卷,人民出版社2009年版,第185页。

着阶级差别的消灭,一切由这些差别产生的社会的和政治的不平等也自行消失"①。与启蒙思想家、空想社会主义者悬设的抽象平等自由等价值要求不同的是,马克思始终将平等、自由的社会民主制度内涵放置在人类社会特定的生产方式及其社会关系里进行理解。这意味着只有在消灭资本主义私有制及其社会关系形式时,我们才能谈论真正的民主制度,这与消灭不平等、不自由的共产主义运动是相互关联的。在马克思看来,资本主义的民主制度保障的是资本逻辑运作的自由,它在本质上是一种具有压迫性的"极权主义逻辑"。放眼现在,数字资本主义自由、民主、平等的制度设计背后同样是其垄断式生产方式的"遮羞布";正如数字帝国主义对普通大众和发展中国家的数据掠夺等,在数字拜物教意识形态美化之后反而成为一种益于全球化社会的发展方式。处于这样的社会制度中,自由、平等的民主权利都是外在且形式的自由与平等,这些形式自由、平等是奴役人、压迫人、同化人的锁链,时刻在数字拜物教机制的遮蔽基础上为资本主义生产过程的有序进行保驾护航。而在共产主义运动中,资本逻辑内在矛盾的不断激化同时也要求社会民主制度的变革,实现真正意义的自由与平等将成为共产主义运动建构人类新政治文明的目标,自由与平等成为无阶级差别的"人民"真正拥有的民主权利。因此,共产主义运动实现的"民主制是一切形式的国家制度的已经解开的谜。在这里,国家制度不仅自在地,不仅就其本质来说,而且就其存在、就其现实性来说,也在不断地被引回到自己的现实的基础、现实的人、现实的人民,并被设定为人民自己的作品"②。民主制度的形成意味着社会中的每个独立个体都享有真正的自由与平等,拜物教状态下人的抽象的物的存在将

---

① 《马克思恩格斯文集》第3卷,人民出版社2009年版,第442页。
② 《马克思恩格斯全集》第3卷,人民出版社2002年版,第39—40页。

被提升为一种社会性的普遍存在,到那时,自由与平等将是每个人都独立拥有的社会真实民主权利。所以说,"共产主义……是人向自身、也就是向社会的即合乎人性的人的复归"①,只有在共产主义运动对人所在世结构不合理的经济关系与政治制度的批判和否定中,数字拜物教所遮蔽的数字资本主义政治制度的不合理性才会暴露于人前,真正合乎人性发展的自由平等的民主制度才能成为现实。

数字拜物教问题,本质上仍属于马克思所分析的资本主义社会拜物教范畴。数字拜物教的出现,体现了当代资本主义在经济关系以及社会制度上对人与社会的控制和驯化更为隐秘且强化,"以物的依赖性为基础的人的独立性"仍是数字资本主义社会最根本的特征。所以消解数字拜物教,理应在马克思对共产主义运动的分析中寻求现实支撑。共产主义运动是资本主义生产方式及其社会关系形式的全面变革,是对控制统治人的异己力量的重新占有,由此推进社会形态由"以物的依赖性为基础的人的独立性"向人的"自由个性"时代迈进。实践表明,走出数字拜物教的生存困境,必须在共产主义运动对资本主义社会内在矛盾本性的批判与超越活动中,才能获得具体的方法论指导和价值旨趣的现实引领,这是对资本主义生产方式及其社会关系的彻底变革;唯有如此,数字拜物教才能真正被克服,更高阶段的新型社会关系形式与人类文明形态才能在资本主义生产社会化不断扩大的基础上得以实现。正如孙正聿教授所言:"在本体论的意义上,马克思对共产主义的承诺,并不是承诺了某种'状况'或'实体',而是承诺了'消灭现存状况的现实的运动',承诺了'实际地反对和改变事物的现状'。……这就是说,实现人类解放的共产主义,它是一个'否定性'

---

① 《马克思恩格斯文集》第1卷,人民出版社2009年版,第185页。

的过程。把这个'否定性'的过程视为'解放'的根据，或者说，从'否定性'的过程去理解'解放'的'根据'。"①

现在，很多人质疑共产主义运动的现实性，也有很多人对数字资本主义新阶段持极乐观的态度，认为它将在数字技术的推动下带来更高水平的人类文明。人们会追问数字资本主义尤其是数字资本逻辑对智能技术的普遍应用到底是不断深化资本增殖逻辑？还是代表在生产力社会化不断扩大的趋势下为进一步的共产主义运动创造了条件？这些问题的提出看似"辩证"，实则并没有真正进入马克思对资本逻辑自我否定以及共产主义运动的辩证理解。共产主义运动对资本主义生产方式及其社会形态的变革，既不是一种道德律令式批判也不是思辨抽象分析，而是在资本主义生产过程表现出的矛盾，对其生产方式及其社会关系的历史性界限的批判基础上，从内部解构资本逻辑的矛盾本性。共产主义运动是内在于资本逻辑或者资本关系矛盾的自我展开、自我否定与自我扬弃过程之中的，它本身不能脱离具体的社会历史背景下资本逻辑内在矛盾运动而自我展开。我们只有在资本主义生产过程内在矛盾的不断展开和深化过程中，才能真正开启共产主义的现实运动，从而在资本现代性的既有基础上为人类文明新形态的生成不断积蓄力量。现阶段数字资本主义对数字技术的支持和助力毋庸置疑推动了人类社会文明的发展，智能数字技术的广泛使用为资本逻辑向社会各个层面的渗透扩张创造了有利条件，资本的增殖本性并未发生改变。但是这并不代表智能数字技术生产力的发展会一直为资本主义服务，相反，在生产资料的集中和劳动社会化发展到一定程度之际，智能数字技术将为共产主义运动奠定坚实的物质基础，并为资本现代性文明自

---

① 孙正聿：《马克思主义辩证法研究》，北京师范大学出版社2012年版，第233页。

我扬弃与实现共产主义提供关键的物质支持。从根本上看，智能数字技术的资本主义应用将会加快这一趋势，内在于资本现代性本身的共产主义运动终将到来，到了那时，数字拜物教也将真正被克服。马克思早已指出："资产阶级的生产关系是社会生产过程的最后一个对抗形式，这里所说的对抗，不是指个人的对抗，而是指从个人的社会生活条件中生长出来的对抗；但是，在资产阶级社会的胎胞里发展的生产力，同时又创造着解决这种对抗的物质条件。"① 而当下数字资本主义所推进的一系列措施正在为扬弃自身不合理的生产方式与生产关系准备物质条件。

## 二 从物化存在到社会性存在：重构新型社会关系主体力量的凸显

根植于资本逻辑内在矛盾的自我否定与自我扬弃历史过程中的共产主义运动，是对资本主义生产方式及其社会关系形态的全面变革，这一层面反映的是在资本主义客观存在的历史运动趋势内消解数字拜物教的根本途径。与此客观的历史运动趋势相呼应的是，人在具体社会历史的生存实践活动中，将承担起人类社会文明形态变革的重任，从而推动全新社会关系形式的历史生成，这体现的是人类社会性实践活动的超越意义。归根结底，消解数字拜物教的生存困境，一方面，需要从资本逻辑的历史客观运动过程，洞悉资本主义生产方式的不合理性及其必然灭亡的演化趋势；另一方面，需要以人的社会性生存方式取代物化的片面存在，激发人的社会性生产与生活的共同感。共产主义运动与社会性的主体力量的发挥两个层面互为补充，相互影响，

---

① 《马克思恩格斯全集》第31卷，人民出版社1998年版，第413页。

统一于人类文明新型社会关系重构的历史进程。这里所说的主体力量，主要是从马克思的"社会就是处于社会关系中的人本身"观点出发，对社会关系中人具有的变革不合理社会关系的主体性实践力量的肯定和彰显，社会发展的动力来源于主体实践力量的发挥，实践活动的根本特性就是"社会性"。

数字资本时代的拜物教新形式体现了人与人之间的社会关系被数据关系代替的社会现实。在数据关系中，真实的生命个体转变为数据系统中的抽象物，在此，社会性的人成为数据化的虚体[①]存在，人的实践活动的社会性被极端抽象化为虚体与虚体之间的数据交往，主体受数字拜物教意识形态影响，往往更关注平台界面传输的数据信息及其生命的虚拟呈现，其特有的社会实践本性在无止境的平台程序使用中被湮没。马克思强调，人的存在方式指向的是一种处于社会关系中的社会性生存方式。个人所进行的生产活动是以社会关系的某种特定形式为中介，并在具体的社会历史过程里与他人、自然形成丰富多重的社会关系的实践活动。马克思立足于"社会关系"这一理解社会历史的本体论基础，开展对资本关系背后"现实的人及其社会关系"矛盾本质的揭示，其目的就在于超越"物"本位的资本主义社会，提高人们对于社会生活性质的自我理解，从而建立以促进个人自由解放与推动社会进步为目标的"自由人的联合体"。在他看来，"人的本质不是单个人所固有的抽象物，在其现实性上，它是一切社会关系的总和"[②]。资本主义的拜物教意识是对人之社会性存在方式的否定。显然，在资

---

① 虚体是数字网络最基本的存在单元，在数字网络中，只能通过虚体来参与数字化的交往，但是虚体与实体之间并不存在严格的对应关系，虚体概念打破了人与非人的界限，自然个体可以成为虚体，非人的程序也可以作为虚体参与数字化界面的交往。参见蓝江《一般数据、虚体、数字资本——数字资本主义的三重逻辑》，《哲学研究》2018年第3期。

② 《马克思恩格斯文集》第1卷，人民出版社2009年版，第505页。

本主义数字拜物教现实中，鲜活的生命个体不是社会发展的最高目的，而是作为"物"的现成形式为资本逻辑增殖服务的工具性存在。尽管在"以物的依赖性为基础的人的独立性"的资本主义社会，个人获得了资本主义法律意义上的平等与自主人格，形成了自由的交换关系，但这里的平等与自由都不是社会关系普遍意义的自由与平等，无论是数字劳动的剥削现状，还是数字帝国主义的新型掠夺，它们共同反映了数字拜物教机制掩盖的数字资本主义社会关系的不平等与不自由实质。

因此，消解数字拜物教，就需要彻底扬弃资本主义的社会关系形式。换言之，只有从人的社会性存在方式的视角出发，我们才能真正理解新型社会关系的重构，必然与每个人的生存境遇以及与他人之间的社会关系内在相关，肯定人的社会性存在方式及其自由实践的主体力量，将是扬弃数字拜物教，建构人类新文明形态的现实前提。人的社会性存在与重构新型社会关系具有以下关联。

第一，人的社会性存在指向的新型社会关系形式，是在全体社会成员进行社会性生产以及互依性社会关系形式建构基础上历史生成的。在资本主义生产过程里，生产的社会性是在机器体系广泛应用的背景下不断将独立、分散的劳动者聚集到工厂大范围的生产中实现的，这里生产的社会性表现出的是以资本逻辑的增殖为中心、服务于资本主义私有制的生产过程，根本上无法克服资本主义基本矛盾，因而也就无法改变拜物教生存困境中工人劳动与资本主义社会制度之间的矛盾。"文明的一切进步，或者换句话说，社会生产力的一切增长，也可以说劳动本身的生产力的一切增长……都不会使工人致富，而只会使资本致富；也就是只会使支配劳动的权力更加增大；只会使资本的生产力增长。因为资本是工人的对立面，所以文明的进步只会增大支配劳动的客体的权力。"① 与此相对的是，在更高文明形态内，生产的社会化表现在人的社会性存在方式上，即社会全体真正的"共同参与生产活动"，生产活动的劳动产物也为社会所有人共有。其中，人的社会性存在是与他人共在的社会活动的前提，一方面共同生产活动保证了社会生产的普遍化以及社会调节的整体性；另一方面与他人共在的社会活动直接反映出以往"个人"与"社会"及"他人"的形式性、工具性的外在关系将转化为以"互依性"为根本特征的新型社会关系形式。"互依性"强调的是生产社会化进程中"人与人之间的互相依赖、互为目的，只有在'自身'与'他者'的交织中，个人才能真正确立起'自我'人格的同一性和实现自身发展……每个人都不应该把别人当成实现自己欲望和利益的工具和手段，而应彼此视为成就自身的目的"②。生产的社会化建立起的互依性社会关系形式，将使人从数字拜物教的工具性关系中解放出来，在这种"互依性"关系内，每个人的发展同时把他人当作自身的目的，人与人的社会关系由对立转向合作，每个人在与社会的互动关系中达到个人主体性与社会共同体的有序发展，在此意义上，每个人在自由发展的同时受到了社会的公平对待。

第二，人的社会性存在不仅表现在生产的社会化及其"互依性"社会关系形式的历史形成中，同时还表现为人的社会性实践活动的自我超越，"对人的实践性生存方式的自觉，同时也是对人的社会存在本性的自觉。人作为社会性的存在物，意味着其生存发展不可避免地受制于它所处的社会关系性质，不断超越和否定旧的社会关系的束缚，创造与人的生存发展相适应的新型社会关系，构成人的生存发展的历

---

① 《马克思恩格斯全集》第30卷，人民出版社1995年版，第267页。
② 贺来：《马克思哲学与现代哲学变革》，中央编译出版社2018年版，第273页。

史性的最集中表现"①。受资本主义数字拜物教意识形态支配的实践活动都是为资本增殖逻辑服务的异化、强制劳动，而在共产主义否定资本逻辑内在矛盾的历史运动中，实践活动将真正成为变革不合理社会关系形式、建构符合人存在本质的自我实现活动。"以实践活动为本源性生存方式，意味着人的生存不是由某种先验的逻辑本质所规定，而是存在于面向未来的历史性展开之中。"② 在与"他人"的动态交织关系里，付诸"实际地反对和改变资本主义社会不合理的社会关系"的实践活动，是具有社会性的个人否定抽象力量并且积极创造和丰富生命内涵的解放过程。这直接体现出人的社会性存在方式具有的自我否定与自我超越的实践特性，社会性的个人从来都不是资本逻辑统治下的现成抽象物，而是可以通过社会性的实践展开，不断开显出人生命活动的具体性和丰富性，从而最终成为数字、数据生产社会化创造的社会效益的真正受用者。当代哲学家哈特和奈格里在面对日益丰富的共同性③被资本家私人占有的现实时，格外看重生命政治生产所体现的劳动主体维度的自我革命性。"诸众在构筑共同性的过程中，将其自身

---

① 贺来：《论实践观点的认识论意蕴》，《社会科学研究》2018 年第 3 期。
② 贺来：《辩证法与本体论的双重转换——马克思辩证法理论的本体论变革意蕴》，《哲学研究》2020 年第 7 期。
③ 共同性从最直接的层面看主要指现实世界所提供的自然、物质资源，强调的是自然提供给人类社会的相对静态的共同财富，如水、空气、矿产资源等，它们是人类社会存续与发展的物质前提；另外，除了上述自然界给予的要素外，哈特和奈格里在《大同世界》里强调，共同性"更是一种结果，源自社会关系或生命形式的网络"，在这里更为侧重于社会、经济层面的由人的活动及其由此形成的社会关系一起形成的共同性，"涉及劳动产品以及未来生产工具……包括我们所创造的语言，我们所确立的社会实践，以及规定我们关系的社交模式等"。尤其是在当下的生命政治生产中，我们所生活的智能互联网网络环境及享受的各种数据信息服务都是在人们共同的生产、分享、传播中不断丰富和完善起来的，同时在这一过程中形成的诸多数据信息又构成了数字资本生产与再生产的现实前提。这意味着，源自生命政治生产形成的经济、社会意义上的共同性财富是由大家共同参与创造的，上述两个层面的共同性的生产与占有始终作为哈特与奈格里所提出的"另类的现代性"道路筹划的目标存在。

构建为奇异性的主体性"①,诸众正是在生命政治的共同性生产环节展现了自身的革命实践力量。存在共同性被剥削的地方,就会有诸众的反抗,诸众对抗资本主义的策略就是"出走",诸众的革命最重要的斗争目标就是要确立"再占有的权利","我们需要拿走我们的果实,这就意味着对共同性——我们过去劳动的成果,以及未来的自主生产和再生产的资料——进行再占有"②。在今天就是再占有由诸众生命政治生产出的共同性,重新占有数字时代的生产资料包括技术、信息、知识的生产方式和生产工具,尤其是在生命政治生产出的观念、符码、图像、情感、社会关系的共同性再占有过程里,再占有共同性是对主体生命政治生产解放潜能的肯定。再占有共同性的实现,意味着主体真正自由地享有了自己生产出的不同类型的共同性财富,从而为形成一种基于"共同性"的新社会关系形式创造了条件。客观上说,哈特和奈格里对由主体生命本身所蕴含自主性、合作性、社会性解放潜能的肯定,与我们在这里所说的人的社会性实践活动对于重构新型社会关系的重要作用是内在一致的。实现人对社会整体财富的共同占有,这也是共产主义运动力图实现的自由人的联合体的根本特征之一。以往拜物教笼罩下"物"的存在方式,在此将转变为自主活动与物质生产活动内在统一的自由生命实践活动,一方面在共同的生产活动基础上肯定了个人实践活动的自主和自由;另一方面还在更广泛的意义上重新占有了社会化的生产力以促进社会整体的协调发展,"只有在这个阶段上,自主活动才同物质生活一致起来,而这又是同各个人向完全

---

① [美]迈克尔·哈特、[意]安东尼奥·奈格里:《大同世界》,王行坤译,中国人民大学出版社2016年版,序言第4页。
② [美]迈克尔·哈特、[意]安东尼奥·奈格里:《大同世界》,王行坤译,中国人民大学出版社2016年版,第119页。

的个人的发展以及一切自发性的消除相适应的"①。

对人的社会性存在方式的揭示，是从主体的社会性实践活动层面对构建新型社会关系形式重要作用的说明。共产主义运动对资本逻辑内在矛盾的否定固然重要，在此基础上社会性的人的实践活动，同样可以在社会普遍层面为重构新型社会关系创造主体革命条件，积蓄阶级力量。新型社会关系将实现数字拜物教主客体的颠倒存在状态的"颠倒"，以往附着在资本逻辑之上工具式的存在物将转化为数据生产社会化条件下的互依、自由的社会性的存在者，新型社会关系形式正是在社会性的实践活动中不断生成的。其中，对每一个独立生命社会性的尊重与承认，构成了新型社会关系的深层旨趣。这体现出新型社会关系形式，并不是脱离于现实历史过程与独立于生命个体的"理念"构造，而是内化于人的社会性实践活动的未来价值导向。也正是在此意义上，作为共产主义运动及人之社会性实践活动的产物，新型社会关系如同壮丽的日出终将出现在黎明。

## 第四节 数字拜物教的消解与人类文明新形态的探求

人类文明新形态是扬弃资本主义"以物的依赖性为基础的人的独立性"阶段之后，人的自由个性充分实现、社会整体充分发展的历史形态。它是以"建立在个人全面发展和他们共同的、社会的生产能力成为从属于他们的社会财富这一基础上的自由个性"② 为本质特征的。与人类文明新形态相对应的是"自由人的联合体"的社会形态。在此阶段，不仅数字拜物教被消解，人与人之间的对立、压迫、矛盾关系

---

① 《马克思恩格斯文集》第1卷，人民出版社2009年版，第582页。
② 《马克思恩格斯全集》第30卷，人民出版社1995年版，第107—108页。

也都将被彻底超越，任何由资本主义生产方式导致的抽象统治将得到全面清除，普遍性意义的人类解放将成为现实。

## 一 人的自由全面发展：人类文明新形态的价值目标

人类文明新形态的价值目标是人的自由全面发展。从马克思的基本观点上看，人的社会性实践活动的历史展开，将为形成人类文明新形态创造条件。人类文明新形态的生成同时意味着扬弃资本主义现代性的"自由人的联合体"的形成。自由人的联合体作为马克思共产主义运动力图实现的人类文明新形态，它所要确立的最高目标就是人的自由全面发展。

人类文明新形态的生成具体表现为，自由人的联合体对资本主义现代性的超越。自由人联合体的历史生成，首要前提是联合起来的生产者在社会全体层面共同占有社会财富，使社会中每一个人都拥有对社会共同财富的所有权，而要达到这一目标的关键步骤就是重新建立个人所有制。对于数字时代而言，重新划分数据、数字技术的所有权是极其必要的，尤其是对于付出数字劳动的平台用户生成内容的所有权的界定，将是重新建立个人所有制的主要方面。重新建立个人所有制作为超越资本主义现代性诸多矛盾的根本方法，它的主要目标就是实现资本本身的社会性占有和分配，但是也需要注意资本主义私有制的消灭并不是剥夺所有人的个人财产，而是要剥夺资本对劳动的压迫、剥削关系里的那部分财产。重新建立个人所有制将为人类文明新形态即自由人联合体的形成奠定制度前提和提供基本保障。

重建个人所有制，不仅否定了资本主义现代性异己的支配力量和统治关系，而且还将终结由资本主义国家的内在矛盾导致的社会分裂状态。从共同体发展层面上看，以资本主义民族国家为载体的虚假共同体，它通过一系列制度手段形成的虚假的普遍自由和社会公共利益，目的在于掩饰和维护资本主义统治阶级特殊利益，统治阶级的私利在资本主义制度中被合理地表达为共同体的共同利益，人们在实际的生产过程中越是追求这种共同利益的积累，越是为资产阶级私利的满足创造条件。同时人类实践活动本身所具有的劳动解放特性在此变成物化的现成性存在，因此马克思指出，资本主义国家就是"虚幻的共同体"，"在过去的种种冒充的共同体中，如在国家等中，个人自由只是对那些在统治阶级范围内发展的个人来说是存在的，他们之所以有个人自由，只是因为他们是这一阶级的个人。从前各个人联合而成的虚假的共同体，总是相对于各个人而独立的；由于这种共同体是一个阶级反对另一个阶级的联合，因此对于被统治的阶级来说，它不仅是完全虚幻的共同体，而且是新的桎梏"①。资本主义国家的本质就是资本逻辑与政治权力隐秘结合的产物，且政治权力服务于资本逻辑。而"自由人的联合体"是破除与人相对立的资本主义抽象虚假的共同体，是充分吸取资本现代性积极成果以寻求个人自由与社会整体、普遍利益与特殊利益融合的更高阶段的真正的共同体。现代西方资本主义国家仍属于"虚幻的共同体"范畴，它在"自由"的装扮下以软暴力的方式强化了资本逻辑对人自由意志与社会整体的统治。自由人的联合体是超越虚幻共同体的人类文明更高阶段的"真正的共同体"，它所强调的"自由"与"联合"是从根本上否定资本主义生产方式的新文明形态的体现，个人主体性与社会共同体的分裂将实现真正的和解，"只有在共同体中，个人才能获得全面发展其才能的手段，也就是说，只有在共同体中才可能有个人自由……在真正的共同体条件下，各个人

---

① 《马克思恩格斯文集》第1卷，人民出版社2009年版，第571页。

在自己的联合中并通过这种联合获得自己的自由"①。自由人联合体将是保障人的社会性内涵的新型个人所有制形式最终形成的社会形态。

更进一步,自由人的联合体作为一种未来社会模式包含的核心目标就是实现人的自由全面发展,这也是人类文明新形态的价值意蕴所在。在数字资本主义社会,人们享有的"自由"仅是局限在资本逻辑支配下的生产过程内的自由,甚至极端化为一种"占有式个人主义"的自由观,具体表现为现代社会孤立化、原子式个人的现实生存境况。它把人对数据、数字技术物的自由占有尤其是财富的拥有理解为全部社会生活的根据和意义,片面地将人的自私自利的价值特征理解为"人"的生存特性及其社会性质的全部,为资本主义经济自由主义提供了数字拜物教意识形态层面的价值支撑。"占有式个体主义"的自由观,强调每一独立个体都被视为自身技能和能力的占有者,个体的自我实现与社会进步发展之间无直接关系,个体与社会处于分离状态。"占有式个人主义"反映出在资本主义社会,每个人作为自足原子式的存在者,浸润在唯我独尊的"个人主义"的价值观念中,他们占有的物质财富及产品越多,个人心理的自由感和满足感就越强烈。人们在无穷尽"物"的形式的自由占有中成为单向度的存在,在占有与被占有的过程里"体验"数字资本主义时代本身。与作为资本主义原则的自由主义不同,马克思不再把"自由"理解为抽象个人的自由,而是从个人与他人的社会关系的视角理解自由及其历史实现。在他看来,孤立的"鲁滨孙式个体"的占有式自由是一种虚幻的自由,资本主义社会关系的性质,决定了其"自由"必然是一种形式化的、以"人与人相隔离"为特征的抽象自由。只有在超越资本主义社会关系之后的

---

① 《马克思恩格斯文集》第1卷,人民出版社2009年版,第571页。

以"新型社会关系"为主导的"自由人的联合体"内，人才能真正从资本主义拜物教状态中解放出来，从而获得全面真实的自由。在这种状态里，"每个人的自由发展是一切人的自由发展的条件"①。个人自由与社会全体人的普遍自由实现了内在的统一，这即是说，只有通过自由人联合体"新型社会关系"的重构，资本主义"占有式个人主义"的虚假自由才能真正被克服，社会普遍意义上的人的自由个性才能被真正敞显出来。马克思强调的人的自由全面发展首先就是对这种资本主义自由观内涵的超越，自由人的联合体或者说人类文明新形态内涵的自由，表现为摆脱资本逻辑支配及其拜物教力量的社会全面的自由。在自由联合体阶段，造成人的虚假自由的社会制度将被彻底根除，作为社会主人公的每个独立自由个体，重新占有了社会生产及其发展过程各个环节的所有材料，个人将真正从以往片面的自由观里走出来，共同参与丰富性与全面性社会生活的建构。自由不再是少数人的特权和虚假的形式自由，人的自由将表现为社会全体享有的真实自由，也只有在此基础上，扬弃片面单一物的存在方式，人面向未来自我创造的特殊存在意义才真正得以显现。人的自由全面发展作为马克思理论的最高目标，贯穿在马克思对如何实现人类解放哲学思考的始终。人的自由全面发展是符合生命实践本性的价值目标，同时又是面向未来、不断追求和创造自身价值的实践过程，主体的价值性与社会的实践性在实现人的自由全面发展的历史活动中得到了充分表达。

总之，自由人的联合体是马克思共产主义运动力图实现的人类文明新形态，这一社会形式建构的最高价值目标就是人的自由全面发展。在自由人的联合体所体现的人类文明新形态中，数字拜物教及资本主

---

① 《马克思恩格斯文集》第 2 卷，人民出版社 2009 年版，第 53 页。

义私有制将不复存在，对立、压迫、支配人的抽象统治将被彻底否定和超越。新型个人所有制的全面重建，生产力发展水平的提高及生产资料社会化程度的深化，都将真正成为服务于社会发展以及服务于人类解放的条件。

## 二 数字拜物教的消解与人类文明新形态的现实建构

消解数字拜物教，实现人类解放不是内涵于哲学理论中的抽象论断，而是在人类文明新形态现实建构过程中不断推进的历史过程。我们在这一部分所讨论的人类文明新形态的现实建构，主要是围绕中国特色社会主义道路中的"人类命运共同体对以资本扩张逻辑为核心世界秩序的重构"与"中国特色社会主义制度驾驭数字资本的能力"两方面展开讨论的，这些具有中国特色的方案、制度，体现的正是中国为解决全球资本主义体系固有矛盾和新发问题付出的巨大努力，同时也是对于如何超越资本文明，建构以实现人的自由全面发展为目标的人类文明新形态可能性道路的探索。只有在真实具体的人类文明新形态的现实建构中，数字资本时代极端抽象的数字拜物教，才能真正与资本文明一道被消解和扬弃。

### （一）从"资本逻辑主导"到"大国责任"，人类命运共同体助力世界秩序的重构

文明形态的演化只有在自身积累和发展到极为成熟的阶段，才有可能向更高阶的人类文明新形态迈进，从而形成新的生产方式及其社会关系形式。人类文明形态的演化受多方面因素的影响，其中最重要的因素就是资本逻辑面对不同的社会历史环境强大的适应能力和调节能力，尤其是当下数字资本作为资本增殖逻辑的新形态，其对社会以及主体的控制手段更为隐蔽，超越资本主义"以物的依赖性为基础的

人的独立性"这一阶段仍有很长一段路需要走。消解数字拜物教，是人类社会在当下与未来必须面对和思考的关于人如何生存的关键问题。在数字资本蓬勃发展的现时代，构建人类命运共同体作为破除资本逻辑统治与实现人类解放的中国方案，力图通过对以资本逻辑为核心世界体系的重构，最大限度地规避由资本逻辑内在矛盾导致的诸多问题。这一方案的提出，显示出中国作为社会主义国家对于促进人类团结发展，推动全体人类自由解放的大国责任和历史担当。人类命运共同体的构建将在变革以资本逻辑为核心世界秩序基础上，不断深化和提升人类的"共同性"利益，从而为向更高阶段人类文明跃迁奠定坚实的基础。在这一过程中，由数字资本扩张逻辑导致的数字拜物教将被真正消解。

近年来，当代资本主义借助数字技术完成了从传统资本主义生产方式向数字资本主义生产方式的转变。其中，数字技术尤其是大数据、人工智能技术被当代资本主义看作可以解决资本主义内在矛盾的神奇力量。数字资本主义利用最新数字技术，完成了对人类社会生活形成的绝大部分数据的商品化、市场化处理，数字资本剩余价值的生产与积累，已经将触角延伸到人类生活的方方面面，对数字劳动形成价值的无偿占有为数字资本的生产与积累创造了必要条件。在数字资本主义全球扩张的背景下，西方发达资本主义国家利用政治、经济、意识形态等手段形成了以资本扩张逻辑为核心的世界体系，这一世界体系的形成不仅塑造了现代人的拜物教意识与数字化的生命结构，推动着全球社会的资本化进程，还导致了全球范围内的生态危机、贫富差距、地区冲突等现实问题。

资本逻辑支配的全球化具有克服生产力发展时空限制、追求高额垄断利润的内在本性。在当前的国际政治经济秩序中，无论是资本主义民族国家的霸权治理还是资本逾越国家界限的全球化运动，资本逻辑始终作为"普照的光"主宰着世界市场与国际秩序的历史演进。资本逻辑总体性力量在全球化时代的矛盾发展决定了发达资本主义国家对全球治理的制度框架、治理原则、实施机制享有主导权和控制权。以经济实力和科技实力为基础,"美西方国家自视西方文明高于一切,以'山上的灯塔'傲视天下,大搞'话语霸权主义',通过塑造'自由民主神话',为世界霸权战略意义服务"[1]。现阶段发达资本主义国家占据数字资本价值生产、分配的顶端,通过数字资本与金融资本的国际产业链运作瓜分了绝大部分由数字劳动形成的剩余价值;而广大发展中国家由于自身技术发展的限制,无法真正享受到由技术生产力进步带来的红利。从传统资本主义向数字资本主义的转型中,数字资本主义利用智能数字技术,表面上弱化了生产过程中对数字劳动的直接控制与支配,保障了现有世界秩序内资本增殖扩张的顺利进行,但其资本主义生产方式包含的生产社会化与生产资料私人占有制之间的矛盾,却在数字资本生产过程内凸显为更复杂的社会问题形式:资本扩张积累规模的扩大与贫困积累间的矛盾,"国际性资本积累与贫困积累的矛盾,必然地表现为世界各国人民通过发展全球化的生产力以实现自身福祉的创造历史的实践与霸权主义世界秩序所制造的世界分裂的矛盾"[2]。可以看到,数字资本主义生产方式违背了实现全球社会整体发展的目标,西方发达资本主义国家建构的非历史性的霸权统治体系,始终围绕着资本利益以及发展到新帝国主义阶段的全球性垄断资本收益展开,这势必会加剧全球社会的冲突与动荡;因而当今世界全球化的参与主体亟须结合数字资本发展的新变化对以资本扩张逻辑为

---

[1] 何亚非:《全球治理的中国方案》,五洲传播出版社2019年版,第127页。
[2] 鲁品越:《构建人类命运共同体:解决当代国际基本矛盾的中国方案》,《学术界》2019年第6期。

核心的世界秩序进行审视与重构。

面对资本全球化发展带来的多重危机，中国提出的构建人类命运共同体方案采取了与资本逻辑主导的世界秩序完全不同的发展路径，即在保障不同民族国家全球化发展需求与实际利益基础上，建构一种超越意识形态斗争、权利范围划分、文明形态冲突的新型世界体系。人类命运共同体作为符合数字资本引领的生产方式全面变革与生产力水平普遍提高的中国方案，在变革由资本逻辑主导的世界秩序基础上，正在推动世界经济与政治文化的有序协调发展。

实现对以资本扩张逻辑为核心世界秩序的重构，关键在于明确数字资本全球化发展的现实定位，即当今世界秩序仍处于"以物的依赖性为基础的人的独立性"阶段，数字资本的蓬勃发展所带来的生产力进步、物质资料的极大丰富，尤其是智能数字技术的发展将为超越资本现代性，构建新世界秩序创造有利条件。当代经济全球化发展方式的转变，迫切需要形成一种以世界各国与相关当事国的共同福祉为基本准则的新型世界秩序，这构成了人类命运共同体构建的重要驱动力。但现实的情况为，以美国为首的西方发达资本主义国家在网络计算机和互联网等基础设施、信息传输能力、平台用户数量等方面占据优势，全球数字鸿沟始终存在，"这意味着只有少数平台所有者及其政府，包括谷歌、Facebook 和 Twitter，能够根据他们收集和访问的数据集正确预测未来。由于这些平台公司分析和预测未来的人类行为，他们继续比非西方国家开发新技术和科学知识，因此他们的经济和意识形态霸权持续时间超过了预期，导致全球数字鸿沟的增长"[①]。数字鸿沟的存在一方面导致了发达国家与发展中国家利益冲突的加剧，直接影响全

---

① Dal Yong Jin, *Digital Platforms, Imperialism and Political Culture*, New York: Routledge, 2015, p. 66.

球经济的稳定有序发展;另一方面以美国为首的资本主义国家企图利用不断加大的数字鸿沟,在政治、文化等意识形态领域确证其霸权地位,国家间冲突矛盾越来越多。在数字资本的国际性生产与积累环节,对数据要素以及智能数字技术的拥有程度直接决定着该国在全球经济中的地位。数据信息生产过程原初的"共享"属性在此被资本逻辑彻底湮没。

在全球数字经济发展层面,经济层面的全球数字鸿沟只能暂时地满足一国或极少数国家的利益,并不利于全球数字经济的长远发展。习近平总书记指出:"我们要站在世界历史的高度审视当今世界发展趋势和面临的重大问题……积极参与全球治理,在更多领域、更高层面上实现合作共赢、共同发展,不依附别人、更不掠夺别人,同各国人民一道努力构建人类命运共同体,把世界建设得更加美好。"[①] 构建人类命运共同体的历史实践是在对世界历史发展规律把握前提下,变革固有世界体系的新方案,它将为缩小世界经济体系的数字鸿沟提供新思路。人类命运共同体在全球治理实践中致力于推动全球数字经济的平衡与和谐发展,积极倡导开放包容、普惠共享的发展合作理念,将为超越资本现代性,以及形成新的世界文明秩序提供客观制度条件。与其他生产要素不同,数据可以多次共享使用且不损害其价值,而且还会随着分享次数的增多,更加方便人们的使用以及增加原有价值。而只有摒弃资本扩张的总体性逻辑,数据作为生产要素推动数字经济发展所带来的巨大经济效益,才能被社会更大范围地所享用。人类命运共同体的构建同时也是各国人民共同参与数字经济享受数字红利的过程,它的核心就是建设持久和平、普遍安全、共同繁荣、开放包容、

---

[①] 习近平:《在纪念马克思诞辰 200 周年大会上的讲话》,人民出版社 2018 年版,第 22—23 页。

清洁美丽的世界。在政治与安全层面，人类命运共同体强调不同国家间以平等协商的合作式对话解决国际性治理难题，共担全球治理责任；在经济发展层面，人类命运共同体倡导构建开放型世界经济，支持开放、透明、包容、非歧视性的多边贸易体制，以期推动形成开放、包容、普惠、平衡、共赢的经济全球化体系；在文化层面，人类命运共同体承认并尊重世界文明的多样性，致力于通过文明交流互鉴活动增进全球治理主体的信任感；在生态层面，人类命运共同体立足于全人类生存与发展的未来趋向，强调各治理主体应通力解决好经济发展带来的全球性生态问题，以人与自然和谐相处为目标，旨在实现世界的可持续发展和人的全面发展。人类命运共同体将从前述五方面引领世界体系的实践变革，切实改变由资本逻辑主导的全球治理框架，真正推进世界体系向着公平正义与合作共赢的方向发展，这对于缩小数字鸿沟，推动全球共同发展提供了重要的理念和实践引导。

更具体而言，数字命运共同体作为人类命运共同体在数字网络空间领域的延伸，将通过"数字丝绸之路"的具体实践有效破解全球范围内数字帝国主义的霸权统治。共建数字丝绸之路的倡议来源于中国政府对全球数字经济发展态势与数字技术社会性的科学认识。2017年，习近平总书记在"一带一路"国际合作峰会上，发出共同建设21世纪的"数字丝绸之路"的倡议。① 数字丝绸之路是构建数字命运共同体的具体路径，它将从推动全球数字经济发展与变革不合理的世界秩序入手，打破数字帝国主义的技术垄断与数据霸权局面。一方面，当前资本主义国家实行的数字技术垄断，其内在目的是保障帝国主义霸权逻辑的全球扩张，这在根本上不利于全球数字经济的健康发展。共建

---

① 《携手推进"一带一路"建设》，《人民日报》2017年5月15日第3版。

数字丝绸之路有利于数字技术、数字产业的普惠共享，尤其是对发展中国家正面临的数字垄断不断加剧的不公平局面而言，数字丝绸之路的建设将直接促进国家数字经济的发展与繁荣，缩小与发达资本主义国家的技术、经济差距，有效保障广大发展中国家的合法权益。另一方面，共建数字丝绸之路还会在现实层面促进"一带一路"沿线国家形成开放包容、稳定安全的数字生态环境，加强国家的数字技术交流与互动。这些具体举措对于形成共建"数字丝绸之路"的发展共识，颠覆原有西方资本主义国家主导的全球治理体系，抵御帝国主义的技术垄断与意识形态入侵大有裨益。

在世界秩序内主体伙伴关系建构层面，人类命运共同体蕴含着"共商、共建、共享"的新型全球治理观，它将充分调动多元主体参与全球治理的积极性，全面建构全球治理主体间伙伴关系，推动全球治理由发达资本主义国家主导的单边数字治理走向与世界政治经济发展相适应的真正的"多边治理"。在全球化日益走向深度融合与相互依存的时代背景下，破解世界发展困局迫切需要形成多边治理体系。习近平总书记在博鳌亚洲论坛2022年年会开幕式上明确提出："我们要践行共商共建共享的全球治理观，弘扬全人类共同价值，倡导不同文明交流互鉴。要坚持真正的多边主义，坚定维护以联合国为核心的国际体系和以国际法为基础的国际秩序。"① 2008年全球金融危机之后，世界经济呈现出结构性低迷态势，以美国为首的发达资本主义国家采取了一系列单边主义政策行动，极大地影响了世界秩序的稳定发展。奉行单边主义的西方国家通过单方面设定高标准甚至具有歧视性的数字治理协议、规则，建构符合自身利益的全球治理体系，同时在

---

① 习近平：《携手迎接挑战 合作开创未来——在博鳌亚洲论坛2022年年会开幕式上的主旨演讲》，人民出版社2022年版，第6页。

面对原有治理机制不符合自身核心利益的情况下，往往采取退群毁约、另起炉灶等逆全球化的消极举措，以维护和保障资本全球化利益最大化。美国2017—2022年先后退出跨太平洋伙伴关系协定、伊核协议、世界卫生组织等并且出台了多项针对朝鲜、叙利亚、俄罗斯、中国的制裁措施，这些单边主义举措实际上是新帝国主义国家霸权治理的表现，"美国身上出现的更为鲜明的单边主义和民族主义外交政策，又更进一步地强化了帝国语言的回归"①。

以构建人类命运共同体为最高目标的共商共建共享的全球治理观与真正的多边主义内在契合，其本质上是兼顾不同治理主体利益与发展诉求的"多边治理"。习近平总书记指出："我们要坚持共商共建共享的全球治理观，不断改革完善全球治理体系，推动各国携手建设人类命运共同体。"② 构建人类命运共同体内在蕴含的共商共建共享新型全球治理观，科学回答了"谁来治理""怎样治理"和"为什么治理"等重大时代问题。"共商"强调的是不同治理主体享有参与解决全球性事务的平等政治权利。"国际上的事应该由大家共同商量着办，世界前途命运应该由各国共同掌握。"③ "共建"聚焦于建构新型世界体系的合理化路径，即通过治理主体共同参与全球治理的规则、制度设定，坚持相互尊重、平等协商的对话合作方式，增进治理主体间伙伴关系。"共享"强调了全球性发展机遇与成果共享。尤其在数字时代，平台企业通过社交领域、金融领域、文化领域等多层面的信息流通实现了全球范围的数据生产，传统全球治理体系已难以解决数字化时代变革带

---

① ［英］安德鲁·赫里尔：《全球秩序与全球治理》，林曦译，中国人民大学出版社2018年版，第310页。
② 《习近平谈治国理政》第三卷，外文出版社2020年版，第441页。
③ 习近平：《同舟共济克时艰，命运与共创未来——在博鳌亚洲论坛2021年年会开幕式上的视频主旨演讲》，人民出版社2021年版，第4页。

来的全球性平台垄断、安全隐私等问题。习近平主席再次发出"构建人类命运共同体，实现共享共赢"的倡议。共商共建共享的全球治理观内含着多边治理的中国智慧，在超越国家与意识形态分歧基础上，切实促进了世界秩序和体系的变革完善，治理主体间休戚与共的伙伴关系也将在构建人类命运共同体的伟大历史实践中深化和升华。

在弘扬人类共同价值层面，人类命运共同体倡导的全人类共同价值将在数字全球化大潮中，破除狭隘、虚假的拜物教意识观念，从价值观层面增进全球经济、政治、文化参与主体的价值共识，树立全球共同发展的整体意识，这是对原有世界秩序所依据"普世价值"背后以一驭万的控制欲望与特殊利益的价值观重构。现阶段世界秩序的突出问题不仅是表面上的利益冲突与权力对抗导致的治理失灵，更根本的问题在于不同文明形态的价值观念冲突，使全球数字治理难以凝聚形成共同承认与遵循的价值共识。以资本扩张逻辑为核心世界体系强调的自由、民主、平等，实际上都是被拜物教结构美化粉饰的虚假颠倒的意识形态，尤其在数字拜物教作用下，西方发达资本主义国家以资本主义制度下的"自由""民主""人权"为核心内容的"普世价值"为幌子，向全球兜售资本主义意识形态并且输出西方文明发展模式。在此价值观基础上，西方国家通过操控世界体系来满足其"普世价值"背后的控制欲望和特殊利益。随着全球化的深入发展，固有世界体系暴露出种种问题。习近平总书记审时度势地提出构建人类命运共同体的伟大构想，其内在蕴含"和平、发展、公平、正义、民主、自由"的全人类共同价值。全人类共同价值是对西方"普世价值"的根本性超越，它构成了人类命运共同体的价值观基础，并为人类命运共同体变革固有世界秩序、凝聚全球治理价值共识的历史实践提供了关键性价值支撑。

全人类共同价值不是悬设在历史之外的抽象价值理念，而是在破解全球性难题与构建人类命运共同体的历史过程中形成的具有时代性、真理性、发展性的价值观。全人类共同价值符合全球数字治理的理想目标，同时又以人类命运共同体为现实载体。"人类命运共同体所提出的人类共同价值立足于对人类生命存在和生产发展方式的辩证领悟，超越了单一民族、国家或群体，反映的是人类寻求和平、共享、合作、自由等价值共识的努力，更符合全人类的核心利益关切，更易于获得全人类的接受和认可。"① 凝聚全球治理价值共识、建构符合全球化社会整体发展的价值观应是充分考虑不同国家政治、经济、文化差异，兼容并蓄又和而不同的"关系性价值观"。它强调的是"面对价值观的异质性及其冲突，以一种关系性的'共在式'思维取代实体化的'独白式'思维，在自觉承认价值观异质性和价值观冲突的基本事实前提下，一种协调价值观间关系的价值观……使之于共在中保持良性的互动，'关系性价值观'就是关于'价值观间关系'的价值观"②。以"关系性价值观"为参照，构建人类命运共同体所贯彻的全人类共同价值，代表的正是一种在世界秩序框架中处理不同价值观之间关系的更高层面的价值观。一方面，全人类共同价值理念的提出，肯定了不同文明形态差异性价值观彼此独立且相互尊重，任何治理主体都应该享有平等参与全球治理的机会；另一方面，全人类共同价值符合人类社会整体性发展的趋向，这种新价值观将通过人类命运共同体的历史实践不断丰富其时代内涵，彻底变革西方"普世价值"观基础上的全球治理旧格局，推动未来世界秩序开创共商共建共享的新局面。中国在

---

① 刘同舫：《人类命运共同体对全球治理体系的历史性重构》，《四川大学学报》（哲学社会科学版）2020年第5期。
② 贺来：《关系性价值观："价值观间"的价值自觉》，《华东师范大学学报》（哲学社会科学版）2020年第1期。

全球数字化转型中主动与其他国家尤其是广大发展中国家,共享数字经济发展成果,把践行共同价值目标落在实处,切实弘扬了和平、发展、公平、正义、民主、自由的全人类共同价值,真正为促进全球范围内数字经济水平的整体提高与建构数字文明新形态做出了巨大贡献。

理念引领行动,方向决定出路。对以资本扩张逻辑为核心世界秩序的重构也就是人类命运共同体的现实构建过程,这一过程不仅是在经济层面"推动经济全球化朝着更加开放、包容、普惠、平衡、共赢的方向发展"[1],同时还在变革全球治理体系层面,助力世界秩序内主体间伙伴关系建构,实现全人类共同价值。人类命运共同体作为中国特色社会主义理论和道路的重要组成部分,显示出中国在化解由资本逻辑导致的诸多现代性问题的决心和智慧,人类命运共同体的构建将为真正形成人类文明新形态——自由人联合体,奠定经济、政治层面的坚实物质基础和制度基础与内涵共同性意义的价值观基础。

(二) 有效利用并驾驭数字资本,推动共同富裕的中国式现代化实践

资本主义全球化发展的二重性,决定了数字资本一方面将变革已有的生产方式,形成更适合资本增殖的新生产关系形式;另一方面带来了数字拜物教等诸多现代性问题。数字拜物教表征的人类生存问题,实际上是数字资本主义全球化进程导致的诸多现代性问题的一个侧面,集中地反映出数字资本逻辑对人的主体意识、生命结构与全球化社会的强大控制力量。现阶段数字资本的发展,同样也处于资本逻辑内在矛盾的历史展开过程中。瓦解资本逻辑,并不是片面否定数字资本,

---

[1] 习近平:《决胜全面建成小康社会 夺取新时代中国特色社会主义伟大胜利》,《人民日报》2017年10月28日第1版。

而是要否定数字资本逻辑的总体性统治。合理引导与利用数字资本，将为资本逻辑自我扬弃与消解数字拜物教，推动共同富裕的中国式现代化实践创造现实条件。对于此，"只有从制度的合理性与合法性、人民性和政党的先进性相一致的政治理性框架中，才有可能辩证地引导资本发展的积极效用，使自由放任的资本历史进化到促进人类全面进步的自由历史"①。

回顾40多年砥砺奋进，改革开放的壮丽历史实践不仅变革了中国社会的整体面貌，而且还塑造了当代中国人锐意进取的精神气质。曾经被视为社会主义对立面的"资本"，在改革开放的伟大实践中被重新定位与评估，"'彻底消灭资本'的主张和做法被'利用资本'的立场所取代。'资本的利用'以及以此为重要前提的'市场经济'成为推动生产力发展的重要策略"②。有效利用与驾驭数字资本，体现的正是中国处理数字资本、数字经济蓬勃发展与实现社会共同富裕内在一致性的社会主义国家制度优势所在。"社会主义的本质，是解放生产力，发展生产力，消灭剥削，消除两极分化，最终达到共同富裕。"③

"资本的利用"重点表现为社会主义制度对发展数字生产力的重视，尤其是对数据作为关键生产要素的数字经济的全面推动，使中国特色社会主义经济体制与社会治理模式向数字化、智能化的转变成为现实，数字经济带动的生产力的进步构成了社会主义现代化建设的物质基础，这显示出社会主义的发展并不是拒斥资本，相反，社会主义国家有能力引导数字经济、数字资本的发展。积极挖掘数据生产要素的价值以及推动数字经济的发展，并不只是资本主义社会独有的部分，

---

① 张雄：《金融化世界与精神世界的二律背反》，《中国社会科学》2016 年第 1 期。
② 贺来：《哲学以何种方式改变世界——纪念〈实践是检验真理的唯一标准〉发表 40 周年》，《江海学刊》2018 年第 4 期。
③ 《邓小平文选》第 3 卷，人民出版社 1993 年版，第 373 页。

它同时也是社会主义市场经济发展的引擎。习近平总书记强调,"要牵住数字关键核心技术自主创新这个'牛鼻子',发挥我国社会主义制度优势、新型举国体制优势、超大规模市场优势,提高数字技术基础研发能力,打好关键核心技术攻坚战,尽快实现高水平自立自强,把发展数字经济自主权牢牢掌握在自己手中"①。中国作为社会主义国家对"资本的利用"表现为充分发挥社会主义制度的优越性,激发数字经济、数字资本的发展以促进社会生产力的整体进步,利用互联网、大数据、云计算、人工智能、区块链等数字技术创新,带动数据要素资源配置方式、产业发展模式和人民生活方式的数字化转变。可以说,合理利用数字资本是加快构建新发展格局与推动社会主义市场经济的关键,"要把握数字化、网络化、智能化方向,推动制造业、服务业、农业等产业数字化,利用互联网新技术对传统产业进行全方位、全链条的改造,提高全要素生产率,发挥数字技术对经济发展的放大、叠加、倍增作用"②。

除了"利用资本"发展生产力外,中国特色社会主义制度优势还包括社会主义"驾驭资本"的能力,"社会主义和市场经济之间不存在根本矛盾。问题是用什么方法才能更有力地发展社会生产力"③。"驾驭资本"是在"利用资本"发展生产力的基础上,通过社会主义政策、制度对资本发展进行合理引导与有效监督,旨在用国家权力将资本的生产过程维持在社会秩序合理范围内。"驾驭资本"即依靠国家权力的政策引导和推动,形成以数字资本作为动力引擎的经济发展新态势,同时将数字资本的发展纳入社会主义现代化建设,并予以政治

---

① 《习近平谈治国理政》第四卷,外文出版社2022年版,第206页。
② 《习近平谈治国理政》第四卷,外文出版社2022年版,第207页。
③ 《邓小平文选》第3卷,人民出版社1993年版,第148页。

制度引导和法律规范约束。区别于资本主义全球化的扩张发展，社会主义制度对数字资本的驾驭，显示出中国作为社会主义国家拥有引导、制衡资本逻辑的强大力量。只有以此为基点，社会主义市场经济尤其是社会主义数字经济才能形成经济与社会协调稳定、共同向好的发展模式。

资本主义生产资料私有制条件下，大数据、云计算、数字平台等生产力的发展带动的社会化大生产都是用来完成剩余价值生产的技术手段，这必然会受资本逐利逻辑影响形成垄断性平台，从而在更大规模上加剧资本之间的竞争。资本主义私有制条件下数字生产力的提升并未真正造福于广大劳动者，反而还会因资本主义基本矛盾的深化，对其国家与社会秩序稳定性产生不利影响。区别于资本主义私有制，社会主义市场经济和公有资本能够克服资本主义生产方式的内在矛盾，通过改变所有制形式和生产关系性质，扬弃数字资本主义。在新时代，坚持公有制为主体、多种所有制经济共同发展，按劳分配为主体、多种分配方式并存分配制度，社会主义市场经济体制三者并列的社会主义基本经济制度，对于深化改革、最终实现共同富裕、保障我国数字经济高质量发展具有重要意义。党的二十大报告强调，"坚持和完善社会主义基本经济制度，毫不动摇巩固和发展公有制经济……更好发挥政府作用"①。以公有制为主体的所有制结构决定了数字技术及数字基础设施建设的社会主义性质，由于公有制经济在国民经济中占据主导地位，其对关系国计民生的重要行业和领域的发展有较强的控制力，这是整个经济制度的基础，社会主义国家数字经济、数字资本的发展依赖于国家经济政策、制度的支持与帮助。同时，以按劳分配为主体，

---

① 习近平：《高举中国特色社会主义伟大旗帜　为全面建设社会主义现代化国家而团结奋斗——在中国共产党第二十次全国代表大会上的报告话》，人民出版社2022年版，第29页。

多种分配方式并存的分配制度一方面调动了社会成员参与数字经济活动的积极性,另一方面可以为广大人民共享数字经济发展成果提供分配制度的保障,使数字劳动主体的应有权益受到分配制度保护;更进一步,社会主义市场经济体制是充分发挥政府宏观调控、微观规划等作用的经济体制,既保留了市场经济的活力,同时又可以通过社会主义制度规避市场运作的可能性风险,具体到数字经济的发展,对数据、数据共享的重视、数字基础设施的国家建设等都体现出社会主义制度在推动数字经济发展成果为全体人民共享的制度优势。以上"在构成社会主义基本经济制度的三项内容中,公有制为主体的所有制结构是整个经济制度的基础,决定了中国特色社会主义的经济性质;按劳分配为主体的分配结构是所有制结构的利益实现,决定了全体人民共同富裕的实现程度;社会主义市场经济体制是经济资源配置的主要方式,决定了生产力发展速度的快慢"[①]。社会主义基本经济制度从生产、分配、交换的不同角度对在新时代如何更好地发展经济尤其是激发"数字"生产活力,更为合理地分配"数字"红利和成果提供了与资本主义私有制完全不同的社会主义"利用与驾驭"资本的具体思路。

在数字时代我国采取了更具体的措施引导和规范数字资本、数字经济的发展。在数字经济发展层面,国家在顶层战略上积极制定了合理规划布局数字经济的发展战略。党的十九届五中全会提出坚定不移地建设制造强国、质量强国、网络强国、数字中国,数字中国将是当下和未来社会主义现代化建设的重点所在。数字中国建设作为中国式现代化实践的数字表达,充分展现了中国致力于破除数字帝国主义的技术垄断与数据霸权,推动人类文明新形态建构的理想追求。中国式

---

① 张建刚:《论社会主义基本经济制度的内在逻辑及其优势》,《经济纵横》2020年第9期。

现代化以数字中国的历史实践开创美好未来,中国式现代化,"是开辟'新道路'的现代化,创造文明'新形态'的现代化"①,中国式现代化进程中的"数字中国"建设,是推进数字技术发展与主体社会性价值实现深度融合的关键路径。"数字中国"建设在肯定数字技术价值的同时,始终坚持以人民为中心的理念,有效保障了智能数字技术革命带来的生产力进步、发展成果真正为全体人民"共享",为构建促进全体人民共同富裕、物质文明和精神文明相互协调的社会主义性质的人类文明新形态提供了物质技术支撑和根本价值遵循。尤其是当下我国正在大力推动数字基建的进程,这是关系数字经济稳序发展的物质前提,也是"数字中国"的基本支撑。国家大力推动数字基础设施建设,目的就在于通过加大数字基础设施包括有线网、无线网、综合网等宽带网络的全社会普及程度,进一步加快数字化的社会进程。通过构建合理的信息资源和共享机制,形成更多便利于人们生活的公共信息服务基础网络平台和信息交换共享平台,这一举措体现出的正是社会主义对"数字"力量、"数字经济"活力的高度重视与政策引导。每个中国人既作为推动中国式现代化发展和深化的"历史主体",又作为拥有和享受中国式现代化建设成果的"目标主体"存在。在此意义上,现时代科学技术的"智能革命"将为每个人创造机会,利用大数据、云计算技术变革的时代机遇,实现智能科技创造价值的共享发展,肯定数字力量的"属人性"与"社会性",这是社会主义建设数字中国的应有之义。

在发挥社会主义制度优势合理利用和驾驭资本的基础上,推进共同富裕的实践进程,以实现具有普遍性意义的社会团结,这是中国式

---

① 孙正聿:《从大历史观看中国式现代化》,《哲学研究》2022年第1期。

现代化的价值追求。共同富裕是中国特色社会主义的本质要求，它致力于彻底解决长期以来困扰人类历史的"两极分化"难题。"两极分化"反映到社会层面不仅涉及社会财富分配问题，在更根本的意义上，"两极分化"表征的是一种与更高级人类文明形态发展极不适配的社会关系形式。党的二十大报告指出，中国式现代化是全体人民共同富裕的现代化。实现全体人民共同富裕，旨在彻底改变西方文明模式带来的现代性发展成果分配不均而导致的两极分化局面。一方面，面对数字资本生产过程的新变化，社会主义采取了新的应对策略，"利用和驾驭"资本改变了以往狭隘地处理社会主义与资本关系非此即彼、水火不容的简单化模式。社会主义"利用和驾驭"数字资本的能力，实际上回答了中国式现代化实践如何把资本逻辑追求无限扩张的属性，延伸为追求社会经济、政治、文化整体最优化发展的中国制度创新这一关键问题。"中国特色社会主义进入了新时代，这一新的历史方位意味着当代中国的实践道路达到了高度的理性自觉，具有参与和引领世界历史进程的理论自觉和实践意志，不仅能够为发展中国家走向现代化的途径提供全新选择，而且能够为破解全球性治理难题贡献智慧和力量。"[①] 另一方面，推进全体人民共同富裕即确证人与他人社会生活的"共在性"，分配社会财富与发展成果的"公平性"，也表明社会层面的共同富裕成果是由全体人民共享的，它重点强调的是全体人民的"共同"富裕与"普遍"受益。习近平总书记指出："广大人民群众共享改革发展成果，是社会主义的本质要求，是我们党坚持全心全意为人民服务根本宗旨的重要体现。我们追求的发展是造福人民的发展，

---

[①] 刘同舫：《构建人类命运共同体对历史唯物主义的原创性贡献》，《中国社会科学》2018年第7期。

我们追求的富裕是全体人民共同富裕。"① 在这一维度上，人与他人将不再处于对抗的两端，而是在互依性关系基础上内在地结合为团结的"命运共同体"，共同承担数字社会发展责任与风险。正是在实现共同富裕目标的中国式现代化实践基础上，全体人民的个人利益与社会公共性利益实现了融合与统一。中国式现代化道路的总体目标是把我国建设成为富强民主文明和谐美丽的社会主义现代化强国，其价值内核就是促进人的全面发展，实现社会团结，并逐步实现全体人民的共同富裕。

第一，共同富裕以生产资料公有制为制度基础，旨在充分解放和发展生产力，为实现全体人民富裕的中国式现代化道路提供了重要的物质支撑。资本主义私有制是导致西方文明的社会关系处于对抗、分裂状态的根本原因。从人类历史发展的大视野来看，资本主义的生产方式创造了巨大的社会物质财富，同时也推动了人类社会生产力发展水平的时代跃迁。但受制于资本主义生产资料私有制，物质财富垄断在少数资本家手中，富者愈富，穷者愈穷，这必然加剧社会的两极分化。在中国式现代化推进过程中，"我们党深刻认识到，实现中华民族伟大复兴，必须建立符合我国实际的先进社会制度"②。而中国式现代化是消灭两极分化，使全体社会成员共享社会财富的更高级别的现代化模式，它以生产资料公有制为制度基础。坚持以公有制为主体，决定了人们占有和使用生产资料的平等地位。同时，在社会主义生产资料公有制条件下，共同富裕的历史实践同时也是充分解放和发展社会生产力的过程。新时代推进共同富裕作为中国式现代化道路的重要组成部分，其优越性就体现为它能为社会生产力的健康稳定发展形成经

---

① 《习近平关于社会主义社会建设论述摘编》，中央文献出版社 2017 年版，第 34—35 页。
② 《习近平谈治国理政》第三卷，外文出版社 2020 年版，第 11 页。

济、政治等层面更适宜的制度条件，并且利用生产力的高速发展带动社会经济、政治、文化的协调发展与共同进步。所以，发展生产力，实现生产资料的公有制同社会化大生产的高度融合，是当前推进共同富裕的重中之重。新征程，必须通过加快构建新发展格局，在高质量发展中促进共同富裕。以高质量发展推动数字生产力进步，将为提高发展的平衡性、协调性、包容性，实现共同富裕，奠定重要的物质基础。

第二，共同富裕是物质生活与精神生活都富裕，旨在通过大力发展社会主义先进文化，以社会主义核心价值观引领社会新风尚，凝聚社会向心力，为实现社会团结，建构物质文明与精神文明相协调的中国式现代化提供重要的精神基础。"物质富足、精神富有是社会主义现代化的根本要求。物质贫困不是社会主义，精神贫乏也不是社会主义。"[①] 中国式现代化是坚持物质文明与精神文明的辩证统一的现代化方案，它内在超越了西方文明"只见物不见人"的片面现代化模式。更具体来看，物质文明与精神文明的协调发展是在共同富裕的伟大历史实践中不断向前推进的。进入新时代，习近平总书记多次强调要促进人民精神生活共同富裕，不断满足人民群众多样化、多层次、多方面的精神文化需求。在共同富裕的伟大实践进程中，必须始终坚持中国特色社会主义文化发展道路，通过社会主义文化建设形成推进共同富裕的良好社会舆论氛围。同时，在社会层面倡导践行社会主义核心价值观，坚持弘扬和衷共济、团结互助美德，目的在于凝聚社会向心力，即以社会主义核心价值观塑造人们的思维方式和行为规范，破除

---

① 习近平：《高举中国特色社会主义伟大旗帜　为全面建设社会主义现代化国家而团结奋斗——在中国共产党第二十次全国代表大会上的报告话》，人民出版社2022年版，第22—23页。

数字拜物教的意识形态，在全社会形成更具普遍性的团结互助的伦理道德基础，这些都将为促进人民精神生活共同富裕的中国式现代化创造有利条件，从而激发、增强推进共同富裕与实现中华民族伟大复兴的主体性力量。

第三，共同富裕的伟大历史实践，是在充分发挥中国特色社会主义制度优势基础上，始终践行以人民为中心的发展思想，不断实现人民对美好生活向往的中国式现代化道路。党的二十大报告强调："坚持把实现人民对美好生活的向往作为现代化建设的出发点和落脚点，着力维护和促进社会公平正义，着力促进全体人民共同富裕。"① 全体人民所向往的"美好生活"，是新时代推进共同富裕的实践目标，即不断提升中国人民的生活品质和生活品位，让每一个人都有平等地享受中国式现代化发展物质成果、精神文化成果的机会，使实现全体人民共同富裕成为社会个体能切实感受到并且真正参与的现实活动。这说明"现代化的价值追求和最终归宿是人的现代化。实现人的现代化是现代化建设的根本宗旨，是现代社会发展的灵魂，离开了人的现代化是毫无意义的"②。对此，习近平总书记强调："我们要坚持在发展中保障和改善民生，解决好人民最关心最直接最现实的利益问题，更好满足人民对美好生活的向往，推动人的全面发展。"③ 充分发挥社会主义制度优势，推进共同富裕的最终落脚点就是要实现每个人的全面发展，这与全体人民所追求的美好生活目标内在一致。促进共同富裕与促进人的全面发展是高度统一的，中国式现代化道路正是要在全体人民推

---

① 习近平：《高举中国特色社会主义伟大旗帜 为全面建设社会主义现代化国家而团结奋斗——在中国共产党第二十次全国代表大会上的报告话》，人民出版社2022年版，第22页。

② 杜玉华、王晓真：《中国式现代化道路的理论基础、历史进程及实践转向》，《吉首大学学报》（社会科学版）2022年第3期。

③ 《习近平谈治国理政》第四卷，外文出版社2022年版，第121页。

进共同富裕的动态发展过程中，实现每个人的自由全面发展，满足全体人民的精神、文化、社会和政治等多方面的生活需求，不断把中华民族伟大复兴的历史伟业推向前进。

就本书讨论的数字资本主义导致的数字拜物教现代性困境这一问题而言，社会主义"利用和驾驭"资本的能力代表了中国特色社会主义制度优势的一个侧面，但它是在推进共同富裕的历史实践中最能体现中国处理社会主义与资本关系，进而消解数字拜物教幻象的关键所在。实践表明，在大数据时代，中国作为社会主义国家采取了一系列积极举措推动数字经济的发展，包括赋予数字技术社会主义属性，大力推进当代中国数字经济的全面发展，促进数据信息和社会财富全民共享，通过社会主义基本经济制度包含的制度机制最大限度地保障社会公平正义，规范数字资本市场的准入原则等，切实保障了每一位参与数字经济活动劳动主体和企业主体的合法权益。正因为如此，数字资本、数字经济才能在社会主义条件下合理利用，以促进人的自由发展与社会共同富裕，并为人类文明新形态的构建奠定物质和制度基础。中国式现代化开创人类文明新形态，人类文明新形态的构建是与数字资本主义全球化扩张完全不同的道路选择，人类文明新形态追求的是更高层次"共同价值"的实现，它在更为具体的层面向世界展现出社会主义"利用和驾驭"资本以克服由资本主义私有制导致的诸多现代性问题，实现全体人民共同富裕的中国制度优势。同时在国际层面通过推动广大发展中国家数字基础设施建设进程，加强国际间数字技术与数字经济的相互联通，共享全球数字经济发展成果等具体举措，深化了数字领域国际交流合作。这些都体现出中国式现代化实践能够使数字技术、数字资本更好地为全体人类服务，从而为扬弃数字资本文明，实现人类解放不断积蓄力量。

历史和实践表明，数字资本逻辑总体性建构在形成更为抽象的数字拜物教的同时，也为消解数字拜物教奠定了现实基础。与资本逻辑自我否定的历史趋势相呼应的是，现实的人在社会历史的生存实践活动中，将承担起人类社会文明形态变革的重任，从而推动全新社会关系形式的历史生成，这体现的是人类社会性实践活动的超越意义。归根结底，消解数字拜物教，一方面需要从资本逻辑自我否定的历史过程，洞悉资本主义生产方式的不合理性及其必然灭亡的演化趋势；另一方面需要以人的社会性生存方式取代物化的片面存在，激发人的社会性生产与生活的共同感，最后统一于以实现人的自由全面发展为价值目标的人类文明新形态的建构过程。只有在人类文明新形态的现实建构基础上，我们才能真正消解数字拜物教形成的社会历史根源，也只有在这个维度上，数字拜物教的消解、人类解放的实现才不是口号，而是文明形态演进的历史必然道路。

# 结　　语

　　本书围绕数字资本主义的新动态、新特征，对数字资本时代的拜物教新形式"数字拜物教"进行了研究。通过论证可以得出以下结论。

　　第一，资本主义文明的发展不仅是物质资料生产与再生产的过程，同时也是人与人之间社会关系的再生产过程。拜物教是资本主义生产方式带来的必然结果，它的形成又进一步将资本主义神秘化，使身在其中的人们产生了种种"美好"的幻觉。除了商品、货币、资本拜物教，数字资本时代出现了以"数据商品""数字资本""数字技术"为依托的新的物神形态。数字拜物教表征的是数字资本主义的颠倒社会生活与意识结构被物化的现实本身。当数字成为一种支配主体意识、生命活动、全球化社会秩序的最高权力，人们自然会拜倒在万能的数字脚下，接受并认同数字资本主义构造的社会秩序，并在数字化幻象结构的他者欲望框架中重新定义自身，形成以数字、数据为中介的社会关系形式，这就是当代最为耀眼的数字拜物教。在这个意义上，数字拜物教不仅是人们对数据、数据商品价值的无止境追随崇拜以及社会整体对数字技术膜拜的现象，同时也是一种被数字崇拜塑造的价值意识,数字拜物教意识一旦形成,就会融入人们的生命结构,以致人们觉得数字拜物教是现实生活中自然而然的存在。

第二,数字拜物教内在机制的展开为强化数字资本逻辑统治提供了合法性的支持,二者是"共生"和"合谋"关系。数字资本主义是掩盖在数字拜物教背后更具潜在性危机的资本主义新样态。数字拜物教具有重要的意识形态效能。数字拜物教机制的展开以及意识形态功效的发挥,最终目的是保证数字资本主义社会秩序的稳定有序发展,包括政治经济、社会文化等多个层面。在数字拜物教机制作用下,数字—生命政治的治理效能与数字帝国主义的霸权性意识形态得以提升和强化,这种新的治理方式与新型数据殖民掠夺方式的出现,显示出数字资本逻辑统治的深度与广度大大超越了以往的资本主义。数字拜物教已经由一种虚假、颠倒的意识形态幻象转化为社会现实存在,成为数字资本主义社会秩序能够稳固运行的条件与基础。

第三,数字拜物教尽管与商品、货币、资本拜物教有所区别,但在本质上仍属于资本主义拜物教范畴。仅从文化、心理等维度对拜物教新形式展开反思远远不够。回归马克思政治经济学批判,对于勘破数字拜物教的秘密以及揭示数字资本主义生产过程的内在矛盾极其重要。数字拜物教机制掩盖了资本主义生产过程中"数字劳动剥削逻辑的延伸""分配关系的不平等""流通时间阻碍价值实现""真实需要被蒙蔽"的社会现实,保障了资本主义价值生产、分配、流通、实现不同环节的稳序运作。当代资本主义在数字拜物教机制的全力掩护下形成的新生产方式,是资本主义利用数字技术生产力进步并通过自我调整以实现剩余价值最大化的新途径。"以剥削他人的但形式上是自由的劳动为基础的私有制"① 仍是数字资本主义生产方式的基础。资本主义利用数字技术不断变换剥削手段，其无止境地追求剩余价值生产与积累的核心本质并未改变。只有从马克思政治经济学批判出发，我们才能洞悉数字拜物教机制掩盖的数字资本主义生产方式及其社会关系的内在矛盾本质，这是批判数字拜物教最为根本的路径。

第四，消解数字拜物教，实现人类解放，是在人类文明新形态现实建构中不断推进和深化的过程。数字资本主义只是资本逻辑的当代变式，它本身的发展仍然处于资本逻辑的动态结构之中。资本越是采取牺牲现有资本、生产力的手段来突破限制实现增殖，就越会造成生产力的巨大浪费和资本主义生产秩序的混乱，它必然走向自我否定。数字拜物教消解的现实根据就在于资本逻辑的自我否定、自我扬弃、自我毁灭。除此之外，人在具体社会历史的生存实践活动中，将承担起人类社会文明形态变革的重任，从而推动全新社会关系形式的历史生成，这体现的是人类社会性实践活动的超越意义。在两者基础上，人类社会向更高阶段的文明形态迈进才是可能的。在那里，数字拜物教及资本主义私有制将不复存在，对立、压迫、支配人的抽象统治将被彻底否定和超越，新型个人所有制的全面重建，生产力发展水平的提高以及生产资料社会化程度的深化，都将成为服务于社会发展以及促进人类解放的条件。

总之，数字资本时代的数据、数据商品、数字技术这些新物神形态背后还是人与人的社会关系，只不过以一种更抽象的形式表现出来。数字拜物教意识的形成在塑造个体的物化价值意识与确证资本主义意识形态合法性两方面的作用，警示和要求我们必须透过数据崇拜

---

① 《马克思恩格斯文集》第 5 卷，人民出版社 2009 年版，第 873 页。

与数字技术崇拜,勘破数字拜物教的颠倒假象,进而切中数字资本主义的剥削和压迫本质,这是本书的出发点也是立足点。当前阶段,重新回到马克思政治经济学批判的方法论原点,并结合数字资本主义时代生产方式、劳动形式等新变化,才能真正破解数字拜物教的秘密,并进一步在数字资本主义生产方式及其社会关系呈现的内在矛盾批判性揭示和构建人类文明新形态历史进程中,寻找到人类解放的真实可能。

# 参考文献

## 一　中文著作

《邓小平文选》第 3 卷，人民出版社 1993 年版。

《马克思恩格斯全集》第 30 卷，人民出版社 1995 年版。

《马克思恩格斯全集》第 31 卷，人民出版社 1998 年版。

《马克思恩格斯全集》第 32 卷，人民出版社 1998 年版。

《马克思恩格斯全集》第 3 卷，人民出版社 2002 年版。

《马克思恩格斯全集》第 44 卷，人民出版社 2001 年版。

《马克思恩格斯全集》第 45 卷，人民出版社 2003 年版。

《马克思恩格斯文集》第 1—10 卷，人民出版社 2009 年版。

《习近平关于全面建成小康社会论述摘编》，中央文献出版社 2016 年版。

《习近平关于社会主义社会建设论述摘编》，中央文献出版社 2017 年版。

《习近平谈治国理政》第一卷，外文出版社 2014 年版。

《习近平谈治国理政》第二卷，外文出版社 2017 年版。

《习近平谈治国理政》第三卷，外文出版社 2020 年版。

《习近平谈治国理政》第四卷，外文出版社2022年版。

白刚：《回到〈资本论〉：21世纪的"政治经济学批判"》，人民出版社2018年版。

鲍金：《资本论哲学的新解读》，中国人民大学出版社2016年版。

贺来：《"主体性"的当代哲学视域》，北京师范大学出版社2013年版。

贺来：《边界意识和人的解放》，上海人民出版社2007年版。

贺来：《辩证法与实践理性：辩证法的"后形而上学"视野》，中国社会科学出版社2011年版。

贺来：《马克思哲学与现代哲学变革》，中央编译出版社2018年版。

贺来：《有尊严的幸福生活何以可能》，中国社会科学出版社2013年版。

彭宏伟：《资本社会的结构与逻辑：资本论议题的再审视》，中国人民大学出版社2018年版。

石佳：《资本论的术语革命》，中国社会科学出版社2018年版。

孙乐强：《马克思再生产理论及其哲学效应研究》，江苏人民出版社2016年版。

孙正聿：《马克思与我们》，中国人民大学出版社2018年版。

孙正聿：《马克思主义辩证法研究》，北京师范大学出版社2012年版。

孙正聿：《哲学：思想的前提批判》，中国社会科学出版社2016年版。

唐正东：《从斯密到马克思——经济哲学方法的历史性诠释》，江苏人民出版社2009年版。

唐正东：《当代资本主义新变化的批判性解读》，经济科学出版社2016年版。

王庆丰：《资本论的再现》，中央编译出版社2015年版。

吴琼：《雅克·拉康——阅读你的症状》下卷，中国人民大学出版社2011年版。

郗戈：《超越资本主义现代性：马克思现代性思想与当代社会发展》，中国人民大学出版社2013年版。

习近平：《高举中国特色社会主义伟大旗帜　为全面建设社会主义现代化国家而团结奋斗——在中国共产党第二十次全国代表大会上的报告话》，人民出版社2022年版。

习近平：《在纪念马克思诞辰200周年大会上的讲话》，人民出版社2018年版。

夏莹：《拜物教的幽灵：当代西方马克思主义社会批判的隐性逻辑》，江苏人民出版社2013年版。

姚建华：《传播政治经济学经典文献选读》，商务印书馆2019年版。

张一兵：《不可能的存在之真：拉康哲学映像》，上海人民出版社2020年版。

张一兵：《回到马克思：经济学语境中的哲学话语》，江苏人民出版社2014年版。

张一兵：《文本的深度耕犁》第三卷，中国人民大学出版社2019年版。

## 二　中文译著

[美] 阿尔文·托夫勒：《第三次浪潮》，黄明坚译，中信出版社2018年版。

[加] 埃伦·伍德：《资本的帝国》，王恒杰、宋兴无译，上海译文出版社2006年版。

[美] 安德鲁·芬伯格：《技术批判理论》，韩连庆译，北京大学出版社2005年版。

[法] 保罗·维利里奥：《消失的美学》，杨凯麟译，河南大学出版社2018年版。

［法］贝尔纳·斯蒂格勒：《技术与时间》第 3 卷，方尔平译，译林出版社 2012 年版。

［美］大卫·哈维：《新自由主义简史》，王钦译，上海译文出版社 2016 年版。

［英］大卫·哈维：《资本的限度》，张寅译，中信出版社 2017 年版。

［美］戴维·哈维：《新帝国主义》，付克新译，中国人民大学出版社 2019 年版。

［美］丹·席勒：《数字化衰退：信息技术与经济危机》，吴畅畅译，中国传媒大学出版社 2017 年版。

［美］丹·席勒：《数字资本主义》，杨立平译，江西人民出版社 2001 年版。

［美］丹·席勒：《信息拜物教：批判与解构》，邢立军等译，社会科学文献出版社 2008 年版。

［法］吉尔·德勒兹：《哲学与权力的谈判》，刘汉全译，译林出版社 2012 年版。

［法］弗洛朗丝·雅尼-卡特里斯：《总体绩效：资本主义新精神》，周晓飞译，中国经济出版社 2018 年版。

［德］哈特穆特·罗萨：《新异化的诞生——社会加速批判理论大纲》，郑作彧译，上海人民出版社 2018 年版。

［德］韩炳哲：《精神政治学》，关玉红译，中信出版社 2019 年版。

［德］韩炳哲：《透明社会》，吴琼译，中信出版社 2019 年版。

［德］黑格尔：《精神现象学》上卷，贺麟、王玖兴译，商务印书馆 1979 年版。

［德］马克斯·霍克海默、［德］西奥多·阿道尔诺：《启蒙辩证法——哲学断片》，渠敬东、曹卫东译，上海人民出版社 2006 年版。

［意］吉奥乔·阿甘本：《裸体》，黄晓武译，北京大学出版社 2017 年版。

［意］吉奥乔·阿甘本：《生命的政治化》，严泽胜译，广西师范大学出版社 2005 年版。

［法］居伊·德波：《景观社会》，张新木译，南京大学出版社 2017 年版。

［德］克里斯蒂安·福克斯、［加］文森特·莫斯可主编：《马克思归来》，"传播驿站"工作坊译，华东师范大学出版社 2017 年版。

［德］克里斯多夫·库克里克：《微粒社会》，黄昆、夏柯译，中信出版社 2018 年版。

［英］克里斯多夫·约翰·阿瑟：《新辩证法与马克思的〈资本论〉》，高飞等译，北京师范大学出版社 2018 年版。

［苏］列宁：《帝国主义是资本主义的最高阶段》，中共中央马克思恩格斯列宁斯大林著作编译局译，人民出版社 2014 年版。

［德］鲁道夫·希法亭：《金融资本》，福民等译，商务印书馆 1994 年版。

［美］罗伯特·席勒：《金融新秩序：管理 21 世纪的风险》，郭艳、胡波译，中国人民大学出版社 2004 年版。

［美］罗德尼·海斯特伯格、［美］阿拉克·维尔马：《互联网＋技术融合风暴：构建平台协同战略与商业敏捷性》，钟灵毓秀、徐凤銮译，中国人民大学出版社 2015 年版。

［澳］罗兰·玻尔：《尘世的批判：论马克思、恩格斯与神学》，陈影、李洋译，中国人民大学出版社 2019 年版。

［美］马克·波斯特：《第二媒介时代》，范静哗译，南京大学出版社 2000 年版。

［美］马克·波斯特：《信息方式：后结构主义与社会语境》，范静哗

译，商务印书馆 2014 年版。

［德］马克思：《剩余价值理论》第 3 册，人民出版社 1975 年版。

［美］迈克尔·哈特、［意］安东尼奥·奈格里：《大同世界》，王行坤译，中国人民大学出版社 2016 年版。

［美］麦克尔·哈特、［意］安东尼奥·奈格里：《帝国——全球化的政治秩序》，杨建国、范一亭译，江苏人民出版社 2008 年版。

［法］米歇尔·福柯：《安全、领土与人口》，钱翰、陈晓径译，上海人民出版社 2018 年版。

［法］米歇尔·福柯：《规训与惩罚：监狱的诞生》，刘北成、杨远婴译，生活·读书·新知三联书店 2019 年版。

［法］米歇尔·福柯：《生命政治的诞生》，莫伟民、赵伟译，上海人民出版社 2018 年版。

［加］莫伊舍·普殊同：《时间、劳动与社会统治：马克思的批判理论再阐释》，康凌译，北京大学出版社 2019 年版。

［美］尼古拉·尼葛洛庞帝：《数字化生存》，胡泳、范海燕译，电子工业出版社 2017 年版。

［加］尼克·斯尔尼塞克：《平台资本主义》，程水英译，广州人民出版社 2018 年版。

［英］齐格蒙特·鲍曼：《流动的现代性》，欧阳景根译，中国人民大学出版社 2017 年版。

［美］乔治·麦卡锡：《马克思与古人》，王文扬译，华东师范大学出版社 2011 年版。

［法］让·鲍德里亚：《符号政治经济学批判》，夏莹译，南京大学出版社 2015 年版。

［法］让·鲍德里亚：《为何一切尚未消失？》，张晓明、［法］薛法蓝

译，南京大学出版社 2017 年版。

［法］让·鲍德里亚：《消费社会》，刘成富、全志钢译，南京大学出版社 2014 年版。

［法］让·波德里亚：《象征交换与死亡》，车槿山译，译林出版社 2012 年版。

［英］维克托·迈尔–舍恩伯格：《大数据时代：生活、工作与思维的大变革》，盛杨燕、周涛译，浙江人民出版社 2013 年版。

［加］文森特·莫斯可：《传播政治经济学》，胡春阳等译，上海译文出版社 2013 年版。

［加］文森特·莫斯可：《数字化崇拜：迷思、权力与赛博空间》，黄典林译，北京大学出版社 2010 年版。

［加］文森特·莫斯可：《云端：动荡中的大数据》，杨睿、陈如歌译，中国人民大学出版社 2017 年版。

［德］乌韦·让·豪斯：《信息时代的资本主义：新经济及其后果》，许红艳、张渝译，社会科学文献出版社 2004 年版。

［以色列］尤瓦尔·赫拉利：《未来简史：从智人到智神》，林俊宏译，中信出版社 2017 年版。

［德］于尔根·科卡、［荷］马塞尔·范德林登：《资本主义：全球化时代的反思》，于留振译，商务印书馆 2018 年版。

## 三　中文期刊

白刚：《"抽象力"：资本论的"认识论"》，《哲学研究》2020 年第 3 期。

白刚：《数字资本："证伪"了资本论》，《上海大学学报》（社会科学版）2018 年第 4 期。

白刚：《资本现象学——论历史唯物主义的本质问题》，《哲学研究》

2010 年第 4 期。

鲍金：《拜物教为什么是"客观的思维形式"？——抽象视阈中的马克思拜物教批判再阐释》，《马克思主义与现实》2013 年第 6 期。

陈世华、辜维莉：《媒介距离消解的政治经济学批判》，《东南学术》2020 年第 4 期。

邓伯军：《论当代资本主义社会的数字劳动——基于马克思劳动价值论的分析》，《大连理工大学学报》（社会科学版）2023 年第 5 期。

邓伯军：《人工智能的算法权力及其意识形态批判》，《当代世界与社会主义》2023 年第 5 期。

邓伯军：《数字资本主义的意识形态逻辑批判》，《社会科学》2020 年第 8 期。

付文军：《资本、资本逻辑与资本拜物教——兼论资本论研究的逻辑主线》，《当代经济研究》2016 年第 2 期。

戈士国：《拜物教语境中的意识形态概念》，《哲学动态》2008 年第 4 期。

韩立新：《异化、物象化、拜物教和物化》，《马克思主义与现实》2014 年第 2 期。

韩文龙、刘璐：《数字劳动过程及其四种表现形式》，《财经科学》2020 年第 1 期。

贺来：《关系性价值观："价值观间"的价值自觉》，《华东师范大学学报》（哲学社会科学版）2020 年第 1 期。

贺来：《伦理信任与价值规范基础的转换》，《中国社会科学》2018 年第 3 期。

贺来：《论实践观点的认识论意蕴》，《社会科学研究》2018 年第 3 期。

贺来：《实践观点与价值独断主义的终结》，《天津社会科学》2019 年第 6 期。

贺来：《站到"界限"之上：哲学前提批判的真实意蕴》，《学术月刊》
    2017年第1期。

贺来：《哲学以何种方式改变世界——纪念〈实践是检验真理的唯一标
    准〉发表40周年》，《江海学刊》2018年第4期。

黄再胜：《人工智能时代的价值危机、资本应对与数字劳动反抗》，《探
    索与争鸣》2020年第5期。

姜宇：《数字资本的原始积累及其批判》，《国外理论动态》2019年
    第3期。

蓝江：《数字异化与一般数据：数字资本批判序曲》，《山东社会科学》
    2017年第8期。

蓝江：《数字资本、一般数据与数字异化——数字资本的政治经济学批
    判导引》，《华中科技大学学报》（社会科学版）2018年第4期。

蓝江：《数字资本的三重逻辑：一般数据、虚体、数字资本》，《社会科
    学文摘》2018年第6期。

蓝江：《数字资本主义批判和重建无产阶级集体性——21世纪国外马克
    思主义新趋势探析》，《华中科技大学学报》（社会科学版）2021年
    第1期。

蓝江：《智能时代的数字—生命政治》，《江海学刊》2020年第1期。

李乾坤：《价值形式、国家形式与资本主义社会结构——基于德国新马
    克思阅读的探讨》，《国外社会科学前沿》2020年第3期。

李乾坤：《生命政治与犬儒主义：福柯对新自由主义治理术的批判》，
    《国外理论动态》2018年第4期。

李乾坤：《自我保存：生命政治的内在逻辑——兼论福柯与社会批判理
    论的政治哲学关联》，《内蒙古社会科学》（汉文版）2019年第3期。

梁超、［英］保罗·兰利：《平台资本主义：数字经济流通的中介化和

资本化》,《汕头大学学报》(人文社会科学版)2017年第11期。

刘皓琰:《从"社会矿场"到"社会工厂"——论数字资本时代的"中心—散点"结构》,《经济学家》2020年第5期。

刘皓琰:《数据霸权与数字帝国主义的新型掠夺》,《当代经济研究》2021年第2期。

刘同舫:《构建人类命运共同体对历史唯物主义的原创性贡献》,《中国社会科学》2018年第7期。

刘同舫:《人类命运共同体对全球治理体系的历史性重构》,《四川大学学报》(哲学社会科学版)2020年第5期。

刘召峰:《拜物教批判理论与马克思的资本批判》,《马克思主义研究》2012年第4期。

刘召峰:《马克思形而上学、意识形态批判的具体化路径——以资本论对拜物教观念的剖析为例》,《学术研究》2014年第2期。

孟飞、程榕:《如何理解数字劳动、数字剥削、数字资本?——当代数字资本主义的马克思主义政治经济学批判》,《教学与研究》2021年第1期。

孟庆龙、刘云杉:《对数字社会主义正义方案的批判——兼论"数字中国"的正义观建构》,《道德与文明》2023年第5期。

欧阳英:《唯物史观视阈中的数字资本主义》,《国外理论动态》2020年第3期。

乔晓楠、郗艳萍:《数字经济与资本主义生产方式的重塑——一个政治经济学的视角》,《当代经济研究》2019年第5期。

宋建丽:《数字资本的"遮蔽"与"解蔽"》,《人民论坛》2019年第18期。

宋宇、嵇正龙:《论新经济中数据的资本化及其影响》,《陕西师范大学学报》(哲学社会科学版) 2020 年第 4 期。

孙乐强:《穿透拜物教的魔力:阶级意识与日常意识的辩证法——马克思后期对历史唯物主义主体向度的深化》,《南京社会科学》2011 年第 6 期。

孙正聿:《"现实的历史":资本论的存在论》,《中国社会科学》2010 年第 2 期。

孙正聿:《超越人在宗教中的"自我异化"》,《哲学研究》2017 年第 9 期。

孙正聿:《从大历史观看中国式现代化》,《哲学研究》2022 年第 1 期。

孙正聿:《思想的前提批判与哲学的基本问题》,《哲学分析》2015 年第 6 期。

孙正聿:《资本论与马克思主义哲学》,《学习与探索》2014 年第 1 期。

唐正东:《马克思拜物教批判理论的辩证特性及其当代启示》,《哲学研究》2010 年第 7 期。

唐正东:《深化历史唯物主义研究需要解决的三个问题》,《四川大学学报》(哲学社会科学版) 2017 年第 5 期。

唐正东:《政治经济学批判的唯物史观基础》,《哲学研究》2019 年第 7 期。

唐正东:《资本论及其手稿对历史唯物主义内在矛盾观的深化》,《哲学研究》2018 年第 5 期。

王斌:《数字平台时代的新帝国主义及其反思》,《天府新论》2019 年第 1 期。

王福生:《类哲学与人类文明新形态》,《天津社会科学》2018 年第 6 期。

王南湜:《资本论与全球化时代的政治经济学批判》,《河北学刊》2017

年第 6 期。

王庆丰:《生命政治学与治理技术》,《山东社会科学》2020 年第 10 期。

王庆丰:《文明社会的四个本质性特征》,《天津社会科学》2018 年第 6 期。

王庆丰:《资本论中的生命政治》,《哲学研究》2018 年第 8 期。

王庆丰:《资本统治权的诞生》,《国外理论动态》2018 年第 8 期。

吴鼎铭、胡骞:《数字劳动的时间规训:论互联网平台的资本运作逻辑》,《福建师范大学学报》(哲学社会科学版) 2021 年第 1 期。

吴晓明:《中国道路的世界历史意义》,《江海学刊》2020 年第 2 期。

郗戈:《资本论的哲学主线:资本逻辑及其扬弃》,《华中科技大学学报》(社会科学版) 2017 年第 3 期。

郗戈:《资本论中经济学与哲学关系问题的思想史考察》,《哲学研究》2017 年第 3 期。

夏莹、牛子牛:《当代新资本形态的逻辑运演及其哲学反思》,《中国社会科学评价》2020 年第 1 期。

夏莹:《论共享经济的"资本主义"属性及其内在矛盾》,《山东社会科学》2017 年第 8 期。

夏莹:《现代性的极限化演进及其拯救》,《社会科学战线》2019 年第 3 期。

谢富胜等:《平台经济全球化的政治经济学分析》,《中国社会科学》2019 年第 12 期。

仰海峰:《拜物教批判:马克思与鲍德里亚》,《学术研究》2003 年第 5 期。

仰海峰:《资本论与资本主义社会的哲学批判》,《哲学动态》2017 年第 8 期。

姚建华：《传播政治经济学视域下的媒介产业数字劳工研究》，《南京社会科学》2018 年第 12 期。

袁立国：《数字资本批判：历史唯物主义走向当代》，《社会科学》2018 年第 11 期。

张盾：《论马克思主义哲学研究应以现代性作为其问题背景》，《求是学刊》2005 年第 1 期。

张盾：《马克思哲学研究的思想史路径——以"市民社会与历史唯物主义"为案例》，《哲学研究》2010 年第 1 期。

张雄：《财富幻象：金融危机的精神现象学解读》，《中国社会科学》2010 年第 5 期。

张雄：《金融化世界与精神世界的二律背反》，《中国社会科学》2016 年第 1 期。

张雄：《政治经济学批判：追求经济的"政治和哲学实现"》，《中国社会科学》2015 年第 1 期。

张一兵：《居伊·德波景观批判理论的历史生成线索》，《马克思主义与现实》2020 年第 4 期。

张一兵：《全球规训与走向资本帝国的全球布展——奈格里、哈特〈帝国〉解读》，《福建论坛》（人文社会科学版）2018 年第 4 期。

张一兵：《生命政治学与现代权力治理术——福柯的法兰西学院演讲评述》，《天津社会科学》2015 年第 1 期。

张有奎：《拜物教之"物"的分析》，《现代哲学》2015 年第 3 期。

## 四　外文专著

A. Gorz, *Gritique of Economic Reason*, Verso Press, London and New

York,1989.

A. Gorz, *Reclaiming Work: Beyond the Wage – Based Society*, Polity Press, Cambridge, 1999.

Christian, Fuchs, Vincent Mosco, *Marx in the Age of Digital Capitalism*, Leiden: Brill, 2016.

Christian Fuchs, *Digital Labour and Karl Marx*, New York: Routledge, 2014.

David Mowery, Nathan Rosenberg, *Path of Innovation: Technological Change in 20th Century America*, Cambridge University Press, 1998.

Dal Yong Jin, *Digital Platforms, Imperialism and Political Culture*, New York: Routledge, 2015.

Eran Fisher, *Media and New Capitalism in the Digital Age: The Spirit of Networks*, London: Palgrave Macmillan, 2010.

Eran Fisher, Christian Fuchs, *Reconsidering Value and Labour in the Digital Age*, London: Palgrave Macmillan, 2015.

Nick Couldry, Ulises Mejias, *The Costs of Connection: How Data is Colonizing Human Life and Appropriating it for Capitalism*, Stanford, California: Stanford University Press, 2019.

Olivier Fraysséé and Mathieu O'Neil, *Digital Labour and Prosumer Capitalism*, London: Palgrave Macmillan, 2015.

Wajcman Judy, *Pressed for Time: The Acceleration of Life in Digital Capitalism*, Chicago : University of Chicago Press, 2020.

## 五 外文期刊

Bidit L. Dey, Dorothy Yen, Lalnunpuia Samuel, "Digital Consumer Culture and Digital Acculturation", *International Journal of Information Management*, *Vol.* 51, 2020.

Christian Fuchs, "Against Divisiveness: Digital Workers of the World Unite", *Television & New Media*, No. 1, 2015.

D. A. Baker, "Four Ironies of Self – Quantification: Wearable Techno Logies and the Quantified Self", *Science and Engineering Ethics*, Vol. 26, No. 5, 2020.

Eran Fisher, "Contemporary Technology Discourse and the Legitimation of Capitalism", *European Journal of Social Theory*, Vol. 13, No. 2, 2010.

Eran Fisher, "How Less Alienation Creates More Exploitation? Audience Labour on Social Network Sites Communication", *Capitalism & Critique*, No. 12, 2012.

Marco Briziarelli, Emiliana Armano, "The Social Production of Radical Space: Machinic Labour Struggles against Digital Spatial Abstractions", *Capital & Class*, Vol. 44, No. 2, 2020.

Michael J. Thompson, "The Radical Republican Structure of Marx's Critique of Capitalist Society", *Critique*, Vol. 47, No. 3, 2019.

Van Dijck José, "Datafication, Dataism and Dataveillance: Big Data between Scientific Paradigm and Ideology", *Surveillance & Society*, Vol. 12, No. 2, 2014.

# 后　　记

　　本书是我的博士学位论文，出版时做了一些增订，它凝结着我在吉林大学近十年求学之路所有的汗水，也见证了我的成长。从 2012 年 8 月离开山西晋城老家到长春求学，而后留长春工作已过去整整 11 年。回忆过去，仿佛全家人一起送我来长春读书的情景就在昨天。十年前，坐上北上火车，来到吉林大学哲学社会学院，我从未想过自己的人生轨迹会因此发生巨大改变，哲学让我相信"理性"和"理想"具有无穷力量。在吉大学习和生活的时光，曾经历过喜悦，更多时候却是迷茫。唯有心中坚定不移的信念和那些可亲可敬的人们支撑着我走到现在，真诚感谢成长路途上对我给予帮助、指导、关照的老师、朋友、亲人。

　　感谢母校吉林大学对我的培养，致敬并感谢我的导师贺来教授。贺老师为人正直，学识渊博，对待学术精益求精，对待生活淡然洒脱。从本科到博士阶段，能够跟随贺老师读书学习非常幸运。本书的选题和框架都是在贺老师指导下确定的。在此，向贺老师表达最诚挚的感谢。

　　衷心地感谢吉林大学马克思主义学院对博士学位论文出版给予的

大力支持。致敬并感谢韩喜平教授、吴宏政教授、罗克全教授，学院良好的平台和氛围为每一位老师提供了学术成长的机会。真诚感谢中国社会科学出版社杨晓芳老师，她以其专业水准和敬业态度，为本书的审阅和编辑做了大量工作，保证了本书顺利出版。

感谢我的亲人们。感谢爸爸、妈妈、奶奶，他们是最平凡普通的人，却是我生命中最特殊的存在。从小到大，求学读书路途漫漫，家人陪读多年毫无怨言，家人总是竭尽所能地支持我、鼓励我、安慰我。爸爸生病住院做手术，我却无法时刻陪伴在父母身边，哪怕去医院跑腿的小事都没办法做到，他们为我扛下了生活所有的重担却从未有过丝毫抱怨，每想到此事，都深感对家人的愧疚。未来，我只希望你们身体健康，开心快乐。感谢郭洪涛先生，千万人中，万幸得以相逢。感谢你在我最焦虑忐忑的岁月里形影不离的陪伴，是你让我感受到了真切的爱意、幸福与满足，感恩并且珍惜与你同行的每一天。

山不尽，水无涯，望中赊。感谢自己。

李亚琪<br>2023 年 11 月 21 日